HISTÓRIA BIZARRA DA LITERATURA BRASILEIRA

Marcel Verrumo

Planeta

Preparação: Marcelo Nardeli
Checagem de informações: Simone Costa
Revisão: Dan Duplat e Luiz Pereira
Projeto gráfico: Desenho Editorial
Capa: Departamento de criação Editora Planeta do Brasil
Ilustração de capa: Fernando Mena

CIP-BRASIL. CATALOGAÇÃO NA PUBLICAÇÃO
SINDICATO NACIONAL DOS EDITORES DE LIVROS, RJ

V64h
Verrumo, Marcel
História bizarra da literatura brasileira / Marcel Verrumo. – 1. ed. – São Paulo : Planeta, 2017.
il.

ISBN 978-85-422-0981-5
1. Literatura brasileira - História e crítica. I. Título.

17-40242 CDD: 869.909
CDU: 821.134.3(81)(091)

2017
Todos os direitos desta edição reservados à
EDITORA PLANETA DO BRASIL LTDA.
Rua Padre João Manuel, 100 - 21º andar
Edifício Horsa II - Cerqueira César
01411-000 – São Paulo – SP
www.planetadelivros.com.br
atendimento@editoraplaneta.com.br

À minha mãe, por me
ensinar a ler e não deixar os
livros faltarem à mesa.

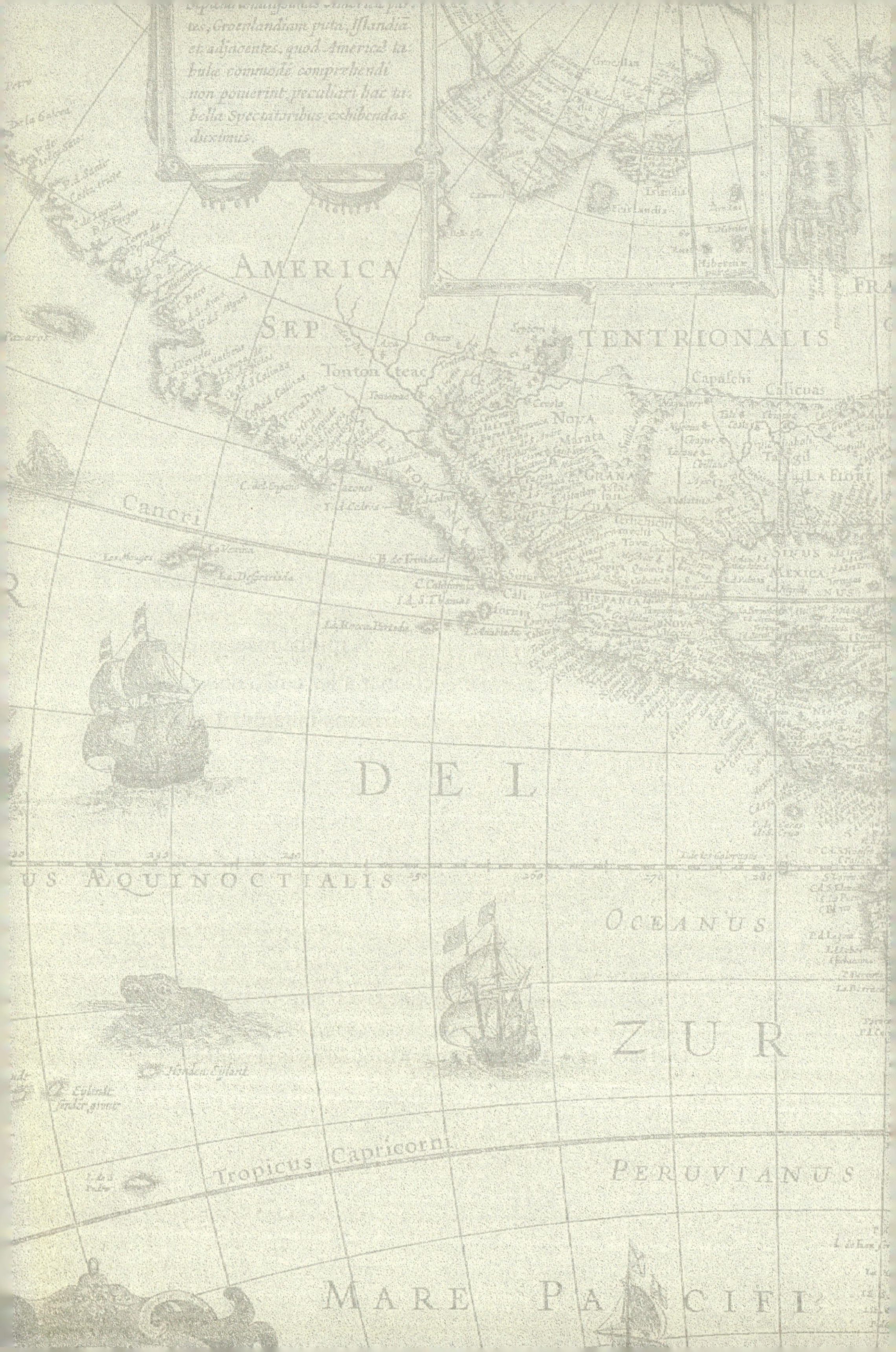
tes, Groenlandiam puta, Islandiã
et adjacentes, quod Americæ tabula commodè comprehendi
non potuerint, peculiari hac tabella Spectatoribus exhibendas
duximus.
AMERICA
SEPTENTRIONALIS
Islandia
Capafchi
Calicuas
Tonton teac
NOVA
GRANA
LA FLORI
Cancri
La Desgraciada
SINUS MEXICA NUS
HISPANIA NOVA
DEL
ZUR
US ÆQUINOCTIALIS
OCEANUS
Tropicus Capricorni
PERUVIANUS
MARE PACIFI

INTRODUÇÃO

Há cem anos, o leitor brasileiro que adentrasse uma livraria ou um sebo não se depararia apenas com os livros do século XIX que você deve ter estudado nas aulas de Literatura, como *Memórias póstumas de Brás Cubas,* de Machado de Assis, *Iracema,* de José de Alencar, ou *Memórias de um sargento de milícias*, de Manuel Antônio de Almeida. Esses títulos até estavam lá, mas também podiam ser encontradas outras obras superinteressantes que você provavelmente não conheceu na escola, como os primeiros livros nacionais de ficção científica e até as primeiras obras literárias eróticas escritas em nosso país.

Um apaixonado por Ciência e História, por exemplo, não teria de ler somente um livro de Charles Darwin (embora essa leitura pudesse ser bem convidativa). A ele, um livreiro poderia indicar *História do Brasil escrita no ano 2000,* de Joaquim Felício dos Santos. Um dos romances de estreia do gênero ficção científica no país, a obra fora publicada em formato de folhetim no ano de 1868, antes de chegar às livrarias, e contava a história do dia em que D. Pedro II se teletransportou para o futuro, desembarcando no ano 2000.

O que o Imperador encontrou no futuro foi um Brasil bem diferente do que comandava: um país que não era mais governado por um nobre vindo de uma família endinheirada, de sangue azul, mas por um homem de origem pobre, "cabra amestiçado", de mãos grossas. Para governar esse Brasil do futuro, com 142 milhões de habitantes, vir de uma linhagem nobre não era suficiente: era necessário conhecer os problemas do povo. Alguns desafios já haviam sido superados nessa nação imaginária: a bactéria causadora da diarreia já havia sido erradicada; os jornais não demoravam mais dias para ficarem prontos, eram impressos em apenas meia hora; o território nacional era todo interligado por estradas de ferro; as desigualdades sociais haviam diminuído, e os brasileiros não julgavam o outro a partir da sua raça. Não havia mais brancos, negros, índios, orientais. Havia cidadãos. No Brasil do ano 2000 imaginado por um escritor de ficção científica de 1868, não existia preconceito.

Se o leitor daquela época não se interessasse pelo tema e quisesse uma leitura mais leve, um passatempo para se divertir, poderia escolher um livro com o selo "Romance para Homens". O selo, que aparecia em destaque logo na capa, servia para indicar que aquela obra continha conteúdo impróprio para mulheres e era permitida apenas para indivíduos do sexo masculino. Tratava-se de um romance erótico.

A literatura erótica, apesar de passar longe das salas de aula, também foi um gênero que marcou presença nas prateleiras nacionais na segunda metade do século XIX, ajudando a popularizar a leitura no Brasil na passagem do Império para a República. Os enredos não entretinham os leitores por serem mirabolantes nem continham artifícios estéticos e narrativos de escolas literárias consagradas de seu tempo, como o realismo e o naturalismo. O que os fazia chamar a atenção do público eram as descrições calorosas de orgias, de corpos em movimento, do cheiro do sexo. O leitor de um "Romance para Homens" era como um *voyeur*, que, ao ler narrativas de transas, traições e fetiches, transportava-se para essas cenas picantes. Aí estava o prazer da leitura.

Os primeiros livros brasileiros desse gênero (que serão apresentados mais adiante) foram influenciados, principalmente, por um romance inglês bem apimentado: *Fanny Hill*, de John Cleland, um marco da literatura erótica mundial.

Embora consideradas sucessos editoriais, muitas dessas obras eróticas e de ficção científica não conseguiram sobreviver ao crivo do tempo e permaneceram pouco conhecidas até hoje. Não foram designadas clássicas pelos críticos, tampouco descobertas e relançadas por novos editores. Acabaram empoeiradas em fundos de gavetas e baús, nas prateleiras dos sebos, sendo vez ou outra pinçadas por um pesquisador dedicado ao tema. Mas em nada isso diminui o seu valor. Mesmo tendo sido escritas para vender, sem necessariamente dialogar com uma ou outra escola literária consagrada, trata-se de textos importantes para a popularização do livro e a formação de muitos leitores no Brasil.

Algumas das contribuições dessas obras, inclusive, se mantêm vivas até hoje em áreas que talvez você nem imagine. Um exemplo está relacionado à nossa língua. As primeiras obras eróticas publicadas no Brasil – os "Romances para Homens" – eram impressas no formato brochura, uma encadernação menos rígida, usada principalmente em livros mais baratos e cadernos. Essa informação não teria muita relevância não fosse a criatividade de um leitor desconhecido, que associou a publicação em brochura dos livros eróticos à flacidez do pênis. Sim, é isso mesmo que você deve estar pensando: inspirado na encadernação "mole" da brochura, um leitor criou as expressões "pênis brochado", "homem brocha" e o verbo "brochar".

Curiosidades como essa estão neste livro que você tem em mãos. *História bizarra da literatura brasileira* reconta os mais de 500 anos de nossas letras a partir de um olhar curioso. É um mergulho nos mistérios, nas tragédias, nos fatos emocionantes, engraçados e, claro, nas bizarrices envolvendo nossos livros e escritores. Ao tratar de literatos famosos, apresenta-os a partir de uma perspectiva incomum, tirando-os de um pedestal e tornando-os mais humanos, com defeitos e qualidades.

Você vai descobrir o que aconteceu com a Carta de Pero Vaz de Caminha, escrita para livrar um ladrão do exílio e que ficou desaparecida por séculos. Vai conhecer a primeira brasileira a escrever um livro, o escravo negro que ditou a própria biografia para lutar pela liberdade e os brasileiros eugenistas que escreveram obras pregando a supremacia branca enquanto Hitler estava no poder. Vai se assustar com o famoso escritor romântico que previu que iria morrer, se apaixonar pelo literato-prefeito que multou o próprio pai e se chocar com o poeta que conseguiu morrer em um náufragio em que toda a tripulação se salvou, menos ele. Vai explorar a cena do assassinato de Euclides da Cunha (morto ao tentar acertar as contas com o amante de sua esposa), descobrir as declarações de Carlos Drummond de Andrade contra os homossexuais e se emocionar com a trajetória da esposa de Guimarães Rosa, uma heroína que salvou a vida de centenas de judeus durante a Segunda Guerra Mundial. Também vai entender por que a rua do Ouvidor já homenageou um paciente com hemorroidas, rir com o literato que provocou o primeiro acidente de carro no Brasil e se encantar com a origem da literatura de cordel no Sertão nordestino.

São cinquenta capítulos recheados de histórias não contadas em sala de aula. Trata-se de narrativas independentes entre si, o que faz com que você possa ler os capítulos aleatoriamente – do fim para o começo ou de acordo com a sua preferência. No entanto, os capítulos seguem uma ordem cronológica, compondo cinco partes, cada uma correspondente a um grande período histórico e introduzida por um panorama contextual da época. O livro começa com os escritos do Brasil colonial, passa pela literatura do Império, continua com as obras e os autores da Primeira República, então os escritores modernistas, e encerra com as histórias que vão da era Vargas aos dias de hoje. Portanto, embora seja possível fazer uma leitura aleatória, a estrutura linear talvez possibilite uma melhor compreensão do caminho da literatura brasileira ao longo desses mais de 500 anos.

A opção por organizar o texto em períodos históricos fez com que a obra não fosse separada por escolas literárias, ou seja, não fosse dividida em quinhentismo, barroco, arcadismo, romantismo, realismo... Isso não é um problema, sobretudo porque há temas que integram mais de uma escola e há literatos que não se associam a nenhuma delas (como é o caso da literatura de ficção científica e erótica). Se fosse feita a divisão por escolas, o resultado seria similar ao que acontece em sala de aula: autores não ligados a nenhuma escola ficariam de fora.

Outro detalhe importante é que, ao final de cada capítulo, são listadas obras do literato retratado, uma forma de incentivar você a conhecer melhor a literatura brasileira. Já os textos que se debruçam sobre os escritores estão reunidos na Bibliografia, no fim do livro.

Antes de concluir esta introdução, é importante esclarecer que este não é e nem tem a pretensão de ser um livro acadêmico. Sua linguagem busca justamente tornar acessível o conhecimento acadêmico àqueles que não o são, tirar da universidade uma bagagem curiosa de conhecimento sobre nossas letras e levá-la para livrarias, salas de aula, parques. O objetivo é aproximar obras de linguagem mais técnica a todos os tipos de leitores, propondo que se apaixonem pela literatura brasileira e pelas histórias de nossos autores.

Se a linguagem busca ser objetiva e clara, o conteúdo pretende ser fiel aos fatos. Foi necessário um mergulho em fontes diversas, compostas por teses de doutorado e dissertações de mestrado, crônicas, ensaios, romances, contos, filmes e documentários, além de artigos de jornais, revistas e websites. Alguns capítulos também foram redigidos com base em entrevistas realizadas com estudiosos. Trata-se de um rigor necessário para compor um trabalho que respeite os autores e histórias aqui tratados e que leve o melhor a você, leitor. Que as descobertas das bizarrices, das curiosidades e dos fatos não revelados em sala de aula e desvendados neste livro o surpreendam, emocionem e ampliem seus conhecimentos sobre a literatura brasileira. Boa leitura!

Marcel Verrumo

Parte 1

Os escritos do Brasil colonial

1º DE NOVEMBRO DE 1755, LISBOA, PORTUGAL.

As igrejas e vielas da capital estavam lotadas na manhã de sábado.* No altar, padres celebravam o Dia de Todos os Santos, tradicional data católica de homenagem a santos e mártires. Pouco depois das 9h30, os fiéis sentiram o chão tremer por cerca de sete minutos e ouviram um barulho assustador. Rachaduras subiram pelas paredes, vidros romperam. O medo de que o teto desabasse sob a própria cabeça foi inevitável e compartilhado por muitos dos que estavam em casas, hospitais, museus e palácios da capital portuguesa.

Nos minutos seguintes, outros dois tremores fariam com que as paredes começassem a desabar. Gritos pareciam ecoar de todas as direções. Uma poeira se levantou e criou uma nuvem de sujeira que impedia de enxergar a poucos palmos diante dos próprios olhos, acinzentando o céu até então azul e exigindo que os fiéis parassem de rezar aos santos e corressem em busca

---

* Baseado nos livros *O terramoto de 1755: Lisboa e a Europa*, de Ana Cristina Araújo, e *The Lisbon earthquake of 1755: some british eye-witness accounts,* editado por Judite Nozes.

da própria salvação. Lisboa ruía diante de seus moradores, enterrando-os vivos e soterrando séculos de história.

Não são poucas as crônicas e cartas de sobreviventes relatando um dos dias mais sombrios da então metrópole brasileira. Um deles foi o mercador inglês Thomas Chase, que estava em sua residência, no quarto andar de um prédio, quando sentiu os primeiros abalos. Chase ficou assustado. Desconfiado de que era um terremoto, se aproximou da janela para olhar a rua e teve a impressão de que o vidro quebraria. Com medo de que tudo desmoronasse, Chase subiu à cobertura para ter uma visão panorâmica da cidade.

> *Fiquei estupefato com a força com que as casas vizinhas abanavam. Mal cheguei ao topo das escadas e o mais chocante que podia imaginar apareceu diante dos meus olhos. A casa começou a tremer de tal maneira que, para não cair, tive de lançar um braço para fora da janela e abraçar-me à parede. As pedras das paredes soltavam-se umas das outras e as casas vizinhas batiam-se, provocando o mais terrível ruído que alguma vez ouvi. A parede da casa ao lado ruiu primeiro, seguindo-se o mesmo a muitas outras que eu podia ver na direção do Castelo; quando olhei rapidamente para o outro lado, pensei que a cidade se estava a mergulhar na terra e vi o topo de dois pilares da casa baterem um no outro; e não vi mais. Resolvi deixar-me cair no chão, mas acho que não consegui; senti-me desmaiar e atirado para longe.**

Atingido pela destruição causada pelo tremor, Chase se viu debaixo dos escombros. Quando os abalos diminuíram,

* Depoimento retirado do livro *The Lisbon earthquake of 1755: some British eye-witness accounts*, editado por Judite Nozes. (Lisboa: British historical society of Portugal, 1987. p. 40-50.)

foi salvo por um mercador alemão de Hamburgo, seu vizinho, que o levou à sua casa para se recuperar. Em carta à mãe, escrita meses depois, Chase narrou a tragédia com precisão e o documento se tornou uma das principais referências sobre o que Lisboa viveu naquele 1º de novembro.

Depois das primeiras grandes trepidações, pequenos tremores ainda foram sentidos vez ou outra. Muitos lisboetas saíram em busca de áreas abertas para não serem atingidos pelos vestígios do que sobrara em pé. Desviavam-se dos estragos, dos corpos e da multidão tomada por gritos, orações e medo. Boa parte da população partiu para as regiões costeiras, por serem afastadas das construções e parecerem mais seguras. Um grande erro.

Por volta das 11h, quando uma nuvem de poeira de destruição ainda cobria a cidade, o Tejo começou a se recolher e a carregar os barcos atracados. Quem estava mais próximo à costa e havia acabado de fugir do meio das construções da cidade enxergou o fundo do rio, decorado por embarcações que tinham afundado nos séculos das Grandes Navegações. Logo em seguida, viu se formar diante de seus olhos um tsunami, uma onda gigante que, conforme se aproximava da cidade, engolia tudo o que encontrava pela frente. Dessa vez, Lisboa sofria com um maremoto.

> *Havia muita gente buscando as margens do Tejo, por se livrarem dos edifícios, cheios de horror da vista das suas ruínas. Eis que de repente entra o mar pela barra com uma furiosa inundação de águas. Passando os seus antigos limites, se lançou por cima de muitos edifícios e alagou o bairro de S. Paulo. Cresceu em todos os que haviam procurado as praias o espanto das águas, e o novo perigo se difundiu por toda a Cidade e seus subúrbios, com uma voz vaga, que dizia que vinha o mar cobrindo tudo.**

---

* Joaquim José Moreira de Mendonça. *História universal dos terramotos*. 1758.

Depois de a terra em transe desmoronar os prédios, de a cortina de poeira de destruição invadir os céus e de a água engolir a costa portuguesa, o último ato do que parecia ser o apocalipse foi o fogo – produzido por construções que ruíram, explosões, velas de igrejas –, e os ladrões que, testemunhando a queda das paredes que os aprisionavam, fugiram, saqueando e vandalizando o pouco que havia sobrado. A cidade que amanhecera sob o céu azul ia dormir destruída, coberta de cinzas, fogo e angústia.*

O saldo negativo para Lisboa ainda é, mais de dois séculos e meio depois, inestimável. Há perdas histórico-culturais que ultrapassam quaisquer valores monetários. A Real Casa da Ópera, um suntuoso edifício banhado a ouro e inaugurado nove meses antes da tragédia, veio abaixo, juntamente com hospitais, prisões e a maioria das igrejas. Foi destruído também o Palácio Real, onde morava o rei D. José I, que, por sorte, estava viajando na hora do desastre e não sofreu um arranhão sequer. Destino bem diferente teve sua biblioteca. O espaço com mais de 70 mil volumes e centenas de obras de arte foi inteiro perdido, assim como grande parte do Arquivo Real, que continha documentos oficiais sobre a história do país.

Ao perderem-se livros, manuscritos e originais, a literatura portuguesa também sofreu com a tragédia. "Entre as muitas preciosidades que consumiu o fogo, foi muito sensível aos eruditos a perda de muitas e numerosas livrarias", escreveu o advogado Joaquim José Moreira de Mendonça.**

---

* Rui Tavares. *O pequeno livro do grande terremoto*. Lisboa: Edições Tinta da China, 2005.

** Joaquim José Moreira de Mendonça. *História universal dos terramotos*. 1758.

Não é possível ter a dimensão exata do quanto a literatura brasileira foi prejudicada com o episódio, mas, sim, tal qual as letras portuguesas, é provável que exemplares de nossos escritos tenham se perdido em meio aos escombros. Isso porque a atividade literária brasileira no período colonial estava intimamente ligada à portuguesa. Muitos dos escritos brasileiros da época ficavam em Portugal, aos cuidados do rei ou de nobres e burgueses europeus. Não são absurdas, portanto, as teses que defendem que o terremoto de 1755 causou o desaparecimento de importantes documentos sobre o Brasil, inclusive alguns de nossos textos inaugurais, escritos sobre a viagem de descoberta do país.*

Acompanhe o raciocínio. Após chegar às terras brasileiras em 1500 e ficar alguns dias por aqui, explorando o território, Pedro Álvares Cabral ordenou que o navegador Gaspar de Lemos retornasse a Portugal e levasse alguns exemplares do que encontrara na nova terra (animais, espécies de plantas e até um índio!) para o rei D. Manuel. Além desses itens, também foram levadas cartas. Eram escritos que narravam a viagem de Cabral até o novo território, descreviam o que os portugueses haviam visto durante a viagem e após a chegada à América, contavam como fora o contato entre europeus e nativos. Enquanto Gaspar de Lemos levava esses itens ao rei, Cabral seguiu rumo às Índias, seu suposto destino original. Até aí, tudo bem. O problema é que, até 1755, quando o terremoto assolou Portugal, apenas um desses relatos enviados havia se tornado público: a *Relação do piloto anônimo*. Todas as outras

---

* Eduardo Bueno. *A viagem do descobrimento: a verdadeira história da expedição de Cabral*. 2ª ed. Rio de Janeiro: Objetiva, 2006.

cartas, incluindo a famosa de Pero Vaz de Caminha, haviam caído no esquecimento e estavam guardadas ou perdidas em gavetas e porões da cidade. Depois da tragédia, apenas outros dois documentos escritos durante a viagem ao Brasil e levados ao rei foram encontrados: a Carta de Pero Vaz, apresentada ao público em 1817, e a Carta de Mestre João, revelada em 1843. Outros escritos nunca foram achados.

O desaparecimento desses registros nos faz questionar: será que esses documentos, assim como muitos livros e crônicas escritos no Brasil entre 1500 e 1755, não se perderam nos destroços portugueses? Será que não foram levados para o fundo do oceano junto com as construções costeiras? Será que não viraram cinza pelo fogo que tomou a cidade? Sim, é possível que naquele 1º de novembro de 1755 textos com a mesma força literária da Carta de Pero Vaz de Caminha tenham se perdido para sempre.

Esta parte do livro revela histórias que se passaram em pouco mais de três séculos de letras brasileiras, da viagem de Pedro Álvares Cabral às vésperas da vinda de D. João ao Brasil, em 1808, evento que provocaria profundas transformações na vida cultural do país. São obras que vieram a público e sobreviveram ao desastre que nos privou de conhecer importantes documentos da nossa história. Na sala de aula, os autores e as obras citadas nos capítulos a seguir integram escolas e períodos literários batizados como quinhentismo (literatura de viajantes e jesuítica), barroco e arcadismo.

Seja em decorrência do terremoto, seja, sobretudo, pela censura portuguesa de imprimir obras na Colônia, trata-se de um dos momentos literários brasileiros com menos registros e informações históricas disponíveis para consulta, um desafio para quem se atreve a escrever sobre a época. Com base em originais da época, textos acadêmicos, jornalísticos e biografias, acredito ter superado esse obstáculo e, das entrelinhas da Carta de Pero Vaz à vida amorosa de Marília após o exílio de Dirceu, ter apresentado o mais interessante desses séculos.

Capítulo 1

O ladrão da carta de Pero Vaz de Caminha

Ao que tudo indica, o escrito inaugural da literatura brasileira nasceu de uma soma de sorte e oportunismo. Pero Vaz de Caminha, o autor da mais conhecida carta de achamento do Brasil e considerada nosso primeiro texto literário, embarcou na expedição de Pedro Álvares Cabral para ser o futuro contador da feitoria* de Calicute, o ponto de chegada daquelas embarcações nas Índias. Não, ele não era o escrivão oficial dos navios, função exercida por Gonçalo Gil Barbosa. Para a sorte de Caminha, quis o destino (ou a vontade do comandante) que os navios se desviassem da rota, encontrassem uma parte desconhecida do Novo Mundo e ele, assim como o restante da tripulação, tivesse a chance de escrever um relato do episódio ao rei de Portugal D. Manuel. E, como se já não bastasse de sorte, quis o destino também que a sua carta se tornasse a mais famosa entre as enviadas, entrando para a história como obra inaugural da literatura brasileira.

---

* Eram chamadas "feitorias" os entrepostos nas colônias portuguesas onde se armazenavam os bens locais antes de seguirem para a metrópole.

Só que nem tudo se deu como geralmente nos é ensinado na escola. Por trás da Carta, há um crime contra a Igreja Católica, um interesse particular e um perdão que custou uma vida.

Pero Vaz de Caminha nunca foi um escritor. Nascido em uma família de classe média, teve boa educação, o que fazia com que tivesse certa facilidade e habilidade com as letras e os números. Às vésperas de 1500, foi convidado para integrar uma grande expedição portuguesa rumo às Índias, que deveria contornar a costa africana. Caminha seria contador na feitoria erguida em terras indianas.

Sua biografia tomou um novo rumo quando as caravelas de Cabral saíram da rota prevista e, levadas pela força de tempestades ou por ordens de Cabral, seguiram a um destino desconhecido pelos europeus: a costa brasileira.

Sabendo da importância do episódio e de que precisava noticiar o fato à Coroa portuguesa, o chefe das embarcações, Pedro Álvares Cabral, deu aos tripulantes a oportunidade de escrever um relato ao rei contando o que tinham vivenciado. Sem titubear, Caminha investiu sua pena numa narrativa densa e minuciosa sobre o achamento do que mais tarde seria batizado de Brasil. A Carta de Pero Vaz de Caminha, que talvez você tenha estudado em aulas sobre literatura quinhentista, descreve o primeiro contato entre europeus e índios e os cenários naturais e virgens encontrados, além de narrar os primeiros dias de estadia dos europeus. O que muitos não aprenderam na escola é que, depois de registrar a sua versão do descobrimento do Brasil, Caminha se aproveitou do canal de comunicação com o rei para lhe pedir um favor.*

---

* Ao leitor que desejar se aprofundar no tema deste capítulo e do seguinte,

*E pois que, Senhor, é certo que tanto neste cargo que levo como em outra qualquer coisa que de Vosso serviço for, Vossa Alteza há de ser de mim muito bem servida, a Ela peço que, por me fazer singular mercê, mande vir da ilha de São Tomé a Jorge de Osório, meu genro – o que d'Ela receberei em muita mercê.**

É isso mesmo que você deve estar pensando. Depois de caprichar em uma extensa narrativa, Caminha se utilizou da carta para pedir ao rei que perdoasse seu genro, Jorge de Osório, acusado de ter roubado uma igreja e ferido um sacerdote em 1496 e condenado ao exílio em uma colônia portuguesa na África. Ter o perdão de D. Manuel para o genro parecia ser a única oportunidade de ver sua filha feliz outra vez.

Após a Carta ser escrita, uma das naus retornou a Portugal para informar o rei sobre o descobrimento e também para enviar algumas amostras do que os lusos haviam encontrado por aqui, como pássaros, madeira, artesanato de povos locais e, acredite, até um índio tupiniquim. Gaspar de Lemos, o comandante do navio que retornou a Portugal, também levou as cartas dos viajantes. Historiadores não sabem dizer qual foi a reação do nobre perante a súplica de Caminha, mas o fato é que, ao ler a papelada, ele não acatou o pedido.

Enquanto o navio com as cartas dos viajantes regressava a Portugal, a esquadra de Cabral seguiu definitivamente rumo às

---

sugiro a leitura das três cartas do descobrimento, bem como da dissertação de mestrado de Andresa Cristina Corga Vieira, intitulada *Por terras de Vera Cruz: os olhares do experienciado: Caminha, Mestre João e piloto anónimo*, de 2013.

* Trecho da *Carta de Pero Vaz de Caminha*. Disponível *online*, em domínio público.

Índias. Sabemos do que se passou a partir daí graças a um tripulante que navegava em uma dessas naus com Cabral e Caminha e escreveu um diário no qual narrou o que aconteceu depois da partida do Brasil. Esse documento foi chamado de *Relação do piloto anônimo*. Embora hoje menos conhecida, trata-se de uma preciosa referência para estudar a viagem completa, da saída de Lisboa, passando pela estadia no Brasil e pelas aventuras em alto-mar, até os dias vividos em Calicute, na Índia.

Segundo a *Relação*, ao sair do Brasil, as embarcações enfrentaram um oceano Atlântico tenebroso, o que causou a baixa de algumas naus. Cabral só conseguiria chegar a Calicute em 13 de setembro de 1500, seis meses e quatro dias após deixar a praia do Restelo, em Lisboa. Ali, abaixou âncoras e iniciou os trabalhos: um processo de negociação para comercializar especiarias com os locais.

A missão teve êxito até o dia 16 de dezembro, data em que uma tragédia acometeu os portugueses e eles foram atacados por cerca de trezentos árabes e indianos, "matando infinita gente e causando muito dano à cidade".* Mais de cinquenta lusitanos foram mortos. Era o fim do desafio de Cabral de chegar às Índias contornando a costa africana e de ali erguer uma feitoria. Dias depois do ataque, o português retornou, de luto, com os sobreviventes a Lisboa. O episódio também foi narrado na *Relação do piloto anônimo*. Em um documento entregue ao rei na hora do desembarque, estavam os nomes dos homens mortos no atentado à feitoria. Entre eles, o de Caminha.

* Trecho da *Relação do piloto anônimo*. Disponível *online*, em domínio público.

De posse do escrito, D. Manuel teria se recordado da carta recebida meses antes e do pedido do contador. Comovido, finalmente atendeu a súplica que recebera de Caminha. Era o reconhecimento do nobre ao trabalho daquele que narrou com detalhes uma importante conquista lusitana e que, no final, foi morto em uma missão para expandir o poder de Portugal. Caminha teve seu desejo realizado, embora isso tenha lhe custado a vida. O criminoso Jorge de Osório, condenado por um crime contra a Igreja Católica, foi perdoado.

Leitura sugerida

Caminha PV. *Carta de Pero Vaz de Caminha*. 1500.

❦ Capítulo 2 ❦

O desaparecimento dos escritos do descobrimento

Era 8 de março de 1500, um domingo. Em uma pequena capela em Lisboa, um dos mais importantes bispos da época, D. Diogo Ortiz, celebrava uma missa. Diante do altar, estavam D. Manuel, o rei de Portugal, e o navegador Pedro Álvares Cabral, um dos convidados mais importantes daquele dia. Atrás deles, lisboetas se apertavam para assistir à celebração e viam o bispo benzer a bandeira da Ordem de Cristo (uma associação militar com raízes ligadas aos Cavaleiros Templários, da Idade Média) e passá-la ao rei, que a entregou a Cabral juntamente com uma touca vermelha usada por cardeais e benta pelo próprio papa.*

De posse da bandeira e da touca, o navegador dirigiu-se com o nobre a uma das dez naus que estavam ancoradas na praia do Restelo, próximo de três caravelas. Embalada por trombetas, flautas, tambores e outros instrumentos, a popula-

---

* A cena é descrita na *Relação do piloto anônimo* e no primeiro volume de *Décadas da Ásia*, de João de Barros.

ção de Lisboa agitava-se naquele que era um dos principais eventos do ano: a partida de uma expedição marítima rumo às Índias, contornando o continente africano. "O coração de todos estava entre o prazer e as lágrimas, por ser essa a mais formosa e poderosa armada que até aquele tempo para tão longe deste reino partira", revelou o cronista da Corte João de Barros no livro *Décadas da Ásia*. Chefiadas por Cabral, as treze embarcações partiram no dia seguinte.

Não houve notícias para quem permaneceu em terra firme nos meses seguintes. Até o dia em que os lisboetas viram se aproximar do porto uma grande nau. Da embarcação, saíram arcos, cocares e outros adereços de penas, toras de pau-brasil, dois pássaros vermelhos – araras, nunca antes vistas pelos europeus e que provocaram espanto na população – e, finalmente, um homem nu e mais moreno que os portugueses, um autêntico tupiniquim. Era a nau comandada por Gaspar de Lemos que levava ao rei D. Manuel a notícia do "achamento" de uma nova terra, além dos exemplares do que lá fora encontrado. Cabral não estava a bordo, já que seguira com as outras embarcações ao destino inicial.*

O navegador também trouxera o que hoje são considerados os primeiros textos literários do território recém-descoberto: cartas escritas pela tripulação do barco, contando como havia sido a viagem e o que acontecera na Semana de Vera Cruz (como ficaram conhecidos os primeiros dias dos portugueses por aqui).

---

* O leitor que quiser se aprofundar nesse tema pode ler *Décadas da Ásia,* de João de Barros. A quem busca uma releitura do descobrimento a partir das curiosidades, sugiro *A viagem do descobrimento: a expedição de Cabral e o achamento do Brasil,* do jornalista Eduardo Bueno (Rio de Janeiro: Objetiva, 1998).

Após serem lidos pelo rei D. Manuel, esses escritos caíram no esquecimento. Nenhuma dessas cartas chegou ao conhecimento público nas primeiras décadas do século XVI, criando um mistério sobre como fora a viagem de descobrimento do novo território e sobre o que havia onde aquele nativo e aqueles pássaros foram encontrados. A falta de informação propiciava um cenário propício ao surgimento de histórias fantasiosas, que, por serem repetidas tantas vezes, acabavam tidas como verdadeiras. Foi o caso do boato de que o Brasil tinha sido descoberto acidentalmente – uma história malcontada* e provavelmente criada por cronistas na metade do século XVI a partir de... fofocas.

Até 1773, o único documento disponível que narrava a expedição de Cabral ao Brasil era a *Relação do piloto anônimo*, texto que contava a viagem completa dos portugueses rumo às Índias, desde a saída de Lisboa até o ataque em Calicute, que culminou com a morte de Caminha. Este, por sua vez, em virtude de a Carta ter sido "desprezada", permaneceu esquecido e não foi reconhecido como escritor em vida.

Os rumos da história só começariam a mudar em 1773. Quase três séculos após a trágica morte de Pero Vaz, o guarda-mor dos arquivos da Torre do Tombo em Lisboa, José de Seabra da Silva, encontrou a famosa Carta de Caminha. Ao contar detalhes da viagem que fizera ao lado de Cabral e dos dias que passara na terra recém-descoberta, os papéis logo se transformaram no principal documento sobre o "descobrimento" da colônia portuguesa mais lucrativa da época, o Brasil. Por ser

---

* Ver Capítulo 3 – O descobrimento acidental do Brasil é nossa primeira história de ficção?

um documento precioso e com informações muito valiosas para a historiografia da época, acabou sendo guardado por anos até a chegada do melhor momento para sua divulgação. Apenas em 1817 a Carta foi publicada no livro *Corografia Brasílica*, organizado pelo padre Aires de Casal. E, ainda assim, nem tudo foi divulgado, já que o religioso editou o conteúdo e cortou "trechos menos conformes com o decoro".*

A partir daí, Caminha foi lido e ganhou o posto de iniciador da literatura brasileira, e até seu genro, o ladrão que só conseguiu ser libertado graças à morte do escritor, ficou famoso.

Em 1843, outra carta trazida juntamente com a de Pero Vaz na viagem de Gaspar de Lemos foi encontrada nos arquivos empoeirados da Torre do Tombo, a *Carta de Mestre João.*** Redigida por um cirurgião e físico de uma das caravelas, a carta narrava trechos da viagem e do período em que os portugueses permaneceram no Brasil. Também apresentava uma perspectiva do território que não fora registrada nem por Caminha nem pelo autor da *Relação do piloto anônimo*: descrevia como era o nosso céu e as estrelas vistas daqui.

Mas o que acabou tornando a carta famosa e polêmica nem foi a descrição do céu. Em um dos trechos, o autor escreveu que o território "descoberto" já havia sido registrado em um mapa desenhado no século XV por um tal Pero Vaz Bisagudo. A informação, que pode parecer sem muita importância à primeira vista, colocava em xeque a tese de que Portugal não tinha conhecimento do novo território, dando margem à

---

* Manuel Aires de Casal. *Corografia Brasílica*. 1817. Disponível *online*, em domínio público.

** João Faras. *Carta de Mestre João*. 1500. Disponível *online*, em domínio público.

interpretação de que o Brasil pode não ter sido descoberto por acaso, mas que Cabral sabia da existência das terras do outro lado do Atlântico. A *Carta de Mestre João* caiu como uma bomba para a historiografia da época, que, baseada em cronistas do século XVI cuja pesquisa era superficial, não considerava a possibilidade de a descoberta ter sido intencional. Com fontes mais precisas para consulta, nascia a dúvida: o descobrimento acidental do Brasil é história ou ficção?

Leituras sugeridas

Autor desconhecido. *Relação do piloto anônimo.* 1500.
Caminha PV. *Carta de Pero Vaz de Caminha.* 1500.
Faras J. *Carta de Mestre João.* 1500.

Capítulo 3

O descobrimento acidental do Brasil é nossa primeira história de ficção?

Os relatos de viagem dos navegadores portugueses, nossos primeiros textos literários, alimentam uma polêmica: o descobrimento do Brasil foi mesmo obra do acaso? A tempestade que desviou a rota de Cabral rumo às Índias aconteceu de fato ou é pura ficção? Embora as cartas não deem respostas definitivas, os acontecimentos narrados nelas dão pistas para desconfiar de que a chegada dos portugueses foi impensada.

Indo direto ao ponto, a tese de que o Brasil foi descoberto ocasionalmente não está registrada com clareza em nenhuma das três cartas daqueles que primeiro chegaram aqui. Em nenhuma linha, Caminha, Mestre João ou o piloto anônimo demonstram espanto diante do novo território.* Existe a sur-

* Luís de Albuquerque é um dos principais historiadores que compartilham dessa tese, defendendo não haver coerência entre o discurso histórico e o que sugerem as cartas. Ao leitor que quiser se aprofundar no tema, recomendo o *Dicionário de história dos descobrimentos portugueses*. v. 1. Lisboa: Editorial Caminho, 1994.

presa perante a flora e fauna e um espanto diante dos hábitos e costumes dos nativos. Mas a leitura do material não sugere que, em 22 de abril de 1500, aqueles navegadores chegaram a um destino inesperado. Era como se a vista do monte Pascoal estivesse no roteiro da viagem.

As expedições oceânicas da época tinham a mesma importância histórica das viagens espaciais a partir do final da década de 1950. Não seria no mínimo estranho se, no caminho para a Lua (um astro já conhecido), os astronautas se desviassem de rota sem querer, descobrissem um novo planeta e não demonstrassem entusiasmo, espanto ou surpresa diante da descoberta? A atitude *blasé* só faria algum sentido se os astronautas estivessem pisando em um solo que já sabiam exisitir.

O problema é que também não há uma narrativa que demonstre explicitamente que Cabral teve a intenção de desviar a rota das Índias para dar uma passadinha em novas e prováveis terras.*

Para botar mais lenha na fogueira, vale a pena voltar ao momento em que a tese do descobrimento acidental foi criada, em meados do século XVI. Quase cinquenta anos após a expedição à América do Sul, numa data em que Cabral, Caminha, Mestre João e até o rei D. Manuel já haviam partido desta para melhor, começou a circular na Europa a história de que o Brasil fora descoberto ao acaso. A narrativa era obra

* Um dos principais historiadores que defendem a casualidade do descobrimento do Brasil é Thomaz Oscar Marcondes de Sousa, apoiando-se em uma documentação histórica, na cartografia e nos estudos náuticos da época. Quem quiser conhecer melhor sua pesquisa pode ler a obra *O descobrimento do Brasil: estudo crítico de acordo com a documentação histórico-cartográfica e náutica*. São Paulo: Companhia Editora Nacional; 1946.

de cronistas da Corte portuguesa, como Fernão Lopes de Castanheda*, Damião de Góis** e João de Barros.***

Os críticos desses cronistas, como o historiador Luís de Albuquerque, lembram que, quando esses textos foram publicados, entre 1551 e 1566, o único relato oficial e público até então sobre a expedição de Cabral era *Relação do piloto anônimo*, papelada que não oferece argumento algum para a tese do descobrimento casual. A menos que esses autores tenham se debruçado sobre um material particular e ainda hoje não revelado, suas crônicas não eram coerentes com o escrito oficial sobre a viagem, ou seja, não tinham embasamento histórico. Aliás, nem as duas cartas que seriam encontradas depois, a de Pero Vaz e a de Mestre João, contribuiriam para a tese da descoberta acidental.

As intrigas não terminam aí. Os cronistas reais da época propagaram a famosa história de que a frota de Cabral se desviou da rota por conta de uma tempestade. A questão é: de onde eles tiraram essa informação? Embora tenha havido imprevistos na viagem, como uma das naus ter se perdido das outras doze embarcações (episódio narrado nas cartas), em nenhuma linha da *Relação* é citada a tal tempestade. Nem nos escritos que seriam revelados posteriormente ela aparece. Muito pelo contrário, Caminha diz que a nau se afastou "sem que houvesse tempo forte ou contrário para poder ser".

A ausência de fontes confiáveis deixa no ar a possibilidade de intenções obscuras dos cronistas pagos pelo rei ao defenderem o

* *História do descobrimento e conquista da Índia pelos portugueses.* 1551. Disponível para consulta *online.*

** *Crônica do felicíssimo rei Dom Emanuel.* 1566.

*** *Décadas da Ásia.* 1552.

descobrimento casual. No entanto, quais interesses teriam esses escritores e a própria Coroa (que pagava os salários deles) em dizer que Portugal descobriu uma de suas colônias ao acaso?

A discussão se complicou de vez no século XIX, quando foi encontrada a *Carta de Mestre João*. Para desespero de quem defendia o descobrimento "sem querer" do Brasil, o documento afirmava que as terras brasileiras já haviam sido registradas em um mapa de Pero Vaz Bisagudo, navegador português que viveu no século XV:

> *quanto, Senhor, ao sítio desta terra, mande Vossa Alteza trazer um mapa-múndi que tem Pero Vaz Bisagudo e por aí poderá ver Vossa Alteza o sítio desta terra; mas aquele mapa-múndi não certifica se esta terra é habitada ou não; é mapa antigo e ali achará Vossa Alteza escrita também a mina.*

Apesar de intrigante, as linhas são questionadas por muitos historiadores, já que era muito comum a ilustração de ilhas e territórios imaginários na cartografia da época.

Embora os textos literários não afirmem que o descobrimento tenha sido ao acaso, são fortes os indícios para acreditarmos que, sim, Cabral se desviou da rota para encontrar uma terra que já desconfiava existir. Mas se, de fato, o navegador português tinha a intenção de chegar a um novo território, por que ele não carregava consigo um padrão de pedra – tradicional marco de pedra que os portugueses colocavam em terras descobertas para demarcar sua soberania na região – para garantir a conquista do território? São questões em aberto, que deixam em dúvida se a ocasionalidade do descobrimento pertence ao campo da realidade ou da ficção e que evidenciam que a história é apenas uma dentre várias narrativas possíveis de serem contadas.

Leituras sugeridas

Autor desconhecido. *Relação do piloto anônimo.* 1500.

Caminha PV. *Carta de Pero Vaz de Caminha.* 1500.

Faras J. *Carta de Mestre João.* 1500.

Capítulo 4

Poema da Virgem para o poeta continuar virgem

Era para ser só uma visita rápida à Basílica de Aparecida, no município do interior de São Paulo, ao lado do principal líder da Igreja Católica, o papa Francisco, mas o cardeal Dom Raymundo Damasceno, presidente da Conferência Nacional dos Bispos do Brasil, teria se aproveitado dos poucos segundos de intimidade propiciados pela carona no papamóvel e feito um pedido que colocaria fim a um processo secular: o religioso brasileiro teria solicitado ao pontífice que retomasse a análise da papelada para a canonização do jesuíta José de Anchieta.*

O encontro ocorreu em julho de 2013, quando o Papa estava no Brasil por ocasião da Jornada Mundial da Juventude. Ao que parece, Francisco esboçou um sorrisinho diante do pedido e sugeriu que Damasceno escrevesse uma solicitação formal ao Vaticano. Novo no cargo de papa, ele seguiu o protocolo. Os trâmites foram rápidos e, em agosto, a carta foi

* Adriana Dias Lopes. *Um santo para o Brasil. Veja.* 12 de março de 2014.

enviada. O Papa também foi ágil e, duas semanas após o recebimento do pedido, teria ligado para o cardeal brasileiro com a grande notícia: o aval para a canonização. José de Anchieta seria canonizado mesmo sem ter dois milagres reconhecidos como geralmente é exigido, mas em consideração ao conjunto da obra realizada em prol da difusão do catolicismo.

Considerado um dos primeiros poetas e dramaturgos brasileiros, Anchieta, um espanhol baixinho (aproximadamente 1,60m), veio à Colônia na metade do século XVI para catequisar os índios do Novo Mundo. Era integrante da Companhia de Jesus. Na época, tinha apenas 19 anos, tendo permanecido por aqui até a morte, aos 63. Fundou cidades, igrejas e escolas, liderou a catequização de tupiniquins e tamoios, escreveu a primeira gramática brasileira – a *Arte de gramática da língua mais usada na costa do Brasil* (livro no qual sistematizou a língua tupi) – e até compôs poemas na areia da praia, em meio a um levante colonial.*

Em 1563, ocorria a Confederação dos Tamoios, uma revolta dos tupinambás contra os colonizadores portugueses que escravizavam a mão de obra indígena. Diante do ódio dos nativos, da ameaça de invadir São Vicente e de uma guerra iminente, José de Anchieta, juntamente com o também jesuíta Manoel da Nóbrega, se ofereceu para ir negociar com os insurgentes. Apesar de Anchieta falar tupi, a ideia soou como um suicídio. No entanto, os religiosos não deram ouvidos aos

---

* O episódio foi narrado com base no livro *Aconteceu no velho S. Paulo*, de Raimundo de Menezes (São Paulo: Saraiva, 1954). Também foi importante a biografia *Vida do venerável padre José de Anchieta*, de Simão de Vasconcelos (Rio de Janeiro: Imprensa Nacional, 1943), um dos mais ricos registros sobre a história do poeta e dramaturgo jesuíta.

pessimistas e, na manhã de 18 de abril, partiram de canoa de São Vicente rumo a Iperoig, atual Ubatuba.

A dupla de jesuítas foi recebida de braços abertos. Mas não eram braços abertos cheios de amor para dar, não. Estavam abertos na posição de ataque, segurando o arco e mirando a flecha para acertar o oponente. Mal a canoa se aproximou, a tribo estava pronta para liquidar os religiosos. Foi então que Anchieta teria começado a falar em tupi, explicando aos chefes que estavam lá em missão de paz. As flechas se abaixaram, mas não tardou para que os dois fossem capturados e levados às moradas indígenas para prosseguir com a discussão e começar a negociar o fim da revolta.

Um mês depois, os missionários permaneciam sob o controle dos índios, e nada de conseguirem colocar um ponto final no levante. Em São Vicente, já circulava o boato de que a dupla fora devorada viva. Não era verdade. Diariamente, os padres rezavam missa na praia e estreitavam os laços com os locais, ganhando sua confiança. Não era o suficiente. Sem sucesso, a dupla percebeu que talvez fosse preciso reconsiderar as exigências dos portugueses. Manoel da Nóbrega, então, pediu ao chefe da tribo que o libertasse para conversar com seu povo para conseguir uma nova proposta. O chefe permitiu, mas acrescentou uma condição: Anchieta ficaria.

Anchieta permaneceu sozinho, no meio da mata, refém dos índios, enquanto o seu parceiro ia em busca de uma nova proposta. Já não temia a violência, afinal era amigo da tribo, mas começou a preocupar-se com as tentações carnais. Diante de tanto nudismo, o padre passou a ter medo de se entregar a uma das índias que desfilava pelada diante dele. Perante o iminente pecado, Anchieta teria feito uma promessa: se Nossa

Senhora o ajudasse a resistir, ele escreveria o poema mais bonito já feito em homenagem à Virgem.

Sem querer esperar até o retorno para começar a cumprir a promessa e talvez para encontrar uma atividade para se distrair das índias nuas, Anchieta começou a escrever as primeiras linhas ali mesmo, na areia da praia onde estava. Reza a lenda que, à beira do mar de Ubatuba, ele teria criado muitos dos 4 mil versos que iriam compor o *Poema da Virgem*, um dos seus mais famosos escritos – e teria guardado tudo na memória para quando fosse libertado.

Valeu a pena. Depois de cinco meses na mão dos índios, José de Anchieta foi solto sem cair em tentação. Mas este não foi seu único êxito: com o retorno do jesuíta Manoel da Nóbrega, o padre também conseguiu um acordo, e os índios, diante da promessa lusitana de que os tupinambás escravizados seriam libertados, prometeram não invadir São Vicente. Foi selada a trégua e o padre retornou, virgem, a São Vicente para escrever o poema que prometera à Virgem.

Leituras sugeridas

Anchieta J. *Poema da Virgem*. São Paulo: Paulinas, 1954.

Anchieta J. *Arte de gramática da língua mais usada na costa do Brasil*. Lisboa: 1595.

Capítulo 5

O escritor que não serviu para ensopado

O mercenário alemão Hans Staden estava sozinho em uma mata próxima a São Vicente quando ouviu uma gritaria.* Não tardou e a balbúrdia se repetiu no lado oposto. De cara, o aventureiro desconfiou que eram índios tupinambás, os quais ele preferia chamar de selvagens. Seu pressentimento não estava errado. O europeu nem se virou e os índios atiraram em sua direção. Quando ele já estava estendido no chão, dois selvagens se aproximaram e começaram a despi-lo. Começava o ritual de captura da caça.

Após uma breve discussão, mais selvagens se aproximaram e seguraram Staden, nu, pelos braços e o arrastaram até a beira de um rio próximo, onde muitos outros nativos os aguardavam vestindo o típico *dress code* tupinambá, também conhecido como nada.

O cacique da tribo revelou que faria do estrangeiro seu escravo e o mataria para vingar a morte dos índios dizimados

* A cena inicial, bem como os trechos em que há situações relatadas na obra, foram reproduzidos com base no livro *Duas viagens ao Brasil*, de Hans Staden (Porto Alegre: L&PM, 2008).

pelos portugueses. Hans viu um selvagem mordendo o próprio braço e compreendeu qual seria seu destino: virar o jantar dos nativos. No entanto, ele estava enganado (ao menos por enquanto), já que o cacique decidiu poupá-lo momentaneamente e levá-lo vivo até a aldeia para que as mulheres e as crianças presenciassem a cerimônia. O prisioneiro ainda não sabia, mas a sorte estava do seu lado.

Naquele momento, seria muito otimista da parte de Hans Staden se ele se considerasse um cara sortudo. Afinal, ele só passara por tragédias desde o ano de 1549. Para começar, Staden viera ao Brasil em uma expedição espanhola ao rio da Prata e à cidade de Assunção e, para seu azar, o navio naufragou perto do que hoje é o estado de São Paulo. Felizmente, ele e o restante da tripulação conseguiram nadar até a costa e sobreviveram. Depois de um breve período acampados, decidiram que era hora de partir e se dividiram em dois grupos: um seguiu rumo ao destino inicial da viagem, Assunção; outro, em direção ao povoado de São Vicente. Staden partiu com o segundo e, quando chegou, foi contratado para trabalhar no forte de Bertioga, erguido justamente para proteger o povoado de ataques tupinambás. No meio da mata, Staden precisava ficar atento a qualquer movimento suspeito. Bastou um breve momento sozinho e o alemão fora feito prisioneiro.

A história do aventureiro, desde a saída da Europa até sua libertação pela tribo indígena, passando pelo naufrágio e pelo período em que permaneceu entre os selvagens, foi contada pelo próprio Staden no livro *Duas viagens ao Brasil*, publicado pela primeira vez em Marburg, na Alemanha, em 1557. Segundo historiadores, esse é o primeiro livro impresso sobre o Brasil, daí sua importância literária para nós. Até então, nenhum outro livro publicado tematizava o novo território. Não é de se estranhar que a publicação nasceu na Alemanha, afinal Portugal adotava uma política de sigilo em relação à Colônia. Era pouco provável que o primeiro relato sobre o Brasil surgisse no seio da Metrópole, que mantinha a boca e os olhos fechados para o que se passava aqui.*

Tanto cuidado para esconder a nova terra e os costumes dos índios, tidos como exóticos pelos europeus, só alimentaram a curiosidade e criaram uma atmosfera de apreensão para descobrir o que havia na Colônia. Eram as circustâncias ideais para um escritor publicar um livro sobre esse lugar misterioso, apresentando-o ao Velho Mundo.

E foi o que Staden fez. Em primeira pessoa, descreveu o Brasil, relatou o que viveu nas mãos dos canibais, descreveu seus hábitos, apresentou as negociações que fizera para não virar a refeição do jantar e, claro, narrou como se deu sua salvação. Tudo repleto de detalhes e registrado em uma narrativa cinematográfica, hollywoodiana. Sua estadia no Brasil se transformou em uma jornada com ares épicos.

Não bastasse a minuciosidade do relato, os editores investiram em gravuras que ilustravam as diversas situações de canibalismo descritas no livro. Ler a obra era quase um ato de voyeurismo. Resultado: Hans Staden acabou se tornando um verdadeiro *best-seller* de seu tempo, e o livro, com muitas reedições esgotadas, virou uma das principais referências sobre o Brasil da época.

Mas, afinal, por que o escritor não foi comido pelos índios canibais? Segundo o que sugere o relato, por um misto de sorte e sagacidade do aventureiro.

---

* Márcia Abreu. Da fé em Deus à brasilidade: uma história do livro e da leitura em *Duas viagens ao Brasil,* de Hans Staden. In: Mari H, Walty I, Versiani Z. (orgs.) *Ensaios sobre leitura.* v. 1. Belo Horizonte: Editora PUC-Minas, 2005.

Para começar, Staden temia ser devorado pelos nativos. O medo, para os tupinambás, era um sentimento que demostrava fraqueza. Para a tribo, era preciso bravura mesmo diante de um ritual antropofágico. Era um ato de honra. O alemão já começava sem essa virtude, o que fazia com que os nativos tivessem receio de se contaminarem com a sua covardia e também se tornarem frouxos.*

Mas isso não foi o suficiente para Staden conquistar sua liberdade. O europeu precisou ser esperto na hora certa. Ao descobrir que os tupinambás eram aliados dos franceses e estavam em guerra contra portugueses e tupiniquins, Hans tentou se passar por francês. Mesmo não tendo sangue luso, ele não poderia dizer que era alemão, já que os índios não conheciam essa nacionalidade, tampouco o que era Alemanha. Os nativos sabiam o que eram portugueses e franceses, dois povos que já haviam desembarcado aqui, mas não alemães. Funcionou por um tempo, e sua barba ruiva colaborou para a versão. Mas Staden acabou sendo desmascarado por um francês autêntico, e a mentira foi por água abaixo.

No entanto, o destino outra vez o ajudou e a sorte passou a estar do seu lado. Ciente da religiosidade dos nativos, o aventureiro disse crer em um deus muito poderoso e que, se fosse morto, a tribo seria castigada e punida. A princípio, os índios não acreditaram e pediram provas. Segundo o narrador do livro, o que se seguiram foram situações em que a natureza mostrou estar do lado do alemão, oferecendo diversas

---

* O leitor que quiser conhecer melhor os costumes e crenças indígenas pode consultar *História dos índios no Brasil,* organizado por Maria Manuela Carneiro da Cunha (São Paulo: Fapesp e Companhia das Letras, 1992).

comprovações. Um exemplo? Hans construiu uma cruz cristã com varas encontradas na mata e a colocou diante de uma plantação. O ato foi tido como uma afronta pelos índios, que logo se incomodaram com o símbolo religioso e o retiraram dali. Mal os selvagens haviam tirado a cruz e uma tempestade desabou, persistindo por dias a fio e impedindo as colheitas. Os nativos interpretaram o mau tempo como um castigo dos céus e colocaram a cruz de volta. A chuva parou.

Coincidência ou não, situações como essa ajudaram Hans Staden a ser poupado da morte e do caldeirão da sopa. Nove meses após aquelas duas flechas serem disparadas em sua direção, ele foi libertado e entregue a um navegador francês, tendo a chance de voltar à Europa e contar em seu país o que viu e viveu no Brasil – embora nunca venhamos a saber de verdade os limites entre realidade e ficção no seu relato.

Leitura sugerida

Staden H. *Duas viagens ao Brasil.* Porto Alegre: L&PM, 2008.

CAPÍTULO 6

O JESUÍTA DE POSSÍVEL ORIGEM NEGRA QUE DEFENDIA A ESCRAVIDÃO AFRICANA

Padre Antônio Vieira, o jesuíta que compôs sermões literários defendendo a escravidão de africanos e um dos mais venerados escritores da literatura brasileira do século XVII, possivelmente tinha sangue negro correndo em suas próprias veias. Isso mesmo, o defensor da tese de que povo africano era amaldiçoado pode ser dessa estirpe. A ascendência nunca foi reconhecida por Vieira, que, pelo jeito, a ocultava e sentia vergonha não apenas de sua raça, mas também de sua origem humilde.

Nascido em 1608 nas vielas de Lisboa, Vieira era filho de um escrivão e uma padeira, ou seja, estava longe de ser um nobre. No livro *Antônio Vieira: jesuíta do rei**, o professor e biógrafo Ronaldo Vainfas apresenta evidências que indicam

* O livro de Ronaldo Vainfas integra a coleção Perfis Brasileiros e é uma das obras mais recentes e complexas para compreender a dimensão desse escritor brasileiro. (*Antônio Vieira: jesuíta do rei*. São Paulo: Companhia das Letras, 2011.)

que, além de ter vindo de uma família pobre, Vieira pode ter sido bisneto de uma negra. As suspeitas surgiram de depoimentos coletados em uma investigação do Tribunal do Santo Ofício para descobrir se o religioso tinha origem judaica. A nobre Francisca de Távora e Castro, que contratara o avô de Vieira como criado antes mesmo do nascimento do neto, relatou que seu empregado teria se relacionado com uma mulata, com quem tivera um filho, Cristóvão Ravasco, o qual viria a ser o pai do jesuíta. A freira Margarida do Espírito Santo, que pegou Vieira no colo, depôs que a avó do investigado pela Inquisição era "índia ou mulata". Ao contrário das duas, Vieira nunca mencionou isso em seus depoimentos ao Tribunal.

Dando um passo adiante nas suposições, o biógrafo João Lúcio de Azevedo* se debruçou sobre esses relatos e assegurou que o pai de Vieira era, sim, mulato e que, possivelmente, sua bisavó materna viera da África como escrava. A informação não teria muita importância histórica não fosse a ironia de que o padre, em seus sermões, defende que os africanos seriam de uma raça amaldiçoada e estariam condenados à escravidão para conquistar a liberdade.

No entanto, se não eram coerentes com sua ascendência, as teses do religioso estavam sintonizadas com o momento histórico em que ele viveu. Vieira chegou ao Brasil em 1614, aos 6 anos. Seu pai conseguira um emprego como escrivão na capital da Colônia, Salvador. Ao lado de Pernambuco, a capitania onde o menino cresceu era a mais rica (em 1612, havia cinquenta engenhos de cana-de-açúcar). Para manter essa

* João Lúcio de Azevedo. *História de Antônio Vieira*. v. 1. 2. ed. Lisboa: Livraria Clássica Editora, 1931.

economia funcionando, Portugal escravizava mão de obra africana. De acordo com o historiador Stuart Schwartz*, entre 1595 e 1640, 147 mil negros africanos foram trazidos ao Brasil para trabalhar na lavoura. Só na Bahia, na década de 1620, entravam cerca de 2.500 a 3 mil escravos por ano.

Durante a infância e a adolescência de Vieira, a escravidão africana serviu para Portugal manter o desenvolvimento econômico e explorar novas terras. Foi também um período em que a Igreja se banhava em filosofias medievais para defender que, do ponto de vista de Deus, não havia pecado algum na escravização; pelo contrário, a prática era necessária para os negros encontrarem o caminho dos céus.

Para a Igreja, o regime escravocrata era fundamental à manutenção da ordem do mundo. São Tomás de Aquino, inspirado em Aristóteles, resumiu tudo na máxima de que uns nascem para mandar e outros para obedecer. Era com base nessa filosofia que a Companhia de Jesus justificava a prática. Para os negros, a situação piorou quando, no século XVI, difundiu-se a tese de que os africanos eram descendentes de Cam, o filho amaldiçoado de Noé, e que estavam condenados ao cativeiro. A escravidão, portanto, era o caminho para suas almas serem perdoadas.

Educado conforme os preceitos dessa época, padre Antônio Vieira acabou incorporando esse pensamento em sua fala e textos literários. Em 1633, o religioso recebeu o bizarro convite para pregar um sermão para os negros. Sua missão era convencê-los, em uma espécie de catequese, da importância de

---

* Stuart B. Schwartz. *Segredos internos: engenhos e escravos na sociedade colonial.* São Paulo: Companhia das Letras, 1995.

eles serem escravizados e de como essa condição os ajudaria na salvação de suas almas. Vieira, que estudara os textos da Companhia de Jesus de ponta a ponta, escreveu os sermões para os africanos baseado na ideia da suposta ascendência maldita. Disse-lhes que, para se livrarem do pecado de serem da estirpe de Cam e alcançarem a redenção, deveriam aceitar a cruz cristã, trabalhar na senzala e não se rebelar. Vainfas explica que pouco se sabe sobre as circunstâncias do episódio, embora afirme que a prática foi apoiada pelo Estado e pela Igreja e, provavelmente, dirigida a africanos que já entendiam o português.

Consciente ou não, Vieira passava adiante não apenas um texto religioso e literário, mas um discurso político favorável à manutenção das estruturas sociais da época. Ao fazer isso, o jesuíta demonstrava conivência com a exploração dos negros. E parecia se esquecer de que condenava justamente aqueles que saíram do mesmo continente de onde, talvez, tenham vindo seus antepassados; de que o sangue que corria nas veias daqueles negros talvez fosse o mesmo que corria nas suas; de que, no topo de sua árvore genealógica, também poderia estar Cam, o filho amaldiçoado de Noé.

Leitura sugerida

Vieira A. *Sermão da Sexagésima*. Belo Horizonte: Itatiaia, 2008.

Vieira A. *Sermoens do P. Antonio Vieira (volume 7)*. Lisboa: Officina de Miguel Deslandes, 1692.

Capítulo 7

Gregório de Matos Guerra, o Boca do Inferno, existiu?

Sim, Gregório de Matos viveu na Bahia do século XVII. Mas talvez a vida e a obra do poeta não sejam tão precisas como relatam muitos dos livros de literatura. Se fizéssemos uma pintura de Gregório de Matos, os melhores traços para representá-lo seriam impressionistas, sem contornos definidos, com pinceladas que não deixam claro onde algo começa ou termina. A vida do Boca do Inferno, cujas datas de início e final não são registradas, é imprecisa; sua obra, composta por inúmeros textos de autoria duvidosa, também. Mas algo é certo: Gregório de Matos não apenas existiu como, com sua língua afiada e críticas ácidas, fez tremer as estruturas da capital.

Sem documentos que comprovem sua data de nascimento, biógrafos do escritor se dividem entre o período (nada curto) de 1623 e 1636. Embora não se saiba o ano exato, o contexto no qual Gregório de Matos nasceu era o de uma Bahia rica, uma das capitanias que mais geravam lucro para a Metrópole, uma cidade que se desenvolvia sustentada pela mão de obra escrava, pelo latifúndio e pela exploração de cana-de-açucar.*

Se a região de seu nascimento valia ouro para os portugueses, o berço do poeta baiano também era reluzente. Vindo de Portugal para o Brasil para tentar a vida, o avô de Gregório de Matos, Pedro Gonçalves e Matos, se deu bem como negociante. Tinha um guindaste que carregava mercadorias da cidade baixa para a alta de Salvador e em pouco tempo fez fortuna, tornando-se senhor de engenho e fazendeiro.

Ao lado de dois irmãos, Gregório cresceu numa família com condições financeiras invejáveis. Ao chegar à idade de estudar, o trio foi enviado para o Colégio dos Jesuítas da Bahia, a melhor e mais tradicional instituição brasileira de ensino da época. Ali, além de se dedicarem a textos religiosos, os alunos entravam em contato com clássicos da Literatura e da História e tinham aulas de Aritmética. Os professores eram jesuítas, como o Padre Antônio Vieira. Era a mais ilustre educação da Colônia.

Depois da escola, cada um dos três irmãos seguiu um caminho bem diferente. Pedro, o primogênito, terminou seus estudos com os jesuítas e partiu para Coimbra estudar leis. Mas não se adaptou aos modos lusitanos e fugiu de volta para o Brasil, onde se tornou lavrador e administrador das terras

---

* Dois livros consultados para a elaboração deste capítulo e que podem ser muito úteis para quem se interessar pela vida e pela obra do poeta são: Ana Miranda. *Musa praguejadora: a vida de Gregório de Matos*. Rio de Janeiro: Record, 2014; Pedro Calmon. *A vida espantosa de Gregório de Matos*. Rio de Janeiro: José Olympio, 1983. Outro trabalho analítico preciso sobre alguns pontos aqui levantados é a tese de Samuel Anderson de Oliveira Lima, *Gregório de Matos: do barroco à antropofagia*. (Natal: Universidade Federal do Rio Grande do Norte, 2013).

da família. Eusébio, o irmão do meio, nunca mais sairia de perto dos jesuítas: entrou no Colégio, seguiu na Companhia de Jesus e se tornou orador. Gregório, o caçula, seria a ovelha negra da família. Ao concluir os estudos no Colégio, saiu da escola jesuíta e foi a Portugal estudar Humanidades. Após esse período, em que construiu um sólido conhecimento para embasar seus textos, retornou às terras brasileiras, sendo nomeado tesoureiro-mor da Sé de Salvador e desembargador da Relação Eclesiástica da Bahia. Tudo caminhava bem até que, em 1682, o então funcionário público recusou um convite para se tornar padre. Numa administração em que a separação entre Igreja e Estado não era nada clara, seu castigo foi ser demitido dos cargos públicos.

A decepção fez nascer um poeta desiludido, raivoso. A partir daí e até seus últimos dias, a acidez parece ter invadido as suas veias e a sua caneta. Indignado, Gregório saiu pelas ruas da cidade atacando tudo e todos, criticando padres e senhores de engenho, denunciando vícios e maldizendo costumes. Ganhou os títulos de rabugento, mexeriqueira, traidor, negligente e Boca do Inferno.

Até o ano de sua morte, na década de 1690*, Gregório de Matos produziu sua famosa poesia satírica e erótica. Se antes tematizava questões espirituais e compunha textos líricos, o que se destacou, depois da demissão, foram textos sobre a hipocrisia, a servidão, o suborno, a sovinice. Sobre Salvador, escreveu:

---

* Tal qual a data de seu nascimento, não existe um consenso sobre quando o poeta faleceu, embora as suspeitas recaiam sobre 1694 e 1695.

Que falta nesta cidade? Verdade.
Que mais por sua desonra? Honra.
Falta mais que se lhe ponha? Vergonha.
O demo a viver se exponha,
Por mais que a fama a exalta,
Numa cidade onde falta
*Verdade, honra, vergonha.**

Religiosos, políticos, negociantes... O sangue que escorreu da caneta de Gregório atingiu muitos. Nem sempre essa crítica foi poética e com um linguajar erudito. Com uma linguagem cheia de palavrões, seus poemas chocavam os mais pudicos. Exemplo é o texto no qual atacou o governador Antônio Luís:

Sal, cal e alho
caiam no teu maldito caralho. Amém.
O fogo de Sodoma e Gomorra
em cinza te reduzam essa porra. Amém.
Tudo em fogo arda,
*tu, e teus filhos, e o Capitão da Guarda.***

No entanto, uma das maiores polêmicas que rodeiam o poeta baiano é que, talvez, boa parte dos textos hoje atribuídos a ele não tenha sido escrita por seu próprio punho. Assim como sua biografia é recheada de lacunas, a autoria de sua produção intelectual é questionada.

---

* Gregório de Matos. *Epílogos*. Disponível *online*, em domínio público.

** Gregório de Matos. *Sal, cal e alho*. Disponível *online*, em domínio público.

Isso porque muitos escritos da época não eram documentados em papel e sua divulgação era oral, feita "no boca a boca". Além disso, Gregório de Matos não teve preocupação em registrar sua obra, e, como a imprensa ainda era proibida na Colônia, jamais poderia publicá-la (pelo menos, não oficialmente). Tudo o que ficou do poeta foi registrado em códices, espécies de manuscritos não oficiais. Esses textos acabaram se tornando a base sobre a qual seus estudiosos se debruçam.

Nada garante, no entanto, que o que consta nesses códices tenha sido, de fato, escrito pelo poeta. Os pesquisadores João Adolfo Hansen e Marcello Moreira*, da Universidade Estadual do Sudoeste da Bahia, afirmam que no século XVII o conceito de autoria não estava construído como atualmente, e muitos dos poemas atribuídos a Gregório de Matos foram, na verdade, redigidos por outros escritores satíricos do período. O escritor teria sido apenas um entre vários poetas que criticou os costumes de sua época, mas seu nome acabou se tornando um guarda-chuva sob o qual foi agrupada toda a produção de escritores satíricos da Bahia do seu tempo. Para o bem ou para o mal, o Boca do Inferno teria levado a fama dos outros, e todas as vozes teriam ecoado de sua boca.

Leitura sugerida

Wisnik JM (org.). *Poemas escolhidos de Gregório de Matos*. São Paulo: Companhia das Letras, 2010.

---

* João Adolfo Hansen e Marcelo Moreira (eds.). *Gregório de Matos: poemas atribuídos: Códice Asensio-Cunha*. São Paulo: Autêntica, 2014.

Capítulo 8

Cláudio Manuel da Costa, suicídio ou assassinato?

*Achou-se de pé, encostado a uma prateleira com um joelho firme em uma taboa dela e o braço direito fazendo força em outra taboa, na qual se achava passada em torno uma liga de cadarço encarnado, atado à dita taboa, e a outra ponta com a qual uma laçada e o nó corrediço deitado ao pescoço do dito cadáver, que o tinha esganado e sufocado, por lhe haver naturalmente impedido a respiração por efeito de grande aperto que lhe fez com a força e a gravidade do corpo na parte superior da laringe, onde se divisava, do lado direito uma pequena contusão que mostrou ser feita com o mesmo laço, quando correu; examinado mais todo o corpo pelos cirurgiões em todo ele não se achou ferida, nódoa ou contusão alguma. Assentado que a morte do referido Dr. Cláudio Manuel da Costa só fora precedida daquele modo, enforcando-se voluntariamente por suas próprias mãos, como denotava a figura e posição em que o dito cadáver se achava.**

* Arnaldo Amado Ferreira. *A morte do inconfidente Cláudio Manuel da Costa: assassinato ou suicídio? Revista da APM*. 2009.

Datado de 1789, o trecho citado faz parte de um dos documentos mais polêmicos da história colonial brasileira. Espécie de certidão de óbito do poeta Cláudio Manuel da Costa, o registro relata que um dos supostos líderes da Inconfidência Mineira teria se enforcado com um pedaço de cadarço ou corda em um armário preso à parede. Sem ter o corpo pendente, a morte teria se dado por uma suspensão incompleta, ou seja, seu pé ainda tocava o chão, e foi facilitada pela força que o escritor fazia na direção contrária.

O estranho é que a possibilidade de enforcamento por suspensão incompleta era, até então, desconhecida, e seria registrada pela primeira vez pela Medicina apenas em 1830, ocasião em que o príncipe de Condé, em Paris, amarrou seu pescoço em uma ponta de lençol e, na outra, uma janela do castelo. Ao abrir a janela, suicidou-se sem tirar os pés do chão, por estrangulamento. Mas o desconhecimento desse tipo de morte na época do falecimento do poeta brasileiro não é o único ponto que coloca em xeque a versão do suicídio. Mistérios ao redor do episódio não faltam para levantar a suspeita de que o laudo de óbito foi uma grande farsa e de que o suposto suicida fora, na verdade, assassinado.

No final do século XVIII, Vila Rica (atual Ouro Preto) era a capital da Província de Minas Gerais, uma das regiões mais rentáveis para os portugueses. A economia de Vila Rica era baseada no garimpo de ouro e pedras preciosas. No entanto, a cidade começou a assistir, sobretudo a partir da segunda metade do século XVIII, às jazidas se tornarem cada vez mais escassas, fazendo o lucro da Coroa declinar anualmente. A atmosfera era tensa, já que, na gana por manter a rentabilidade, Portugal não abaixava a quantidade de ouro que deveria ser entregue periodicamente, aumentando a dívida de quem não alcançava a meta e acusando-os de contrabando. A insegurança reinava.

Se no campo econômico os negócios não iam bem, no cultural as atividades pareciam ter melhor sorte. Na biografia *Cláudio Manuel da Costa**, a historiadora Laura de Mello e Souza afirma que Vila Rica era, ao lado de Mariana, um polo cultural. Enquanto a primeira era o centro administrativo de Minas, a segunda era o religioso.

Nesse cenário, Cláudio Manuel da Costa, um respeitado advogado e poeta, era uma espécie de anfitrião de escritores, bacharéis e até militares e empresários que chegavam à região. Manuel da Costa se tornou próximo de literatos jovens como Tomás Antônio Gonzaga, que na época escrevia os poemas apaixonados de *Marília de Dirceu*, e Inácio José de Alvarenga Peixoto. Ao lado deles e de outros artistas, começou a se reunir para discutir livros e ideias que fervilhavam pelo mundo. Aliás, os encontros teriam feito com que o poeta, considerado um dos iniciadores do movimento árcade do Brasil, influenciasse os demais na forma e no conteúdo de seus escritos, espalhando o arcadismo pelo país.**

No ano de 1788, uma grande mudança ocorreu. O visconde de Barbacena foi nomeado governador da província mineira, para onde se mudou com a missão de arranjar as contas públicas e diminuir as dívidas dos mineradores para com a Coroa – o que poderia significar a cobrança de novos impostos.

---

* Laura de Mello e Souza. *Cláudio Manuel da Costa*. São Paulo: Companhia das Letras, 2011.

** Para se aprofundar na obra do poeta árcade, sugiro a leitura de *A poesia dos inconfidentes: poesia completa de Claudio Manuel da Costa*, organizado por Domício Proença Filho (Rio de Janeiro: Nova Aguilar, 1996).

A bomba da tensão explodiu de vez. As reuniões literárias lideradas por Manuel da Costa transformaram-se em um espaço para se discutir o novo cenário político-econômico.*

Embora as fontes documentais sejam escassas, pesquisadores como Mello e Souza elencam entre os possíveis temas discutidos nas reuniões, que passaram a ser secretas, a proclamação da República do Brasil, a abolição da escravatura e a criação de uma universidade em Vila Rica, a primeira do país. Esses homens, detentores do domínio das letras e em contato com a vanguarda cultural, começaram a pensar como se livrar dos desmandos lusitanos.

Segundo Mello e Souza, em pouco tempo o burburinho a respeito dessas reuniões se espalhou e as ideias nelas discutidas saíram do círculo privado, restrito às casas dos poetas, e ganharam o espaço público – bares, praças, prostíbulos. O problema é que os boatos começaram a circular também entre os oficiais do reino.

A situação piorou de vez quando alguns participantes dos encontros denunciaram as reuniões ao governador. Muitos fizeram a delação almejando o perdão da dívida com a Coroa. Cláudio Manuel da Costa, Tomás Antônio Gonzaga, Inácio José de Alvarenga Peixoto e Joaquim José da Silva Xavier, o Tiradentes, estavam entre os acusados de estarem organizando uma insurreição contra a metrópole.

As punições vieram rapidamente: nos meses que se seguiram, Gonzaga, Alvarenga Peixoto e Tiradentes foram presos e enviados

---

* Dois clássicos para entender a Inconfidência Mineira e o contexto em que o poeta viveu são *História da Conjuração Mineira*, de Joaquim Norberto de Sousa Silva (1873), e *A Inconfidência Mineira: uma síntese factual*, de Márcio Jardim (Rio de Janeiro: Bibliex, 1989).

à ilha das Cobras, no Rio de Janeiro. Ficariam lá enquanto se desenrolassem as investigações. Manuel da Costa seria o único poupado – talvez por ter 60 anos (idade avançada para a época), pelos problemas de saúde ou por sua reputação. Mas estar livre não o pouparia da apreensão do que estava sendo reservado a ele.

Na madrugada de 25 de junho de 1789, pouco mais de um mês após a prisão dos amigos, a casa do poeta foi cercada por tropas oficiais. Mesmo passando por uma crise reumática, ele foi tirado de sua cama e levado a um cubículo de um prédio público. Lá, permaneceu por uma semana até ser interrogado.

> Não há nenhuma evidência de que Cláudio, ou outro réu importante, tenha sofrido tortura durante os interrogatórios. Nem precisava. A situação já era intimidadora o suficiente, agravada pela incerteza, pelos boatos, pelo medo do desconhecido, pela ignorância sobre o destino dos companheiros. [...] Foi portanto um velho doente, acovardado, cheio de pavor que os magistrados escolhidos por Barbacena para conduzir os interrogatórios em Minas tiveram diante de si.*

O que se seguiu foi um desastre: fraco e encurralado, Cláudio Manuel da Costa teria sucumbido à pressão e entregado todos os amigos. Teria acusado Gonzaga de estar envolvido em um "levantamento com ideias de República", Alvarenga Peixoto e os outros presos de participação nas reuniões suspeitas e Tiradentes de ser um fanático, comparável aos revolucionários que, na Europa, se manifestavam contra o Antigo Regime. A respeito de si próprio, teria dito ter sempre considerado tudo uma fábula e algo ridículo.

---

* Laura de Mello e Souza. *Cláudio Manuel da Costa*. São Paulo: Companhia das Letras, 2011. p. 184.

De posse das informações, os oficiais que conduziram o interrogatório levaram o poeta de volta ao cubículo onde ele passara dias preso, um lugar pequeno, sombrio e com prateleiras em uma das paredes.

O que há de concreto a partir daí é um documento afirmando que, 48 horas após o depoimento, o corpo de Cláudio Manuel da Costa foi encontrado morto devido a suicídio por enforcamento. Teria o poeta se arrependido de ter entregado os amigos, que por anos frequentaram sua casa, discutiram ideias e fizeram literatura ao seu lado? Ou teria ele, após já não ter mais serventia para os oficiais, sido assassinado e posicionado para simular um suicídio? Que fim levou o pai do arcadismo no Brasil após delatar seus amigos? Diante dessas perguntas, restam teses não conclusivas. Assim como nas obras literárias, há capítulos da história com finais imprecisos.

Leituras sugeridas

Costa CM. *Obras poéticas*. Manaus: Valer, 2010.

Costa CM. *Vila Rica*. Rio de Janeiro: Vermelho Marinho, 2016.

❦ Capítulo 9 ❦

Marília nunca esqueceu Dirceu?

Era uma vez uma menina de 15 anos, virgem e criada em Vila Rica, no interior de Minas Gerais. Certo dia, um amigo de seu tio, um português de quase 40 anos, se encantou com sua beleza e seu jeito. Em pouco tempo, o quarentão começou a namorar a jovem e, em sua homenagem, a escrever poemas, declarando seu amor e a reverenciando. O namoro durou seis anos, até que o poeta a pediu em casamento.

Faltando uma semana para a cerimônia, o destino virou contra os enamorados. A Rainha ordenou a prisão do noivo, alegando que ele estava envolvido em uma conspiração contra o Reino. À jovem coube a solidão da espera pela sentença; ao acusado, restou colocar no papel a dor que sentia por estar longe de sua amada enquanto seu destino era selado.

Esse poderia ser um roteiro de um conto de fadas, no qual uma bruxa má impede o casamento de uma pobre menina com um forasteiro que por ela se apaixonou, mas é a história de amor entre o escritor Tomás Antônio Gonzaga e Maria Doroteia Joaquina de Seixas. As declarações em forma de poema dariam origem a um dos livros mais aclamados do arcadismo brasileiro, *Marília de Dirceu.*[*]

Gonzaga – eternizado no eu-lírico Dirceu – conheceu Maria Doroteia – a Marília dos poemas – em 1783, em uma festa na casa de um tio da moça, um advogado da elite de Vila Rica, atual Ouro Preto. O literato tinha se mudado havia pouco de Portugal para o Brasil, após terminar um curso de Leis, e na festa do amigo se apaixonou pela jovem. Escrever os poemas foi a forma que encontrou de declarar seu amor a ela:

Os teus olhos espalham luz divina,
A quem a luz do Sol em vão se atreve:
Papoula, ou rosa delicada, e fina,
Te cobre as faces, que são cor de neve.
Os teus cabelos são uns fios d'ouro;
Teu lindo corpo bálsamos vapora.
Ah! Não, não fez o Céu, gentil Pastora,
Para glória de Amor igual tesouro.[**]

O flerte literário rendeu bons frutos: o casal namorou seis anos até Gonzaga finalmente pedir a moça em casamento. Eram tempos difíceis na Colônia, época em que manifestações explodiam em várias províncias, clamando pela Indepen-

---

* Duas referências importantes consultadas neste capítulo e valiosas para compreender a história do casal são *O amor infeliz de Marília e Dirceu*, de Augusto de Lima Júnior (Belo Horizonte: Itatiaia, 1998), e *O mito de Marília de Dirceu – 1792 a 1889: aspectos da construção e da apropriação de heróis românticos e o processo de formação da Nação Brasileira*, dissertação de mestrado de Ana Cristina Magalhães Jardim (Ouro Preto: UFOP, 2014).

** Tomás Antônio Gonzaga. *Marília de Dirceu.* Disponível *online*, em domínio público.

dência do Brasil, e a Coroa portuguesa investia em uma caça aos insurgentes. O poeta, que também era autor das *Cartas chilenas*, textos em que satirizava o governo colonial, acabou sendo um dos presos e investigados sob a acusação de envolvimento com a Inconfidência Mineira. Dos braços de Maria Doroteia, Tomás foi tirado uma semana antes do casamento e jogado em uma prisão no Rio de Janeiro. O amor, então, ressurgiu da pena do poeta, e o eu-lírico Dirceu outra vez se declarou à amada:

Nesta cruel masmorra tenebrosa
Ainda vendo estou teus olhos belos,
A testa formosa,
Os dentes nevados,
Os negros cabelos.

Depois de três anos preso, em 1792 Tomás Antônio Gonzaga ouviu sua sentença: seria exilado em Moçambique por uma década. Talvez ele ainda não soubesse, mas aquela era também a sentença do fim do seu relacionamento com Maria Doroteia.

Se na vida do casal esse ano marca o ponto final da união, na literatura registra o início da popularização do amor de Dirceu por Marília. Nesse período, os poemas escritos antes de o escritor ser preso foram publicados pela primeira vez em Lisboa. A obra se tornou um sucesso tão grande de público que, em menos de duas décadas, seria reeditada sete vezes. Em território brasileiro, a primeira edição seria lançada em 1810, dois anos após a família real se mudar para o Brasil e a Imprensa Régia ser criada.

Na arte, à medida que o romantismo do poeta se espalhava, criava-se um mito ao redor dos cônjuges. Na vida do casal, cada um seguia seu próprio caminho. E Gonzaga seguiu rapidamente. Um ano após ser enviado para o país africano, casou-se com outra mulher, com quem teve dois filhos. Em Moçambique, viveu até o resto dos seus dias, em 1810.

Por aqui, Maria Doroteia parece não ter tido a mesma felicidade para construir uma nova família. Sozinha, continuou em Vila Rica, dedicando-se a tarefas domésticas, leitura de livros, bordados e ir à missa. A historiadora Ana Jardim, autora de *Marília de Dirceu?*, comparou o esquecimento e a solidão da musa inspiradora ao esquecimento e à solidão da própria cidade mineira em que ela vivia: "O abandono e o envelhecimento de Maria Doroteia repetem na mulher a sina de uma Vila Rica já quase abandonada. Foram as duas escasseando do ouro, da beleza, do tempo, da juventude, e se preservando do assédio dos olhares externos". Maria Doroteia morreu em 1853.

Quase um século após a morte da mineira, o último capítulo do amor de Marília e Dirceu seria escrito. Em meados da década de 1930, o presidente Getúlio Vargas ordenou a repatriação dos restos mortais dos inconfidentes. O corpo de Tomás Antônio Gonzaga foi trazido de volta ao Brasil e levado ao Museu da Inconfidência, em Ouro Preto. Em 1955, uma década depois, o de Doroteia foi retirado do cemitério onde fora sepultado e colocado ao lado dos restos de Gonzaga. Mesmo que postumamente, o mais famoso casal da literatura árcade brasileira pôde, finalmente, ficar junto outra vez.

Leituras sugeridas

Gonzaga TA. *Marília de Dirceu*. Porto Alegre: L&PM, 1998.

Gonzaga TA. *Cartas chilenas*. São Paulo: Companhia das Letras, 2006.

PARTE 2

AOS OLHOS DO REI E DO IMPERADOR

NOITE DE 25 DE NOVEMBRO DE 1807, LISBOA, PORTUGAL.

D. João fechou as portas de uma das salas de seu palácio em Lisboa. Entre os presentes, ministros, funcionários do reino e militares. Apenas pessoas de extrema confiança. Tudo o que fosse dito ali deveria ser mantido em segredo, as conversas eram de extremo sigilo. O menor descuido poderia custar a vida de milhares de civis, comprometer a diplomacia europeia e tirar a monarquia portuguesa do poder. A portas fechadas, o grupo traçou rotas, organizou equipes e decidiu o papel que cada um deveria assumir no tempo que se seguiria. O plano parecia perfeito.

Dois dias depois, quem estava na sala, juntamente com o restante da Família Real Portuguesa e centenas de civis, subiu às pressas em 25 embarcações ancoradas no porto lisboeta. Era preciso ser rápido. As tropas inimigas estavam cada vez mais próximo, armadas e prontas para o ataque. Chovia e o barquinho que levava os viajantes de terra firme à embarcação balançava de um lado para o outro, ameaçando virar. Em meio à pressa, ao tumulto e à chuva, caixas com documentos, joias e livros foram esquecidas no cais. Em 29 de novembro de 1807, finalmente o tempo melhorou e a esquadra pôde zarpar.

Quando chegaram a Lisboa, no dia seguinte, os inimigos encontraram a cidade às moscas: D. João já estava em alto-mar. Conseguira escapar da invasão de Napoleão Bonaparte e seu destino era sua principal Colônia, o Brasil.*

As razões que culminaram na fuga têm raízes em anos anteriores à escapada. Napoleão, um antigo oficial da artilharia francesa, fora eleito Imperador pelo Senado da França. Empossado no novo cargo e com a ambição de expandir a influência de seu país e conquistar novos territórios na Europa, o militar declarou guerra às monarquias vizinhas. Venceu uma a uma, aumentando o poderio de seu Império.

Enquanto os franceses avançavam, a Inglaterra – até então a nação mais poderosa do mundo, graças ao dinheiro que ganhara saindo na dianteira da Revolução Industrial – começou a desconfiar que estava entre os próximos alvos dos franceses. Precavida, iniciou uma série de alianças com outros países, como Áustria, Prússia e Rússia, para combater o Império Napoleônico. Em vão. Em 1805, os franceses derrotam a Áustria; em 1806, a Prússia; em 1807, a Rússia. Os ingleses ficaram sozinhos.

Bonaparte, que não era nada bobo, sabia que não tinha forças para enfrentar o exército britânico. Começou, então, a adotar políticas para enfraquecer seu rival, usando todas as táticas possíveis. Em 1806, proibiu todas as nações europeias de comprarem produtos de seu rival, a fim de quebrar sua economia. Quem não cumprisse a determinação seria considerado traidor e, como castigo, teria o território invadido.

---

* Para se aprofundar na fuga da Família Real para o Brasil, sugiro a leitura de *1808: como uma rainha louca, um príncipe medroso e uma corte corrupta enganaram Napoleão e mudaram a História de Portugal e do Brasil*, de Laurentino Gomes (São Paulo: Planeta, 2007).

D. João, Príncipe Regente do reino português após sua mãe D. Maria I ter sido diagnosticada como louca, se viu diante de uma encruzilhada, já que a Inglaterra era a nação com que Portugal mais negociava na época. Se cumprisse as exigências de Napoleão, seria desleal à nação que o abastecia; se ficasse ao lado dos ingleses, acabaria invadido por Napoleão. Na dúvida, o príncipe foi adiando a tomada de partido e negociando com a França. O ultimato veio em 1807, quando o Imperador francês se cansou e ordenou a invasão à capital lusitana.

Às pressas, D. João reuniu políticos e militares na residência real e tramou a fuga da Corte e da elite portuguesa para o Brasil, de onde passaria a administrar o reino português. Consigo, levaria os documentos oficiais, o máximo de riquezas que conseguisse, os livros da Biblioteca Real e tudo o que pudesse servir para contar a história de sua nação. Não era uma boa ideia deixar esses materiais em Lisboa, correndo o risco de serem destruídos e roubados pelas tropas napoleônicas. A fuga foi bem-sucedida e escoltada pela marinha inglesa. Quando os franceses chegaram a Lisboa, a Corte já estava longe dali.

A travessia de Portugal para o Brasil marcou uma mudança na história do nosso país. Quando a Família Real desembarcou no Rio de Janeiro, em 8 de março de 1808, após uma breve estadia em Salvador, D. João assinou uma série de medidas para facilitar a administração do reino português diretamente da Colônia e a vida de quem aqui chegava. A primeira delas foi a abertura dos portos às nações amigas, o que permitia ao Brasil comercializar produtos com as nações em paz com Portugal. A papelada era fundamental para o Brasil gerar renda ao governo lusitano e pôs fim ao pacto colonial, que impunha que os brasileiros só podiam vender matérias-

-primas para a metrópole portuguesa e importar produtos manufaturados dela. No mesmo ano, foi criado o primeiro Banco do Brasil; nos anos seguintes, academias para preparar militares para a guerra e as primeiras faculdades de Medicina (uma na Bahia e outra no Rio de Janeiro). Pouco a pouco, o Brasil deixava de ser uma Colônia dependente e passava a dar os primeiros passos, processo que culminaria com a Independência em 1822.

Para as letras, as duas decisões mais importantes da época foram a criação da Imprensa Régia, em 1808, e da Biblioteca Real, em 1810. Durante os três séculos coloniais, os brasileiros foram proibidos de expressar seus pensamentos no papel, imprimir livros e publicar jornais. A censura era adotada para evitar a propagação de ideias revolucionárias que pudessem incendiar a população e despertá-la contra a Metrópole.

Ao chegar ao Rio de Janeiro, o Príncipe Regente criou a Imprensa Régia, órgão que publicaria os documentos e livros oficiais. Foi a primeira editora do Brasil. Por incrível que pareça, todas as máquinas tipográficas usadas para a impressão viajaram aos trancos e barrancos em um dos navios durante a fuga da Corte. A importância desse órgão é que, ao criá-lo, os governantes também permitiram a impressão e circulação de materiais no Brasil, fazendo com que fosse possível o surgimento da imprensa e do mercado editorial de obras literárias no país. Até então, nossos livros eram impressos em Portugal ou em tipografias clandestinas. Possibilitar a publicação dessas obras fez com que, pouco a pouco, mais escritores compartilhassem narrativas.

A segunda medida adotada por D. João que interferiu diretamente em nossa literatura foi a inauguração da Biblioteca Real, hoje conhecida como Biblioteca Nacional. Desde o século XV, a Corte portuguesa tinha o costume de guardar documentos que registravam sua história e livros impressos em seu território, além de obras consideradas importantes para a humanidade. No entanto, em 1755, quando o grande terremoto abalou as estruturas de Lisboa e colocou abaixo construções da cidade, muitos documentos se perderam em meio aos escombros.

Nas décadas seguintes à tragédia, um personagem se sobressaiu na história lusitana, tendo sido fundamental para ajudar na reconstrução da capital: o marquês de Pombal. No poder, esse político comprou coleções de obras literárias, conquistou doações e tomou as bibliotecas particulares de presos e inimigos do reino, como os jesuítas. Pombal juntou as novas obras com as que não haviam sido perdidas devido ao terremoto e, até a vinda da Corte para o Brasil em 1808, montou uma nova Biblioteca Real, com cerca de 60 mil itens, entre livros, manuscritos, mapas, estampas, moedas e medalhas. Boa parte desse material foi trazido para o Brasil com a Família Real, e o restante ou foi escondido em Lisboa ou, em meio à fuga, deixado no cais e trazido para a Colônia nos anos seguintes.

Em outubro de 1810, D. João determinou que todos esses livros fossem acomodados nas catacumbas de um hospital carioca e que ali funcionasse a Biblioteca Real. Ao local, foi levado tudo o que fora trazido ao Brasil e também passou a ser enviada uma cópia de cada obra publicada em território nacional. Resultado: dois séculos depois, o que foi trazido da Metrópole, somado a tudo o que foi sendo adquirido, resultou em um acervo de mais de 9 milhões de itens, número que fez com que a Organização das Nações Unidas para a Educação, a Ciência e a Cultura (UNESCO) considere a Biblioteca Nacional a sétima maior do mundo. A instituição se tornou um espaço especial para a nossa literatura, a casa de todas as obras literárias publicadas e catalogadas em território nacional.

As histórias presentes nesta segunda parte se passam entre a chegada da Família Real Portuguesa ao Brasil e as vésperas da Proclamação da República. Entre um momento e outro, a imprensa e o mercado editorial surgiram e se consolidaram, o Rio de Janeiro se fortaleceu e afirmou seu papel de centro cultural do Império, novos literatos entraram em cena e o movimento romântico europeu chegou ao nosso território.

O nacionalismo de Gonçalves Dias aflorou na primeira geração romântica; o pessimismo de Lord Byron influenciou as páginas de Álvares de Azevedo, poeta maldito da segunda geração; o olhar de Castro Alves abandonou o "eu" e se voltou para o "nós", trazendo à literatura discussões sociais como a abolição da escravatura. Na prosa, José de Alencar se dividiu entre escrever romances indianistas e urbanos e tentar convencer o Imperador em polêmicas políticas. O erotismo, o sensacionalismo e o feminismo começaram a deixar sua marca em obras vendidas nas bancas e foram usados para aumentar as tiragens e popularizar a literatura. Com a criação de escolas e a alfabetização crescente, mais leitores passaram a consumir obras literárias. O folhetim se tornou um vício e contribuiu para as narrativas literárias se fortalecerem junto às classes populares, tornando famosos novos autores.

É um novo momento para as nossas letras, cada vez menos dependentes de Portugal. Apesar disso, muitos dos textos da época, quando não eram traduções ou cópias, foram influenciados pelas ideias que vinham do além-mar. Ainda assim, foi um passo rumo à criação de uma estética nacional que, de fato, traduzisse o que é o Brasil.

Capítulo 10

As bizarrices da rua do Ouvidor

Discutir literatura é tratar de livros famosos, autores consagrados e personagens memoráveis. Mas não é apenas isso. Nem só do que está nas páginas impressas é construída a história de uma área do saber. Em alguns casos, tão importantes quanto esses elementos são os aspectos que os circunscrevem, aqueles que constroem o seu contexto. Não dá para falar da literatura do século XIX sem mencionar um espaço onde muitas das suas histórias se passaram: a rua do Ouvidor.

O prosador romântico Joaquim Manuel de Macedo, autor de *A Moreninha,* afirmou que a rua do Ouvidor é "a mais passeada e concorrida, e mais leviana, indiscreta, bisbilhoteira, esbanjadora, fútil, noveleira, poliglota e enciclopédica de todas as ruas da cidade do Rio de Janeiro".* Já Machado de Assis declarou que, se o Rio de Janeiro tivesse um rosto, seria a rua do Ouvidor. Mas talvez uma das melhores definições seja a do cronista João do Rio, famoso por seu espírito urbano e por sua

---

* Joaquim Manuel de Macedo. *Memórias da rua do Ouvidor.* São Paulo: Editora Nacional, 1952.

vivência nas ruas cariocas. Em *A alma encantadora das ruas*, um dos livros de crônicas-reportagens mais aclamados de nossas letras, esse escritor apresenta personagens, hábitos e curiosidades das artérias do Rio de Janeiro do seu tempo. Banhando-se na poesia, é como se tivesse tirado uma espécie de radiografia do urbano e desvendado a alma de cada rua carioca.

> *Oh! Sim, as ruas têm alma! Há ruas honestas, ruas ambíguas, ruas sinistras, ruas nobres, delicadas, trágicas, depravadas, puras, infames, ruas sem história, ruas tão velhas que bastam para contar a evolução de uma cidade inteira, ruas guerreiras, revoltosas, medrosas, spleenéticas, snobs, ruas aristocráticas, ruas amorosas, ruas covardes, que ficam sem pinga de sangue... Vede a rua do Ouvidor. É a fanfarronada em pessoa, exagerando, mentindo, tomando parte em tudo, mas desertando, correndo os taipais das montras à mais leve sombra de perigo. Esse beco inferno de pose, de vaidade, de inveja, tem a especialidade da bravata. E fatalmente oposicionista, criou o boato, o "diz-se..." aterrador e o "fecha-fecha" prudente. Começou por chamar-se Desvio do Mar. Por ela continua a passar para todos os desvios muita gente boa. No tempo em que os seus melhores prédios se alugavam modestamente por dez mil-réis, era a rua do Gadelha. Podia ser ainda hoje a rua dos Gadelhas, atendendo ao número prodigioso de poetas nefelibatas que a infestam de cabelos e de versos. Um dia resolveu chamar-se do Ouvidor sem que o senado da câmara fosse ouvido. Chamou-se como calúnia, e elogia, como insulta e aplaude, porque era preciso denominar o lugar em que todos falam de lugar do que ouve; e parece que cada nome usado foi como a antecipação moral de um dos aspectos atuais dessa irresponsável artéria da futilidade.**

---

* João do Rio. *A alma encantadora das ruas*. São Paulo: Companhia das Letras, 2008.

A rua do Ouvidor assume importante presença na literatura brasileira do século XIX não apenas por ser uma espécie de maternidade de muitas obras – várias impressas ou nascidas de conversas nesse endereço – mas também por abrigar as principais livrarias da época. A rua também era um dos espaços mais badalados culturalmente da então sede do Império, um centro da moda, da gastronomia, das tecnologias e dos costumes vindos do exterior. Por ostentar tamanho protagonismo no cotidiano do período, acabou sendo retratada por muitos literatos.

Mas a rua tem vida antiga e comemora praticamente a mesma idade do Rio de Janeiro. Se a cidade nasceu em 1565, a rua do Ouvidor surgiu apenas dois anos depois. Inicialmente, ela não foi batizada com esse nome. Pelo contrário, até chegar a "rua do Ouvidor" ganhou várias denominações – algumas não muito elegantes.

A primeira foi rua do Aleixo Manuel, uma referência ao nobre português, cirurgião e barbeiro, dono das terras onde a travessa ficava, na região do morro do Castelo. Conforme a rua avançava em direção ao largo de São Francisco de Paula, recebia outros apelidos, como Canto dos Meirinhos, rua Padre Pedro Homem da Costa, rua do Gadelha e rua do Baralho. Em cada trecho, a rua era batizada com uma referência a um fato marcante da região.

No entanto, nada se compara a como ela era chamada pela maioria da população, na boca miúda, na região da rua da Gadelha (altura da atual rua do Carmo): Sucussarará. À primeira vista, o nome pode parecer uma referência aos povos indígenas que habitavam a região quando os portugueses chegaram, mas não se engane, ele não presta nenhuma homenagem aos nossos nativos. Reza a lenda que, certa vez, um morador da região passou por maus bocados durante a madrugada, devido a uma grave crise de hemorroidas. Ao amanhecer, um cirurgião inglês que morava nas redondezas ficou sabendo do ocorrido e foi lhe prestar atendimento, ao que descobriu se tratar dessa ingrata enfermidade. Após receitar os remédios e já na porta, a caminho de casa, o médico teria virado para trás e dito ao sujeito: "Oh! Isto non ser nada, o su cu sarará". Um carioca que passava ouviu, compartilhou a anedota com outro e a rua ganhou um nome que parece tupi, mas é na verdade uma estima de melhoras.*

Próximo à altura da casa do enfermo do Sucussarará, nasceu o atual e consagrado nome do endereço. Em 1780, chegou ao Brasil com a função de assegurar a manutenção da lei no Rio de Janeiro o ouvidor Francisco Berquó da Silveira, espécie de magistrado incumbido de colocar ordem nas terras senhoriais. Seu poder e *status* fizeram com que todos começassem a se referir ao local com o cargo de Silveira. O nome pegou. Em 1897, o governo até tentou batizar a famosa travessa de rua Moreira César, em homenagem ao comandante morto em uma expedição contra Antônio Conselheiro, em Canudos. De nada adiantou. Os cariocas continuaram a chamá-la de rua do Ouvidor. Em 1916, enfim, as autoridades voltaram atrás.

Se o nome da rua do Ouvidor carrega tantas histórias, o que ali se instalou também. Sobretudo após a chegada da Corte portuguesa ao Brasil, em 1808, e a abertura dos portos, na rua do Ouvidor se instalaram muitas perfumarias, lojas

---

* Essa informação consta em uma das obras mais completas sobre a rua do Ouvidor: *Ouvidor, a rua do Rio,* de Alberto A. Cohen (Rio de Janeiro: AA Cohen, 2001). Além dessa passagem, o livro apresenta um panorama de muito do que já funcionou e foi vivido ali.

especializadas em tecidos e joias, bares, docerias, livrarias, redações de jornais, consultórios médicos, escritórios de advocacia e até residências – sim, a rua onde hoje funcionam apenas lojas já teve moradias. Passear pela rua do Ouvidor era vislumbrar comércios de todos os tipos e, já que ali também era um local frequentado por muitos estrangeiros, ouvir diversos idiomas.

Um dos mistérios que por meses intrigou os transeuntes da rua do Ouvidor aconteceu na altura do número 110, entre a rua do Ourives e a dos Latoeiros (hoje Miguel Couto e Gonçalves Dias, respectivamente). No endereço, funcionava o salão de beleza Cabeça de Ouro, aberto havia anos e que, do dia para a noite, começou a atrair a atenção de muitas mulheres. A razão de tanto interesse era uma grande trança exposta na vitrine, algo nunca visto na cidade:

> *A trança era muito vasta, de cabelos finos e de cor castanha, quase pretos, de formosa nuance, e tão longa se estendia, que se mostrava em três lanços ou voltas na vidraça. Eram cabelos de comprimento extraordinário e de beleza notável; mediam nada menos que dois e meio metros, fora o que deles ficara ornando ainda a cabeça da senhora que, sem dúvida, a seu pesar se privara de tesouro tão singular; deviam, pois, ter sido na cabeça de sua dona cabelos de doze a treze palmos de comprido.**

Por meses a fio, circularam teorias sobre a origem da misteriosa cabeleira. Havia quem desacreditava e dizia ser artificial, quem apostava ser natural, quem falava ser de uma camponesa italiana que vendera suas mechas por um valor ínfimo, quem

* Joaquim Manoel de Macedo. *Memórias da rua do Ouvidor.* São Paulo: Editora Nacional, 1952.

julgava ser de uma falecida espanhola que tivera sua cabeça raspada após a morte e quem, inspirado nos contos de *As mil e uma noites*, investia na tese de que os cabelos eram orientais e tinham pertencido a uma escrava explorada pelo patrão.

Os comerciantes, nada bobos, aproveitaram o burburinho e tardaram a revelar quem era a dona dos 2 metros de cabelo. A história verdadeira era bem menos fantasiosa do que as suposições criadas na mente dos visitantes. A moça era uma jovem mineira da cidade de Mariana que, com toda aquela quantia de fios, viera ao Rio de Janeiro se tratar com o médico dr. Antônio da Costa. As queixas, como não poderiam deixar de ser, eram de dores de cabeça. O problema era que, além de pesar e possivelmente estar causando as tais enxaquecas, a cabeleira era um empecilho para o médico diagnosticar a paciente. Com pesar, o dr. Antônio da Costa teve de receitar um remédio inesperado para a jovem: cortar o cabelo curtinho. Ele lhe indicou um salão e a mineira foi ao endereço, na rua do Ouvidor. Era um salão desconhecido na época, mas que passou a ficar famoso após aquela visita. Bom para o médico, que conseguiu avaliar melhor o couro cabeludo; bom para os donos do Cabeça de Ouro, que viram os lucros crescer tanto quanto a peruca exposta; bom para a Rapunzel da Ouvidor, que retornou à sua cidade natal sem dores de cabeça.

A rua do Ouvidor também abrigou o primeiro sebo brasileiro, a Casa do Livro Azul, que funcionou entre 1828 e 1852 no número 138.* De azul, os livros não tinham nada. Empoei-

* Mais informações sobre o sebo podem ser encontradas em *Os livros não se despedem... aguardam um novo leitor*, de Aidê Campello Dill. Também, no clássico *Memórias da rua do Ouvidor*, de Joaquim Manuel de Macedo.

radas e na maioria das vezes usadas, as obras eram é bem amareladas. Por serem de segunda mão, mais baratos e abrangerem um leque amplo de assuntos, os livros eram procurados por muitos estudiosos e profissionais. O curioso era que quem entrava no sebo se deparava com um comerciante já velho, surdo e cego, o sr. Albino Jordão. Conta-se que, quando um cliente chegava e nenhum de seus dois ajudantes estava a postos, o sr. Albino levantava-se de sua poltrona, pegava um alto-falante e o colocava na boca do consumidor. GRAÇAS AO INSTRUMENTO, O PEDIDO ERA FEITO BEM ALTO. O velho surdo, então, começava a se mover pelas prateleiras e, certeiro, ia direto ao local onde estava a obra, mesmo sem conseguir ver nada. Claro, tal feito só era possível porque ele era o organizador exclusivo dos livros e, se não tinha bons olhos e ouvidos, ao menos carregava uma boa memória.

Histórias não faltam sobre a rua mais famosa da literatura brasileira. Ao longo dos seus mais de quatro séculos de vida, muitos foram os personagens que viveram momentos inusitados ali e fizeram histórias e História, com letra maiúscula.

Leituras sugeridas

Cohen AA. *Rua do Ouvidor, a rua do Rio*. Rio de Janeiro: AA Cohen, 2001.

Macedo JM. *Memórias da rua do Ouvidor.* São Paulo: Editora Nacional, 1952.

✾ Capítulo 11 ✾

O naufrágio do qual toda a tripulação se salvou, menos um escritor romântico

1º de agosto de 1823.* No meio da mata no interior do Maranhão, uma mulher dava à luz uma criança. O pai, um comerciante português, acompanhou a mulher nos primeiros dias, mas não tardou e a abandonou para se mudar para o seu país de origem. Ele fugia de acusações políticas por ter permanecido ao lado de Portugal durante o processo de Independência. A mãe, com o filho nos braços e no meio da natureza de uma das regiões mais pobres do território brasileiro, teve de criá-lo sozinha durante dois anos até que o pai retornasse de Portugal. Ela ainda não sabia, mas em seu colo repousava aquele que seria um dos poetas mais importantes da história da literatura brasileira: Gonçalves Dias.

Eternizado por poemas como "Canção do exílio", um

---

* A biografia de Gonçalves Dias não é das mais pesquisadas e carece de estudos recentes. A quem desejar estudar mais sobre o poeta, sugere-se *Gonçalves Dias*, de Pedro Pereira da Silva Costa (Coleção A vida dos grandes brasileiros. São Paulo: Edições IstoÉ, 2001).

dos textos nacionais mais parodiados, Dias é fruto de uma relação tumultuada. Depois que seu pai, João Manuel, retornou ao Brasil, reatou com sua mãe. Mas havia um detalhe: ela não era apenas a esposa do português e mãe de seu filho, também era sua criada. Entre os dois não havia somente uma relação de marido e mulher, mas também de patrão e empregada. E, como acontece com frequência em relações profissionais, quando a serviçal deixou de ter utilidade, o chefe a dispensou. E casou-se com outra. Gonçalves Dias, na época ainda criança, ficou aos cuidados do pai e da madrasta. Outra vez sozinha, a mãe teve de se mudar de casa – dessa vez, sem o menino em seus braços.

Por ter melhores condições financeiras, o casal pôde investir na educação do pequeno e, conforme o menino se mostrava inteligente e habilidoso com os conhecimentos matemáticos e as palavras, a família foi se dedicando mais e mais à sua educação. Ao lado do senhor Ricardo Leão Sabino, um dos mais importantes professores da cidade de Caxias, Dias aprendeu Latim, Francês e Filosofia e se aprofundou nos estudos de Língua Portuguesa. Com o tempo, o Maranhão se tornou pequeno para o aprendizado de Gonçalves Dias e, a conselho do próprio professor, seu pai juntou os rendimentos e rumou com o jovem para Portugal, onde ele daria continuidade aos estudos. Mas quis o destino que isso não acontecesse. Às vésperas da partida, quando a dupla já estava na capital da Província do Maranhão preparando-se para embarcar, João Manuel morreu. Ao poeta, coube retornar à terra natal para enterrar o corpo do pai e esperar para ver como o futuro se desenharia.

Com a divisão da herança e sem um pai para sustentar sua vida acadêmica, Gonçalves Dias já não tinha como partir para

Portugal. A ajuda veio de onde ele menos poderia imaginar. Seu antigo professor, o mesmo que sugerira a João Manuel que levasse o filho à Europa, procurou conhecidos endinheirados e políticos regionais. Com eles, conseguiu o dinheiro para manter o órfão em Coimbra estudando Direito.

A trajetória de Dias em território lusitano é repleta de momentos divertidos, amizades fortes e aventuras amorosas. No entanto, a melancolia é uma das tônicas de sua vida em Portugal: a saudade de sua terra natal e das pessoas que deixara do outro lado do Atlântico. Aliás, foi nesse período, tomado pela dor da ausência do que deixara para trás, que o escritor compôs os versos que o fariam conhecido em nossa literatura:

Minha terra tem palmeiras,
Onde canta o sabiá;
As aves que aqui gorjeiam
Não gorjeiam como lá.

Nosso céu tem mais estrelas,
Nossas várzeas têm mais flores,
Nossas flores têm mais vida,
*Nossa vida mais amores.**

Concluídos os estudos, Gonçalves Dias regressou à terra onde canta o sabiá. Iniciou sua carreira e deslanchou como escritor e teatrólogo.

Aos 38 anos, já consagrado e respeitado, o poeta retornou à Europa. Tinha tudo para ser uma experiência melhor

---

* Gonçalves Dias. "Canção do exílio". In: *Gonçalves Dias* (Coleção Melhores Poemas). 7. ed. São Paulo: Global, 2010.

que a anterior, mas o motivo do embarque não era dos bons. Dessa vez, não ia para estudar, mas para tratar uma misteriosa doença. Seu corpo estava inchado, suores noturnos e febre o acometiam. Em alto-mar, Dias era um moribundo atravessando o Atlântico numa viagem cansativa e à qual muitos doentes não resistiam.

Depois de 55 dias, a embarcação chegou a Marselha, na França, com a notícia de que um dos marinheiros morrera a bordo. Seria preciso deixar o navio isolado, em quarentena, para evitar que qualquer doença contaminasse os europeus. A notícia do isolamento da embarcação logo correu pelo território francês e, de tanto buchicho, chegou a Paris. O que se dizia não era mais que um marinheiro havia falecido, mas que o morto era o próprio Gonçalves Dias.

Não tardou para que a falsa novidade chegasse ao Brasil. Jornais publicaram obituários em homenagem ao poeta; o imperador D. Pedro II decretou luto e suspendeu as atividades oficiais do dia; o país parou em sua homenagem. Enquanto isso, em Marselha, depois de encarar olhares desconfiados e assustados, ao escritor chegou a notícia de sua própria morte e das homenagens que estava recebendo. A um amigo, Dias escreveu em uma carta:

> *Amigo Teófilo,*
>
> *É coisa inapreciável andar a gente morta entre os vivos! Bem devia eu desconfiar de alguma coisa semelhante, quando via todos olharem-me de certo modo, como se eu acabasse de chegar de Orizaba, no México, ou dos Campos Elíseos, no Paraíso!* *

---

* O texto consta nos Anais da Biblioteca Nacional: *Correspondência ativa de Antônio Gonçalves Dias*, publicada em 1964.

Segundo o poeta, o período que passou na Europa – pouco mais de dois anos – foi bom, mas não deu conta de curá-lo. Os problemas psicológicos o debilitavam ainda mais. Tomado pela saudade de sua terra natal, pela solidão perante a morte de amigos com quem dividia os dias na Europa e pela distância do que aqui ficou, Gonçalves Dias resolveu retornar ao Brasil, embarcando no vapor *Ville de Boulogne*. Mal sabia ele a tragédia que estava prestes a atingi-lo.

A travessia do Atlântico durou 53 dias. No meio do oceano, o poeta – único passageiro a bordo além dos marinheiros – estava bem debilitado, sem conseguir sequer se alimentar direito. Tudo o que conseguia ingerir era um pouco de água com açúcar, mistura que o deixava mais forte. Em um quarto no andar inferior do navio, passou a maior parte da viagem, sem energia para se locomover, ou conversar e com muitas dificuldades para escrever. Atravessou o Atlântico como quem atravessa desta para melhor.

O Maranhão surgiu no horizonte. Na tarde em que o território brasileiro começou a se desenhar diante dos olhos dos navegadores, Dias pediu que o levassem à popa para admirar a paisagem, ver, as aves que aqui gorjeiam e as palmeiras buritis maranhenses. Não resistiu à emoção e, nos braços dos marinheiros, caiu desmaiado. Foi levado à sua cama para repousar e reunir forças para a chegada a terra firme, no dia seguinte.

Mas o destino mudou complemente quando o sol se pôs. Navegando na escuridão, a embarcação se chocou com um banco de areia em plena costa maranhense. A tripulação, movida pelo desespero, salvou-se como pôde. O poeta, moribundo, acabou esquecido no quarto inferior do navio. Morto por afogamento, Gonçalves Dias foi a única vítima do naufrágio.

Leituras sugeridas

Dias G. "Canção do exílio". In: *Gonçalves Dias* (Coleção Melhores Poemas). 7. ed. São Paulo: Global, 2010.

Dias G. "I-Juca Pirama". In: *Gonçalves Dias* (Coleção Melhores Poemas). 7. ed. São Paulo: Global, 2010.

Dias G. "Os Timbiras". In: *Poesia completa e prosa escolhida.* Rio de Janeiro: José Aguilar, 1959.

❦ CAPÍTULO 12 ❦

O POETA QUE PROFETIZOU A PRÓPRIA MORTE

Se há o romântico que passou pela vida cantando as saudades da sua terra, há também aquele que cantou as saudades de tudo o que a terra levou e das dores do que por ela ainda não foi comido. Álvares de Azevedo, um dos malditos do ultrarromantismo brasileiro, poetizou a ausência – de saúde, de amor, de vida.*

Feliz daquele que no livro d'alma,
Não tem folhas escritas,
E nem saudade amarga, arrependida,
Nem lágrimas malditas![**]

---

* Para conhecer melhor a vida do poeta romântico, indico a leitura de *Poesia e vida de Álvares de Azevedo*, de R. Magalhães Jr. (São Paulo: Editora das Américas, 1962), e *O belo e o disforme: Álvares de Azevedo e a ironia romântica*, de Cilaine Alves (São Paulo: Edusp; Fapesp, 1998).

** Álvares de Azevedo. "Desalento". In: *Lira dos vinte anos*. São Paulo: Paulus, 2014.

Não eram poucas as saudades amargas que habitavam o peito do escritor. Desde criança, Azevedo conviveu com a morte. Aos 4 anos, perdeu um irmão recém-nascido. A angústia transformou-se em doença. No ano seguinte, ele começou a ter febre alta por longos períodos. Desde então, as enfermidades foram constantes em sua vida. Cresceu introspectivo, mergulhado num universo particular. Em "Anjinho", poema de *Lira dos vinte anos*, rememorou a morte do irmão:

Não chorem! Lembro-me ainda
Como a criança era linda
No fresco da facezinha!
Com seus lábios azulados,
Com os seus olhos vidrados
Como de morta andorinha!

Pobrezinho! O que sofreu!
Como convulso tremeu
Na febre dessa agonia!
Nem gemia o anjo lindo,
Só os olhos expandindo
Olhar alguém parecia! *

Aos 17 anos, Álvares de Azevedo ingressou na Faculdade de Direito do Largo de São Francisco, em São Paulo. Em 1848, mudar-se do Rio de Janeiro para a Pauliceia significava deixar para trás os agitos culturais da capital do Império e adentrar uma cidade ainda com estilo interiorano e pacata,

* Álvares de Azevedo. "Anjinho". In: *Lira dos vinte anos*. São Paulo: Paulus, 2014.

bem diferente de como é hoje. A dificuldade em se adaptar aos dias tranquilos e as saudades da família fizeram com que o estudante, mais uma vez, ficasse deprimido e começasse a sentir febres altas e tossir constantemente. Mas, segundo o médico, não eram apenas tristezas e saudades que o consumiam, era a tuberculose. O diagnóstico caiu como uma bomba. Invadido pela melancolia, Azevedo mergulhou em leituras de escritores pessimistas e que tematizam a morte e o satanismo, como Lord Byron, Alfred de Musset e Edgar Allan Poe. Foi nesse período que compôs boa parte de sua poesia ultrarromântica. A tristeza passou a ser o seu combustível, e ele iniciou um processo intenso de escrita de poemas e cartas melancólicos.

Se a atmosfera na qual o poeta vivia já era deprimente até o final da década de 1840, o início dos anos 1850 marcou um novo golpe contra o seu peito. Já na virada de 1850, quando estava cursando o terceiro ano da faculdade, um amigo seu, o aluno do quinto ano, Feliciano Coelho Duarte, movido por uma rejeição amorosa, suicidou-se. Azevedo, um dos alunos mais admirados pelos colegas e com mais talento para a escrita, foi escolhido para colocar no papel o que todos sentiam e fazer a homenagem ao amigo. Despedaçou-se. No ano seguinte, foi a vez de outro amigo quintanista falecer, o aluno João Batista da Silva Pereira. Numa época em que, longe dos familiares, os amigos se tornavam uma segunda família, o poeta se via obrigado a se despedir, a cada ano, dos seus mais próximos. "Cada ano uma vítima se perde nas ondas, e a sorte escolhe sorrindo os melhores dentre nós", concluiu.

Conforme enterrava os mortos, ia se tornando mais introspectivo e isolando-se em seu próprio quarto, dedicando-se à literatura. A dor era intensa em cada linha que saía de sua pena. Depois das duas mortes, começou a desconfiar que talvez houvesse uma maldição entre os quintanistas da São Francisco de sua geração e que, a cada ano, um estudante não chegaria ao final do ano letivo. Acometido pela tuberculose e ciente da gravidade da doença, pressentiu que, se a maldição fosse verdadeira, o próximo poderia ser ele. Nas paredes de seu quarto, registrou:

1850 – Feliciano Coelho Duarte.

1851 – João Batista da Silva Pereira.

1852 ...

Ao final do quarto ano e às vésperas de se tornar quintanista, Álvares de Azevedo decidiu passar um período na fazenda da família, no Rio de Janeiro, onde teria ar fresco e puro para melhorar da tuberculose. Os dias foram de tranquilidade ao lado de familiares e amigos até que, durante um passeio a cavalo, o poeta caiu e se machucou gravemente. Nos 46 dias depois do acidente, Azevedo passou por cirurgias, teve alucinações e foi obrigado a permanecer em repouso. Às complicações da queda somava-se a saúde debilitada pela tuberculose. O literato apenas piorava.

Em 25 de abril de 1852, o jovem poeta de 20 anos pediu à sua mãe que chamasse um padre para rezar uma missa em casa e benzê-lo. Álvares de Azevedo pressentiu a própria morte. Por volta de 5 horas da tarde, pouco antes de o sol se pôr, o poeta se levantou, acariciou seu pai e exclamou: "Que fatalidade, meu pai!". Essas teriam sido suas últimas palavras. O dia era o domingo de Páscoa do ano em que ele se tornaria um quintanista.

Eu deixo a vida como deixa o tédio
Do deserto, o poento caminheiro...
Como as horas de um longo pesadelo
Que se desfaz ao dobre de um sineiro...
[...]
Descansem o meu leito solitário
Na floresta dos homens esquecida,
À sombra de uma cruz! E escrevam nela:
*Foi poeta sonhou e amou na vida.**

Leituras sugeridas

Azevedo A. *Lira dos vinte anos*. São Paulo: Paulus, 2014.
Azevedo A. *Noite na taverna*. Porto Alegre: L&PM, 1998.

* Álvares de Azevedo. "Lembrança de morrer". In: *Lira dos vinte anos*. São Paulo: Paulus, 2014.

Capítulo 13

Bernardo Guimarães e o ladrão da cabeça de Tiradentes

Nem tudo no período do Brasil Império ficou esclarecido e bem explicado. São muitas as histórias mal contadas dessa época, sobretudo quando o assunto é o que a Coroa fez para manter o poder sobre a Colônia. Mas não são apenas esses os vazios existentes: há também os fatos insólitos e ainda sem explicação que, longe do poder real, aconteceram no dia a dia da vida do povo. Um exemplo: que fim teve a cabeça de Tiradentes?

Joaquim José da Silva Xavier, o Tiradentes, foi o mártir da Inconfidência Mineira, movimento revolucionário surgido em Vila Rica (atual Ouro Preto) no final do século XVIII e que lutava, entre outros aspectos, contra a exploração econômica das províncias pela Coroa. O movimento acabou sufocado pela Metrópole; e seus organizadores, denunciados e capturados.* Preso e levado à capital do Império, Tiradentes foi julgado e

* Ver Capítulo 8 – Cláudio Manuel da Costa, suicídio ou assassinato?

assumiu sozinho a autoria da revolta. Foi condenado à morte para servir de exemplo a quem se rebelasse contra a Coroa.*

Em 21 de abril de 1792, o inconfidente saiu de uma cadeia pública no Rio de Janeiro e caminhou, rodeado por seus algozes, ao local onde seria morto. O enforcamento, que poderia durar alguns minutos, não foi tão rápido assim. A leitura da sentença e de aclamação ao Império português durou horas. Isso porque a cerimônia *não* servia apenas para cumprir a sentença, mas para mostrar ao povo a força do governo lusitano e o que poderia acontecer a quem *não a reconhecesse*.

Após o enforcamento, o corpo de Tiradentes foi esquartejado e cortado em cinco grandes pedaços: duas pernas, tronco e cabeça. Cada uma das partes foi enviada a uma cidade localizada entre a capital do império, o Rio de Janeiro, e a de Minas Gerais, local da Inconfidência, tendo ficado expostas para chocar quem por elas passasse. A cabeça foi deixada e pendurada no alto de um poste em Vila Rica, de onde haviam saído os inconfidentes. O destino de quem se rebelasse estava *à vista de todos*.

Passados alguns meses, algo bizarro aconteceu: sem mais nem menos, na calada da noite, a cabeça de Tiradentes, vigiada ininterruptamente por guardas do Império, desapareceu. Sim, roubaram a cabeça do inconfidente. Um mistério.

Surgiram várias versões sobre quem seria o ladrão. Por décadas, lendas, burburinhos e desconfianças correram de boca em boca. A cabeça jamais foi encontrada, muito menos foi descoberto o responsável pelo sumiço.

---

* Para se aprofundar na história da Inconfidência, recomendo a obra *1789*, de Pedro Doria (Rio de Janeiro: Nova Fronteira, 2013). Entre as obras mais antigas, sugiro a leitura de *História da Conjuração Mineira*, de Joaquim Norberto de Souza e Silva (1873), e *A Inconfidência Mineira, uma síntese factual*, de Márcio Jardim (Rio de Janeiro: Bibliex, 1989).

Até que o escritor Bernardo Guimarães, que se mudara ainda jovem para estudar Direito na Faculdade do Largo de São Francisco, em São Paulo, retornou à sua cidade natal, Ouro Preto (antiga Vila Rica), e ouviu essas histórias. Guimarães tinha 41 anos e uma relação estreita com as letras desde a faculdade, quando estudou com o poeta ultrarromântico Álvares de Azevedo. De volta à cidade mineira, pôs em prática seu projeto literário de ouvir os causos populares e transformar o conhecimento do povo em literatura, registrando traços da fala e eternizando personagens e lendas.

Como resultado dessa busca por histórias contadas de boca em boca, nasceram romances como *A escrava Isaura* e *O seminarista* e o não publicado em vida *História e tradições da Província de Minas Gerais,* obra da qual faz parte o conto "A cabeça do Tiradentes". Nesse conto, é narrada uma versão sobre o que aconteceu com a cabeça do revolucionário. Longe de pôr fim aos boatos que circulavam em Ouro Preto, a narrativa de Bernardo Guimarães inflamou ainda mais as histórias relacionadas ao inconfidente.

Segundo o conto de Guimarães, a ossada de Tiradentes permanecia cravada no alto de um poste vigiado dia e noite por sentinelas. Em uma madrugada, em meio a uma espessa neblina e uma forte ventania que fazia uma lanterna se aproximou.

> *O pobre sentinela, talvez considerando que estava de guarda a um crânio ressequido que a ninguém podia fazer mal, e que longe de excitar a cobiça, só poderia inspirar horror, o sentinela sentado no chão, recostado sobre uma pedra, e com a arma sobre os joelhos, deixava-se furtar do sono. Um vulto todo rebuçado surge por entre as trevas, e se aproxima cautelosamente do tremendo poste. Com uma comprida vara que trazia, faz saltar do poste a caveira, apanha-a rapidamente, e de novo*

desaparece com o favor das trevas e do nevoeiro. Tudo isto foi feito com tal presteza, que quando o guarda, despertado pelo som rouco da caveira ao cair, deu fé do ocorrido, já era tarde. Viu apenas uma sombra engolfar-se e desaparecer através do nevoeiro.[*]

Ainda segundo o conto, em um bairro bem afastado, na extremidade de Vila Rica, ficava a rua das Cabeças, uma travessa que ganhou esse nome por vários de seus muros serem decorados com crânios cravados – uma estética gótica e nada convencional. Na rua, morava um velho muito misterioso, retraído e que conversava pouco com os vizinhos, conhecido como feiticeiro.

Certo dia, por causa do mistério envolvendo esse senhor, algumas crianças curiosas o espionaram por um buraco do muro e o flagraram ajoelhado diante de um crânio, venerando-o. Embora intrigante, o fato não foi diretamente associado ao episódio do roubo do crânio do herói inconfidente, mas fez crescer a curiosidade sobre o idoso: seria a carcaça de alguém muito amado por ele? Seria o velho um assassino diante dos restos mortais de sua vítima?

Por um longo tempo, diversas histórias surgiram sobre esse senhor, até que, anos depois, quando ele morreu, a única pessoa a quem ele teria testemunhado a procedência do crânio disse que, sim, aquela era a caveira roubada de Tiradentes, e ele tinha sido o autor do sumiço.

Que é feito, porém, desse crânio histórico, que tão generosos pensamentos abrigou outrora em seu seio? Quereria seu possuidor, em sua fanática veneração pela liberdade e por aquela relíquia do seu principal mártir,

---

* Bernardo Guimarães. *Histórias e tradições da Província de Minas Gerais.* Rio de Janeiro: Vermelho Marinho, 2016.

*que ela fosse com ele enterrada, e seria cumprida a sua última vontade? Ou ficaria essa relíquia – digna de ser encerrada em uma urna de ouro – calcada debaixo dos entulhos das paredes esboroadas da habitação do velho? Ninguém o sabe. Os fatos, que acabo de narrar, posto que pouco conhecidos, são tradicionais. Perguntem aos velhos, e mesmo a alguns moços mais curiosos, das coisas antigas da nossa terra, e se convencerão de que esta história não é de minha lavra.**

Seria essa narrativa uma verdade histórica ou uma lenda? Dificilmente isso poderá ser comprovado. Contos como esse são frequentes na história de diversas nações, compõem o imaginário do seu povo e, passados de geração em geração, muitas vezes acabam excedendo os limites entre realidade e ficção.

No entanto, isso pouco importa. Mais valioso do que tentar comprovar se a narrativa é factual ou ficcional é enxergar Bernardo Guimarães como aquele que eternizou histórias populares e deu vida a personagens desconhecidos do interior do Brasil, que poderiam ter sido esquecidos. No fim, Guimarães acabou se tornando não apenas um escritor, mas também um grande contador dos causos mineiros.

Leituras sugeridas

Guimarães B. *A escrava Isaura.* Porto Alegre: L&PM, 1998.
Guimarães B. *Histórias e tradições da Província de Minas Gerais.* Rio de Janeiro: Vermelho Marinho, 2016.
Guimarães B. *O seminarista*. São Paulo: Martin Claret, 2011.

* Bernardo Guimarães. *Histórias e tradições da Província de Minas Gerais.* Rio de Janeiro: Vermelho Marinho, 2016.

Capítulo 14

O primeiro "sim" recebido por um grande escritor brasileiro

Era 1854 quando um mulato de 15 anos adentrou pela porta da Imperial Typographia Dous de Dezembro, uma das principais tipografias do Rio de Janeiro. Ele estava ali para trabalhar como aprendiz do respeitado tipógrafo e editor Paula Brito. Embora pobre e sem muito estudo formal, o jovem era autodidata e já estava familiarizado com as letras. Talvez ele ainda não soubesse, mas aquela era uma oportunidade que mudaria sua vida a curto e a longo prazo: em curto prazo porque o salário – algo impensável em meio à pobreza da família – lhe permitiria parar de vender as balas de coco feitas por sua madrasta; a longo prazo, porque estar na tipografia o colocaria em contato com políticos influentes, grandes escritores e pensadores da época, fazendo com que ele deixasse de ser um mulato humilde com familiaridade com as letras e se transformasse no escritor brasileiro mais respeitado do seu tempo.*

* Para saber mais sobre a vida e a obra de Paula Brito, vale conferir *Vida e obra de Paula Brito: iniciador do movimento editorial no Rio de Janeiro*

É provável que muitos leitores de hoje não conheçam sequer o nome do homem que deu a primeira oportunidade a esse garoto, o editor Paula Brito. No entanto, Francisco de Paula Brito foi um personagem central da nossa literatura oitocentista. Tal qual seu pupilo vendedor de balas de coco, desde pequeno Brito enfrentou os desafios da origem humilde e o preconceito racial. Em 1831, aos 21 anos, ele decidiu tentar a sorte e juntou todo o dinheiro que havia acumulado como ajudante de farmácia, aprendiz de tipógrafo e redator-tradutor em um jornal e investiu na compra da tipografia de um tio. Apostou e se transformou em um negociante das palavras, responsável pela impressão de obras literárias e periódicos.

Isso aconteceu, vale contextualizar, justamente numa época de tensões políticas. Em 1831, D. Pedro I abdicou do trono imperial por conta do desgaste de sua imagem, cada vez mais enfraquecida em razão das dívidas dos cofres públicos, da perda da Província Cisplatina (que se tornara independente e dera origem ao Uruguai) e da violência dos guardas imperiais contra o jornalista Libero Badaró. Quem deveria assumir seu lugar era seu filho D. Pedro de Alcântara, só que ele tinha apenas cinco anos. Por esse motivo, teve início o Período Regencial, momento em que o poder seria assumido por governantes provisórios até que o Imperador fosse maior de idade. No entanto, em 1840, ocorreu o chamado golpe da maioridade, que deu ao jovem de 14 anos a autorização para ser D. Pedro II. Foram anos de instabilidade econômica e levantes Brasil afora. Em meio a isso tudo, enquanto Pedro de

---

(1809-1861), de Eunice Ribeiro Gondim (Rio de Janeiro: Brasiliana, 1965), e a dissertação *Um editor no Império: Francisco de Paula Brito (1809-1861)*, de Rodrigo Camargo de Godoi (Campinas: Unicamp, 2014).

Alcântara não se tornava D. Pedro II, não foram poucas as ideias em relação aos rumos que o Brasil deveria tomar: havia quem defendesse a volta de D. Pedro I e um poder central forte, quem defendesse o federalismo e quem se opusesse ao Império e lutasse por uma sociedade mais democrática.

Atento ao momento histórico pelo qual o país passava, Paula Brito abriu as portas de sua tipografia a escritores, intelectuais e políticos e lhes permitiu imprimir pasquins e folhetos defendendo seu projeto de nação. Embora o tipógrafo tivesse suas próprias convicções políticas, não cedeu a tipografia apenas a quem compartilhava da mesma opinião, mas também àqueles que tinham pontos de vista diferentes. Algumas impressões eram assinadas; outras, por receio do autor, publicadas anonimamente. Paula Brito vendia o material em sua própria livraria e, graças à sua coragem em publicar opiniões diversas, vários pensadores e movimentos políticos tiveram como colocar suas teses nas ruas.

Quando o Período Regencial acabou, em 1840, Brito aproveitou sua rede de contatos e decidiu fundar a Petalógica, uma sociedade literária para reunir os intelectuais da época. O nome do grupo vinha de *peta,* ou seja, mentira, insinuando que ali se discutiriam as artimanhas para se contar inverdades, boatos e ficção. Deu certo. Na livraria, onde os encontros eram realizados, passaram escritores como Joaquim Manuel de Macedo, Gonçalves Dias, Casimiro de Abreu, Manuel Antônio de Almeida, enfim, boa parte da elite intelectual do Rio de Janeiro. Mas não pense que essas reuniões eram cheias de formalidades e que esses literatos vestiam os mesmos trajes com os quais costumam aparecer em livros de História e Literatura. Pelo contrário, os encontros eram uma espécie de *happy hour*, um momento depois do dia de trabalho em que eles se juntavam para discutir ideias, falar da última moda das ruas, de belas mulheres que chegavam à cidade em uma nova companhia de teatro, dos boatos sobre a traição de um conhecido.

Em meados dos anos 1850, quando aquele jovem que vendia balas de coco na porta dos colégios ouviu um "sim" de Paula Brito e começou a trabalhar como ajudante na tipografia, ele pôde conhecer tanto aquele ambiente como quem o frequentava. Era uma oportunidade e tanto para se inserir naquele círculo e ascender socialmente. E o jovem não a desperdiçou.

No ano seguinte à sua entrada na tipografia, em 1855, o menino de 16 anos já era um frequentador assíduo da Petalógica e, por dentro das correntes literárias do momento, publicou seu primeiro texto na imprensa, o poema *Ela*. Os leitores da *Marmota fluminense* descobriram um eu-lírico romântico que acabara de sair da adolescência e se declarava encantado pelas belezas de uma mulher:

Seus olhos que brilham tanto,
Que prendem tão doce encanto,
Que prendem um casto amor
Onde com rara beleza,
Se esmerou a natureza
Com meiguice e com primor.

Paula Brito, que também era o redator-chefe da *Marmota*, foi quem deu espaço para o jovem publicar o primeiro poema. Seis anos mais tarde, em 1861, o editor apostaria ainda mais fichas no garoto: publicaria seus dois primeiros livros, lançando o rapaz no mercado editorial. Um dos livros era a tradução do francês *Queda que as mulheres têm para os tolos*, e o outro o original *Desencantos: fantasia dramática*. Nenhum foi um grande sucesso de vendas, mas foram a estreia do jovem talento.

No entanto, ainda em 1861, Paula Brito faleceu aos 52 anos de idade. Seu enterro, como era de se esperar, reuniu boa parte da elite intelectual que frequentava a sociedade Petalógica, dos quais muitos tiveram na Imperial Typographia Dous de Dezembro a oportunidade de publicar pasquins durante o Período Regencial, além de vários novos autores que, no momento em que o comércio de livros despontava, encontraram em Brito alguém que acreditou em seus trabalhos.

Em uma crônica da época do falecimento de Brito, o antigo vendedor de balas de coco e nova promessa da literatura brasileira escreveu: “Paula Brito foi o primeiro editor digno desse nome que houve entre nós”. Além da admiração pelo talento do profissional, havia gratidão por tê-lo tirado do subemprego, acreditado em seu potencial, ter lhe dado a oportunidade de escrever e publicar uma obra e, pela primeira vez, ver estampado na capa de um livro o seu nome: Machado de Assis.

Capítulo 15

A novela brasileira do século XIX

Na Antiga Pérsia, por séculos foi passada de boca em boca a lenda de uma esperta rainha que conseguiu sobreviver e libertar seu reino graças à habilidade que tinha com as palavras, às narrativas envolventes que contava e à capacidade de fazer com que seu ouvinte quisesse descobrir a continuação de uma história.

Isso ocorreu no tranquilo reino do rei Shariar. A paz que predominou na região por um longo tempo foi interrompida quando o monarca descobriu que sua esposa o traía com um servo. Como vingança, o rei ordenou que a traidora e o amante fossem executados. Então, ele também decidiu que, a cada entardecer, se casaria com uma mulher do reino e, na manhã seguinte, essa mulher seria assassinada. O ódio o corroía.

A ordem do rei se transformou em maldição e, dia após dia, após se casarem, as mulheres eram mortas. A tensão e o medo se tornaram uma constante. Perante o desespero que tomava as famílias, Sharazade, a jovem filha de um primeiro-ministro persa, decidiu tentar colocar um ponto final naquela situação com um plano arriscado: decidiu se casar com o rei. Desesperado, seu pai tentou dissuadi-la com diversos argumentos, mas não teve jeito, em uma tarde, Sharazade e Shariar se casaram.

Ao anoitecer, os recém-casados se recolheram para dormir e esperar um novo dia amanhecer, anunciando a morte da jovem. Quando o rei já estava deitado, o choro de uma menina pequena começou a adentrar o quarto, e Sharazade disse a Shariar que a voz era de sua irmãzinha, que só conseguia dormir se ouvisse uma história. A esposa pediu ao rei que lhe permitisse contar uma última aventura à menina e, antes mesmo da liberação, abriu as portas para a pequena entrar.

O rei, que inicialmente não dera a mínima para as palavras da esposa, começou a se interessar pela história que ela contava à irmã e prestar atenção em cada detalhe. Em um dos pontos mais emocionantes da aventura, a menina caiu no sono, e Sharazade se viu livre para também descansar. Curioso para descobrir como a história terminaria, o rei ordenou que ela continuasse a narrativa e parasse somente quando o sol nascesse. Quando os raios solares começaram a entrar pela janela do quarto e o som da espada afiada já podia ser ouvido, a esposa pausou a história em um dos trechos mais envolventes. O rei, curioso, ordenou que a jovem não fosse morta, adiando sua execução para a manhã seguinte, depois que ela terminasse de contar a história à noite. Isso aconteceu não só naquele dia, mas em todos os seguintes, durando semanas, meses e anos. Aventuras como *Aladim e a lâmpada maravilhosa*, *Ali Babá e os quarenta ladrões* e *Simbad, o marujo* encantaram o rei noites a fio.

Após várias noites de contação de história, Sharazade anunciou que as narrativas haviam acabado e ela não contaria mais nada. Pela porta dos aposentos reais, a irmã de Sharazade entrou com três crianças, e a esposa do rei contou a ele que, durante todo esse tempo em que ele passara entretido com as narrativas, ela havia lhe dado três filhos. O rei, então, olhou para as crianças e a mulher e se deu conta de que a desilusão e o ódio haviam passado, dando lugar ao amor pela contadora de histórias. Ele decidiu continuar ao lado da esposa e pôr fim à ordem de executar mulheres. Haviam se passado "as mil e uma noites".*

Na famosa lenda persa, Sharazade conseguiu entreter e seduzir o rei por anos usando a mesma estratégia de muitos escritores de sucesso do século XIX – os autores de folhetim. O folhetim surgiu em 1836 na França e nada mais era do que narrativas contadas no rodapé de jornais, encerradas justamente em um dos pontos mais envolventes da história. Com enredos de amores impossíveis, traições e aventuras violentas, muitos escritores escreveram verdadeiros fenômenos editoriais, tendo conquistado leitores ávidos pelo próximo capítulo. Ler uma novela de folhetim era ter de se acostumar com o frio na barriga e a ansiedade pela próxima edição.**

No Brasil, o formato foi um sucesso e consagrou nomes bem conhecidos hoje, como Manuel Antônio de Almeida, José de Alencar, Joaquim Manuel de Macedo e até Machado de Assis. Uma das primeiras e mais famosas obras é *A Moreninha*, de Joaquim Manuel de Macedo. A narrativa, considerada o romance de estreia do romantismo brasileiro e publicada durante o ano de 1844 no rodapé do *Jornal do Commer-*

---

* Autor desconhecido. *Livro das mil e uma noites*. Tradução de Mamede Mustafa Jarouche. São Paulo: Globo, 2005.

** Para saber mais sobre o folhetim, indico o livro *Folhetim: uma história*, de Marlyse Meyer. São Paulo: Companhia das Letras, 1996.

cio, contava a história de quatro jovens que foram passar um feriado na ilha de Paquetá, no Rio de Janeiro. Um deles apostou que, caso ficasse apaixonado por mais de duas semanas, escreveria um livro narrando essa história de amor. O jovem, então, conheceu Carolina, a Moreninha, e teve de colocar no papel a história de amores, segredos e reviravoltas. No ponto mais emocionante de cada episódio, o capítulo era encerrado. Resultado: a narrativa segurou leitores por meses e, após ser concluída, foi publicada em livro dezenas de vezes nas décadas seguintes.

Ao contrário dos europeus, os folhetins que fizeram sucesso no Brasil não se passavam em castelos medievais, mas no ambiente urbano, em ruas e praças frequentadas pelo leitor do jornal. Era uma estratégia do escritor para aproximar a narrativa literária das vivências diárias do seu público, para fazê-lo se identificar com a narrativa.

Narrativa seriada, história de amor, núcleo cômico, proximidade com o público, "continua amanhã"... Embora esses elementos sejam utilizados para descrever o folhetim romântico, também servem para falar de uma novela de televisão dos dias de hoje. Não, não é exagero afirmar que a telenovela utiliza os mesmos recursos do folhetim oitocentista, que José de Alencar era uma espécie de Manoel Carlos do Brasil Império e que *O guarani* já foi nossa *Avenida Brasil*.

Desse modo, não existe tanta diferença entre o espectador da telenovela e o leitor do século XIX que ia às bancas conferir o novo capítulo do folhetim de Manuel Antônio de Almeida. Assim como entre quando você baixa um novo episódio de uma série pela internet e quando o rei Shariar se deitava na cama para ouvir Sharazade contar uma nova aventura do Oriente (tirando o fato de que seus aposentos talvez não sejam tão impressionantes quanto os do rei persa, claro). Em todos esses casos, existe algo em comum: o poder de boas histórias encanta o público e o instiga a querer mais e mais.

Leituras sugeridas

Autor desconhecido. *Livro das mil e uma noites*. Tradução de Mamede Mustafa Jarouche. São Paulo: Globo, 2005.
Macedo JM. *A Moreninha*. Barueri: Ciranda Cultural, 2009.
Almeida MA. *Memórias de um sargento de milícias*. São Paulo: Penguin Companhia das Letras, 2013.

Capítulo 16

A virgem que conquistou milhares de leitores

Elzira tinha 15 anos quando, em uma festa de um amigo, conheceu o jovem Amâncio, um estudante de Direito do Largo de São Francisco. Uma breve conversa e alguns poucos passos de dança coladinhos foram o suficiente para que os dois se apaixonassem e o futuro bacharel jurasse amor eterno à menina, prometendo retornar sempre ao Rio de Janeiro para encontrá-la. A jovem, que nos olhos do moço descobriu o amor, cedeu aos encantos do rapaz e prometeu guardar-se para ele.

Essa poderia ser uma história de amor com final feliz não fosse a família da moça. Os pais de Elzira, D. Cândida e dr. Flores, foram contrários ao relacionamento do casal e a impediram de manter contato com ele, sobretudo porque o menino era pobre. Por meses, tentaram convencê-la de todas as formas a esquecer o estudante paulista e se casar com um tal de dr. Siqueira, um acadêmico herdeiro de uma fortuna capaz de dar à jovem uma vida bem confortável. Em vão. Elzira, que descobrira o amor nas palavras, no toque e no cheiro de Amâncio, não queria se casar por dinheiro e rechaçava as ideias da mãe.

Não tardou para que a menina começasse a se fragilizar e a adoecer. Sem dar atenção ao que enfraquecia a filha, a família a levou ao médico e comprou os medicamentos prescritos, mas não mudou de opinião em relação ao pretendente desfavorecido. Deprimida e sem vontade de viver, Elzira parou de tomar os remédios sem os pais saberem e foi ficando cada vez pior. Acamada, tossia sangue enquanto sua vida se esvaía por conta de uma paixão.

Após alguns meses, os pais se deram conta de que a filha se aproximava de um estado terminal. D. Cândida se arrependeu e, na tentativa de salvar a filha, escreveu uma carta a Amâncio, pedindo que viesse ver a menina e ficasse ao seu lado. O estudante até foi visitá-la, mas chegou tarde demais e a viu dar o último suspiro com ela em seus braços.

Por morrer virgem, Elzira teve um enterro especial, no qual sua roupa e até a cor do caixão foram escolhidas a dedo. Seus pais se corroeram pelo remorso de terem sido os seus algozes. O jovem Amâncio sofreu nos primeiros dias, mas, ao contrário de muitos personagens da literatura romântica, não caiu em depressão profunda nem se suicidou. Pelo contrário, reconstruiu os sentimentos, casou-se com uma outra jovem e, após se graduar, foi eleito político pela Província de Minas, enriqueceu e se mudou para a Europa para educar os filhos.

É provável que você nunca tenha lido essa história antes, muito menos, saiba que Elzira foi uma das personagens mais famosas da nossa literatura (pelo menos durante o final do século XIX). Isso mesmo, a história da jovem é o enredo da obra *Elzira, a morta virgem,* um dos livros mais vendidos no final do século XIX, praticamente esquecido hoje em dia. Tão obscuro quanto o título, a protagonista e o enredo da narrativa é o seu autor – ou você sabe quem foi Pedro Ribeiro Vianna?

Elzira e Pedro são nomes que, embora tenham figurado em muitas das estantes daquela época, não passaram pelo crivo do tempo e não se tornaram grandes referências na literatura. O livro de mais de cem páginas priorizava menos a forma da narrativa do que o seu conteúdo. Sem um estilo próximo às escolas da sua época, como o romantismo, o realismo e o naturalismo, a obra caiu no esquecimento da crítica – apesar das vendas significativas.

Mesmo não sendo uma narrativa com características estéticas geniais nem exemplo de um ou outro movimento literário consagrado, Vianna e seu livro fazem parte da expansão do mercado editorial nacional e da formação literária de muitos brasileiros. Obras como *Elzira, a morta virgem* são chamadas *romances de sensação*.*

A partir de meados do século XIX, muitos editores começaram a investir em livros cujo público-alvo era mais popular, com histórias de maior apelo e linguagem mais acessível. "Nós, editores, preferimos ao estilo, à arte, um bom enredo, uma história de sangue cheia de mistérios, comovente, arrebatadora! É disso que o povo gosta, e nós, a respeito de gosto literário, só conhecemos o povo",** escreveu o literato Adolfo Caminha, ironizando o que os escritores "menos populares" ouviam ao tentar publicar uma obra. O discurso não era de se estranhar, sendo coerente com o cenário da época.

Na segunda metade do século XIX, o Rio de Janeiro passava por um processo acelerado de mudanças: cresciam a po-

* O estudo mais aprofundado sobre romances de sensação e literatura popular do século XIX é o livro *Páginas de sensação: literatura popular e pornográfica no Rio de Janeiro (1870-1924)*, de Alessandra El Far (São Paulo: Companhia das Letras, 2004).

** Adolfo Caminha. *Cartas literárias*. 2. ed. Fortaleza: UFC Edições, 1999.

pulação assalariada, assim como o número de imigrantes, de escravos libertos e de profissionais liberais. No final do século XIX, quase metade da população carioca sabia ler.* Com o desenvolvimento e a importação de novas tecnologias de impressão, o custo para imprimir obras literárias caiu. Era o cenário ideal para transformar o livro em uma mercadoria que rendesse dinheiro.

Foi então que os romances de sensação ganharam as livrarias e se popularizaram. As histórias, como o próprio nome já indicava, buscavam provocar sensações, calafrios, emoções nos leitores. Os ingredientes eram: narrativas verossímeis (daí Amâncio não ter tido uma postura de herói-romântico-sofredor que se suicida em virtude da morte da amada, mas dado continuidade à vida), cenas chocantes e personagens sem muita densidade psicológica, que poderiam ser reconhecidos no dia a dia da cidade. Se um leitor fosse a uma livraria carioca e se deparasse com os dizeres "romance de sensação" na capa de um livro – sim, os editores passaram a estampar na própria capa esse selo para aumentar as vendas –, já tinha a garantia de uma história mais acessível e envolvente. Acredite, funcionava.

Elzira, a morta virgem foi publicado em 1883 e ganhou uma nova edição em 1890. Até a virada do século XX, teve cinco edições publicadas, cada uma com uma tiragem de mil exemplares. Todas se esgotaram. Pode não parecer muito, mas eram números altos para os padrões da época, um sonho para

---

* De acordo com um censo de 1890, a população do Rio de Janeiro era de 522 mil habitantes, dos quais 57,9% dos homens e 43,8% das mulheres eram alfabetizados, totalizando 270 mil pessoas capazes de ler e escrever. No resto do Brasil, a taxa de alfabetização era de apenas 20%.

qualquer livreiro. O livro enquanto produto, finalmente, começava a dar lucro.

No entanto, não foram apenas os romances de sensação a galinha dos ovos de ouro dos editores. Nessa mesma época, os empresários das letras começaram a mirar em livros igualmente rentáveis, que atraíam os olhares e a curiosidade de muitos leitores: os romances para homens. Como os de sensação, os romances para homens também vinham com um selo na capa indicando do que tratava a obra – sobre sexo. Sim, romances para homens eram o *Cinquenta tons de cinza* do século XIX, e foram esses livros que marcaram a popularização da literatura erótica no Brasil.

Leituras sugeridas

Vianna PR. *Elzira, a morta virgem*. 1883.

Silva AE. *Maria, a desgraçada*. 1889

Capítulo 17

Literatura erótica: livros para segurar com uma mão só*

*O compasso e rápido movimento que sentia ensinava-me o que devia fazer. Então sucederam-se as convulsões, os suspiros e os êxtases. Então, não podendo articular uma só palavra, sob pena de nos privarmos de tanto gozo, concentrávamos toda nossa atenção naquele ponto. Sentia-me desfalecer, a língua da condessa matava-me. Apertava-lhe com violência entre as minhas coxas que lhe circundavam o pescoço, a linda cabeça, as da condessa amparavam a minha, que se levantara um pouco. Instantes depois, um líquido inebriante veio facilitar-me ainda mais os movimentos; a minha língua era um dardo inflamado.***

Embora possa parecer um trecho de *Cinquenta tons de cinza*, o parágrafo acima foi escrito há mais de um século. Isso mesmo:

* Uma fonte importante de pesquisa para este capítulo, que serviu, inclusive, de inspiração para o título, é a obra *Páginas de sensação: literatura popular e pornográfica no Rio de Janeiro (1870-1924)*, de Alessandra El Far (São Paulo: Companhia das Letras, 2004).

** ***. *Amar, gozar, morrer...* S.d.

já no século XIX era possível encontrar em livrarias brasileiras obras eróticas. E isso nem era um desafio para os leitores, já que os editores, cientes de que falar de sexo atraía o público consumidor, investiam pesado em publicações do gênero.

O trecho destacado no início deste capítulo é de *Amar, gozar, morrer...*, de um autor que, assim como muitos que queriam o dinheiro mas não a fama, assinava com um pseudônimo – nesse caso, o codinome escolhido foi "***" (três asteriscos). Só pelo título, bem sugestivo, já dava para se ter uma ideia do que vinha pela frente. Mas, para não haver a possibilidade de qualquer mal entendido sobre o conteúdo do livro, ainda se colocava na capa, impresso, um selo com os dizeres "Romance para Homens".

E o interior do livro não desapontava, contava a história de Amélia, uma menina que cresceu aos cuidados de uma condessa, uma espécie de mãe adotiva. Por meio da narrativa em primeira pessoa, a garota revelava que, certo dia, ainda na juventude, viu essa madrasta entrar em uma sala com um homem. Curiosa, a moça se abaixou na frente da porta para espionar o que os dois faziam e acabou flagrando a transa.

As sensações de Amélia despertaram, e ela passou a desejar cair nos braços da condessa. Não tardou para consumar sua vontade e se entregar à relação homossexual. A partir daí, a protagonista deseja mais e mais prazeres carnais. Relações homoeróticas, fetiches e orgias no Brasil e na Europa recheiam os capítulos da sua vida e do livro. No fim, a jovem engravida de um europeu, com quem se casa, construindo uma família e vivendo feliz para sempre. Faltou um clímax? Bem, o que seduzia o leitor desses romances não era um roteiro mirabolante, mas as descrições das cenas de sexo, que faziam com que ele se imaginasse no meio da cena.

Se a literatura erótica e pornográfica no Brasil tem seu embrião nos poemas de Gregório de Matos, o Boca do Inferno, é nos "romances para homens" que ela assume a maturidade e se populariza. Nesses livros, que ganharam força a partir de meados do século XIX, nada era proibido nem dito nas entrelinhas. O sexo era apresentado em detalhes, e o leitor corria os olhos pelas cenas, pelas curvas dos corpos, pelo cheiro do sexo. Ler um desses livros era como ser um *voyeur*.

Havia livros para todos os gostos: traições, homossexualidade feminina, incestos, fetiches dos mais variados possíveis e, para os mais tradicionais, até narrativas com sexo heterossexual na posição "papai e mamãe". Bastava chegar a uma banca, investir alguns contos de réis e se entregar ao prazer da leitura.

No entanto, é preciso lembrar que o século XIX era uma época conservadora. Não por acaso, o selo que estampava as capas dos livros era objetivo: "para homens". Mulheres, portanto, deveriam se contentar com leituras mais comportadas e, segundo os códigos de conduta moral do período, não podiam ler os livros eróticos e pornográficos, para não serem influenciadas negativamente, não se "contaminarem" com o lesbianismo (a relação entre mulheres ainda era tida como doença, daí o sufixo *ismo*) nem terem seu papel dentro da família prejudicado. Uma tentativa ilusória dos juízes morais de barrar o irrefreável. Muitas eram as leitoras que, aproveitando-se da ganância dos livreiros ou da desatenção dos maridos que esqueciam os livros em algum canto da casa, tinham acesso às obras.

Segundo a cientista social e antropóloga Alessandra El Far*, a palavra *pornografia* significa, ao pé da letra, "escrever

* *Páginas de sensação: literatura popular e pornográfica no Rio de Janeiro (1870-1924)*. São Paulo: Companhia das Letras, 2004.

sobre prostitutas", e surgiu em 1769 em um tratado que defendia a legalização da prostituição e os direitos de quem vendia o próprio corpo. Nessa época, ainda não se referia a escritos sobre sexo – embora esses tenham existido desde a Antiguidade. Foi apenas no século XIX que a expressão "narrativas pornográficas" foi cunhada. No caso, não se popularizou apenas remetendo aos escritos sobre prostitutas – como o termo original poderia fazer supor –, mas a qualquer narrativa picante e obscena.

E não eram poucas as aventuras pornográficas que circulavam pelas bancas cariocas. Aliás, eram tantas que, para chamar a atenção do leitor, os autores investiam a criatividade em títulos ousados: *História secreta de todas as orgias*; *Gotas de amor*; *Ele e ela escondidos no quintal; Contos nervosos que produzem calafrios na espinha dorsal*; *Gritos da carne*; *A maneira de tratar as mulheres como elas merecem e querem*; *Marília de Itamaracá, chorando suas desgraças debaixo de uma mangueira*; e (prepare-se para o título da provável mais longa transa da literatura brasileira) *Amante interino, deslumbrante cena acontecida no jardim, na sala, na alcova e finalmente na cozinha, deslumbrante patuscada, ensaios e modelos vivos.*

Historicamente, El Far informa que muitos desses escritos não nasceram em território brasileiro. Desde o início do século XIX, essa literatura já era um sucesso comercial na Europa e produzida por autores franceses e italianos. Muitos dos romances para homens que mexeram com o imaginário dos leitores brasileiros foram escritos do outro lado do Atlântico. Com a popularização do gênero, escritores nacionais começaram a pegar a pena e investir em aventuras que habitavam suas mentes. Foi então que surgiram as narrativas que se passavam em território nacional, como *Uma noite sem destino ou história de uma orgia no bairro do Catete.*

Embora muitas dessas obras tenham se tornado *best-sellers*, assim como os romances de sensação, elas não sobreviveram ao crivo do tempo (e da crítica), pois não se associavam esteticamente a nenhum estilo literário consagrado da época. Eram livros comerciais, para dar dinheiro aos editores e autores, sem aspectos literários que os transformassem em clássicos. Somado a isso, é raro encontrar tais obras hoje em dia, nem mesmo em bibliotecas públicas, porque elas não circulavam a "céu aberto", de mão em mão, mas escondidas. Dificilmente um desses livros seria exposto em uma prateleira familiar ou doado a uma instituição educacional.

Uma última curiosidade é que esses livros eram publicados no formato brochura. O fato não teria a menor importância, não fosse a criatividade do brasileiro. No final do século XIX, alguém, mergulhado no universo pornográfico, relacionou a encadernação dessas obras com o pênis. Isso mesmo: associou a encadernação em brochura (aquela mais mole) ao órgão sexual masculino que não consegue ficar ereto. Daí surgiram as expressões "pênis brocha" e o verbo "brochar"!

Leituras sugeridas

Autor desconhecido. *Amar, gozar, morrer*. Typographia Pudicícia, s/d.

Costallat B. *Mademoiselle Cinema*. Rio de Janeiro: Casa da Palavra, 1999.

Capítulo 18

A primeira mulher a escrever um livro no Brasil

Talvez você tenha notado que nos capítulos anteriores todos os autores-personagens eram homens. Às mulheres não era dada a oportunidade de ter seus nomes estampados na capa de uma publicação. Aliás, numa sociedade marcada por valores patriarcais, a elas também eram negados espaços em diversas carreiras, como a médica, a jurídica e a política. Elas deveriam permanecer em casa, fazer os deveres domésticos, servir os maridos e cuidar da educação dos filhos.

Esse panorama só começaria a mudar no século XIX, quando as primeiras brasileiras desafiaram a tradição e começaram a escrever artigos para jornais, traduzir livros e publicar suas próprias obras literárias – claro, artigos e livros sobre política, economia e direitos humanos, e não mais apenas sobre temas geralmente associados ao universo feminino como moda, beleza e decoração. Embora hoje praticamente esquecida e raramente lembrada em salas de aula, uma das mais célebres foi a escritora Nísia Floresta

Brasileira Augusta, a primeira mulher a publicar um livro no Brasil.*

Filha de um advogado português com uma jovem viúva brasileira, Nísia nasceu no Rio Grande do Norte, em 1810, e foi chamada Dionísia Gonçalves Pinto. O nome que acabou assinando suas obras foi inspirado em situações que marcaram sua vida: a paixão pelo campo, o orgulho de sua nacionalidade e o amor pelo marido Augusto, falecido ainda jovem. Nísia foi criada em uma família até que liberal para os padrões da época – sua mãe podia sentar-se à mesa junto ao marido enquanto ele recebia uma visita (hoje, isso pode soar banal, mas é preciso lembrar o período histórico e o progresso que era uma atitude como essa).**

Nem sempre as liberdades foram uma constante na vida de Nísia. Aos 13 anos, casou-se com um rico proprietário de terra, provavelmente por imposição. Não deu certo: em menos de um ano, a menina bateu à porta dos pais e pediu que eles a aceitassem de volta. Isso mesmo: em 1824, no interior do Rio Grande do Norte, em um Brasil conservador e machista, a jovem abandonou o marido e quis se separar. Se o divórcio provoca polêmica ainda hoje, imagine dois séculos atrás.

Os episódios em que Nísia provou ser uma mulher de vanguarda não acabaram aí. Depois de voltar para casa, a jovem e sua família tiveram de se mudar para Pernambuco, provavelmente por sofrerem ameaças do marido abandonado.

---

* O leitor que quiser se aprofundar no tema pode ler a biografia *Nísia Floresta: a primeira feminista do Brasil*, de Constância Lima Duarte (Florianópolis: Mulheres, 2005).

** O livro *Direitos das mulheres e injustiça dos homens*, de Nísia Floresta: literatura, mulheres e o Brasil do século XIX. São Paulo: Cortez, 1989.

Lá, viveram alguns anos e ela se casou pela segunda vez, se mudou para o Rio Grande do Sul e teve dois filhos. Nísia perdeu os pais e ficou viúva. Com a explosão da Guerra dos Farrapos e a instabilidade provocada pelo conflito em Porto Alegre, a moça decidiu se mudar para o Rio de Janeiro com os filhos em busca de um lar mais seguro.

Na capital federal, a jovem se aventurou em uma nova área – a educação – e fundou o Colégio Augusto*, instituição voltada para meninas. Como é de se imaginar, seu colégio era bem diferente da maioria dos outros:

> enquanto a maioria das escolas enfatizava a "educação da agulha", ou a "educação de sala", dando ênfase para as aulas de bordado, canto, francês e piano, o Colégio Augusto incluía em seu currículo o ensino do latim, italiano, francês, inglês, geografia, história, aritmética e língua pátria, até então reservados apenas aos garotos.**

Nísia lutava para empoderar mulheres por meio da educação. Com uma personalidade tão forte, não é de se estranhar que ela também tenha rompido os padrões do mercado editorial e se tornado a primeira brasileira a publicar textos na imprensa, provando que lugar de mulher não é lavando louça nem servindo ao marido, mas onde ela quiser.

Em jornais e livros, Nísia defendeu o valor da mulher, sua importância na educação dos filhos e na construção das famílias e, claro, a necessidade de superar antigos preconcei-

---

* Assim como o último sobrenome de Nísia, o nome da escola era uma homenagem a Manuel Augusto de Faria Rocha, falecido segundo marido da fundadora e pai de sua filha.

** Constância Lima Duarte. "As sementes do feminismo no Brasil". *Revista de História da Biblioteca Nacional.* 2009;48.

tos no mercado de trabalho e ampliar a participação feminina em algumas carreiras. Ela trazia ao país lutas já travadas para além do Atlântico e que influenciariam a construção das bases do movimento feminista por aqui e a conquista dos direitos das mulheres, como o de trabalhar e votar.

Sua obra mais conhecida, *Direitos das mulheres e injustiça dos homens* (1832), é uma tradução livre e repleta de comentários de um livro feminista inglês.* O texto é uma ode ao poder da mulher e, do início ao fim, destila um tom panfletário de quem escreve em prol de direitos e contra o machismo:

> Se cada homem, em particular, fosse obrigado a declarar o que sente a respeito de nosso sexo, encontraríamos todos de acordo em dizer que nós nascemos para seu uso, que não somos próprias senão para procriar e nutrir nossos filhos na infância, reger uma casa, servir, obedecer e aprazer aos nossos amos, isto é, a eles homens. [...] Por que se interessam em nos separar das ciências a que temos tanto direito como eles, senão pelo temor de que partilhemos com eles, ou mesmo os excedamos na administração dos cargos públicos, que quase sempre tão vergonhosamente desempenham?**

Embora tenha ficado marcada por essa pauta, não foi apenas ao movimento feminista que nossa primeira escritora dedicou sua atenção. Em pleno movimento literário romântico, Nísia também abordou a questão do negro e do índio, só

---

* Entre os biógrafos, há quem considere ser a tradução livre e com comentários de *A vindication of the rights of woman*, de Mary Wollstonecraft (1792), enquanto outros defendem a inspiração em *Woman not inferior to man*, de Mary Wortley Montagu.

** Nísia Floresta. *Direitos das mulheres e injustiça dos homens*. São Paulo: Cortez, 1989. p. 35.

que com um tom diferente. No poema "A lágrima de um caeté", a autora tratou dos aborígines, mas não com uma visão nacionalista ufanista como a de José de Alencar. O índio de Nísia Floresta é um homem derrotado por um invasor branco. O olhar de seu texto não é de valorização, mas de piedade. Ao negro, também dispensou um tratamento semelhante, empático e humanista.

Nísia morreu aos 74 anos, de pneumonia. Hoje, a cidade em que nasceu, Papary (RN), se chama Nísia Floresta, uma homenagem à escritora que, mesmo tendo perdido seu protagonismo no decorrer da história e se transformado em uma figura quase esquecida, desempenhou um papel tão central em nossa literatura. É por isso que aqui ela aparece: Nísia foi a primeira brasileira a conseguir imprimir seu nome em um livro no Brasil como autora. E mais: merece ser lembrada não por dar continuidade a temas abordados por homens durante séculos na literatura, mas justamente por colocar em pauta um novo assunto – a mulher – e lutar para que todas as mulheres fossem respeitadas e tivessem mais oportunidades. Não à toa, Nísia também é considerada a primeira feminista do Brasil.

Leitura sugerida

Floresta N. *Direitos das mulheres e injustiça dos homens*. São Paulo: Cortez, 1989.

⚜ Capítulo 19 ⚜

O início da literatura de ficção científica nacional

Viagens no tempo, mundos paralelos repletos de tecnologias inimagináveis, poderes inalcançáveis por qualquer ser humano. Muitos são os elementos de narrativas que se passam em lugares completamente diferentes do nosso e nos quais a nossa realidade é reinventada. Engana-se quem supõe que esses livros, conhecidos como obras de ficção científica, sejam recentes. Só para se ter uma ideia, o pioneiro do gênero no Brasil começou a ser escrito em 1868.* A diferença é que, enquanto os escritos de hoje descrevem o mundo em 2100, viagens interplanetárias ou mesmo excursões ao centro da Terra, a nossa obra inaugural criou uma realidade que se passa em um futuro que, para nós, já é passado, o ano 2000.

História do Brasil escrita no ano 2000, de Joaquim Felício

---

* Para quem quiser se aprofundar na história e no gênero ficção científica no Brasil, sugiro a leitura do livro *Ficção científica brasileira: mitos culturais e nacionalidade no país do futuro,* de M. Elizabeth Ginway (São Paulo: Devir, 2005).

dos Santos, é o primeiro livro brasileiro de ficção científica. Como muitas narrativas da época, primeiro foi publicado em folhetim, estampando as páginas do jornal republicano *O Jequitinhonha,* que fazia oposição ao governo de D. Pedro II.

Aliás, o protagonista da história é o próprio D. Pedro II, que, após viajar no tempo, desembarca no ano 2000 e descobre um Brasil bem diferente do qual governava, um país desenvolvido e igualitário. Mais do que ser escrita para imaginar a ciência e a tecnologia um século e meio depois, as linhas foram redigidas para fazer uma crítica política ao Imperador.

Esse livro não nasceu do nada. Sua ideia está em um conto publicado alguns anos antes no mesmo jornal e escrito pelo mesmo autor em 1862: *A História do Brasil escrita pelo dr. Jeremias no ano de 2862*. Nesse conto, o autor narrou a aventura de um viajante que avançou mil anos no tempo, chegou ao ano 2862 e comprou um livro sobre a História do Brasil, uma obra de "162 grandes volumes in-fólio, impressos em tipos finos, sem margens, sem folhas ou espaços em branco, a fim de economizar o material e não suceder como faziam os editores da antiguidade que vendiam mais papel limpo do que livros".* O calhamaço tratava de toda a História brasileira e, no momento do Segundo Reinado (governo da época em que Joaquim Felício dos Santos vivia e ao qual fazia oposição), o período passava praticamente batido. Segundo o autor do livro fictício, aquele havia sido um período de pouco desenvolvimento político e econômico do país, uma época que acabou esquecida dos livros de História. Essa viagem no tempo nada mais foi do que um artifício usado

---

* Joaquim Felício dos Santos. *A História do Brasil escrita pelo Dr. Jeremias no ano de 2862.*

para fazer uma crítica política e insinuar que as discussões e medidas tomadas por D. Pedro II seriam irrelevantes para a nação quando analisadas em uma perspectiva histórica.

Seis anos depois de lançar esse conto, Joaquim Felício dos Santos começou a publicar os episódios do folhetim que seriam reunidos no livro *História do Brasil escrita no ano 2000*.

A nova narrativa começa quando o médium russo dr. Tsherepanoff, após ler o pensamento de D. Pedro II à distância, se teletransporta da Europa para o Brasil e aparece diante do Imperador. Para o governante, o poderoso homem explica que aos espíritos nada é impossível e que, caso ele quisesse, também poderia se teletransportar, até mesmo fazer uma viagem ao futuro para conhecer como o nosso país estaria no ano 2000. Sem medo, D. Pedro II aceitou a proposta. Quando percebeu, estava vivendo o dia 1º de janeiro de 2000, data em que ficaria extremamente chocado.

O Brasil que o governante encontrou em 2000 não era mais comandado por um rico Imperador, mas por um homem de origem pobre, João Servius Pugirá, "cabra amestiçado, de estatura alta, corpulento, olhos negros, vivos, expressivos, lábios grossos, nariz carnudo, cabelos pretos, bastante ondulados, já pintando de branco, dentes alvos, pontiagudos, fronte larga, inteligente, sobrancelhas bastas".* Para estar à frente da nação de 142 milhões de habitantes, não era mais preciso vir de uma família rica. D. Pedro II ficou de queixo caído com a aparência, a história e os costumes do homem, e concluiu que "o que em um século pode ser vício ou crime, em outro pode ser virtude".

* Joaquim Felício dos Santos. *História do Brasil escrita no ano 2000.*

Um dos momentos mais hilários da narrativa, e na qual o narrador destilou todo o seu veneno, é quando D. Pedro II vê que o antigo Palácio Imperial onde morava estava abandonado e destruído. Próximo à sua antiga casa, o viajante do tempo encontra uma jovem chamada Luísa, que tentava acalmar sua filha que não parava de chorar. Diante da choradeira da menina, D. Pedro II ouve a ameaça que a mãe usava para amedrontar a menina e fazê-la ficar quieta: "Cala-te, minha filha, que aí vem o Imperador". Ao contrário do que se pode imaginar, Luísa não havia visto D. Pedro II, que estava escondido. O que o livro sugere é que, nos anos 2000, a figura do Imperador seria a de uma criatura malvada, alguém que machucava criancinhas, uma espécie de bicho-papão!

Na obra, alguns desafios do século XIX haviam sido superados: a bactéria causadora da diarreia fora erradicada; as notícias já não demoravam dias para serem impressas, mas apenas meia hora; a Inglaterra e a França eram ligadas por um túnel subterrâneo; o território brasileiro era todo interligado por estradas de ferro, uma estratégia de desenvolvimento defendida por muitos políticos da época. No Brasil dos anos 2000 em que D. Pedro II desembarcou, as diferenças raciais características do Segundo Reinado já não existiam. Nesse país imaginário, as pessoas não eram mais divididas em negros, brancos, índios e mestiços; eram consideradas cidadãos e não existia nenhuma espécie de preconceito.

O que se seguiu na viagem no tempo do primeiro romance de ficção científica brasileiro (que não contaremos aqui para não estragar a surpresa de quem vai ler o livro) foram decepções e decepções de um Imperador perante um mundo em que sua imagem era desmoralizada e não recebia o mínimo de respeito, um mundo em 2000 construído por

Joaquim Felício dos Santos para atacar D. Pedro II no próprio ano de 1868. Uma viagem ao futuro para tentar apresentar uma visão do presente.

Leituras sugeridas

Santos JF. *História do Brasil escrita no ano 2000.* 1868.
Zaluar AE. *O dr. Benignus.* 1875.

✤ Capítulo 20 ✤

Versos abolicionistas vindos do berço

Em uma fazenda no interior da Bahia nos anos 1840, moravam um médico e sua culta esposa. Viviam no meio do mato, em uma região onde a seca encontrava a vegetação viva; onde a inospitalidade do sertão se cruzava com a fertilidade do recôncavo baiano; onde, de um lado, um horizonte denunciava a fome sertaneja e, de outro, nascia a esperança trazida do litoral.

Embora a família não fosse das mais pobres, a construção era modesta: paredes caiadas e com as janelas sem vidros cercavam a casa, cuja decoração era de armas, troféus e ferramentas do campo pendurados pelos cômodos. Próximo à cozinha, um cercadinho abrigava porcos e cabritos que serviam para alimentar a família. Os negros e mulatos responsáveis pelos serviços domésticos dormiam em uma senzala ao lado da morada. Sem desfrutar do luxo das residências da capital, mas com uma bela estrutura para uma casa do sertão, o casal teve quatro filhos. O segundo seria um dos mais famosos escritores da terceira fase do romantismo brasileiro – a fase social: Castro Alves.*

O poeta, famoso pela defesa da abolição da escravatura, nasceu e cresceu no meio da negritude. Quem o criou não foi sua mãe branca, mas a mucama Leopoldina, negra que o acalmou em dias de chuva, madrugou ao seu lado em noites de febre e incentivou-o a dar os primeiros passos. Cecéu, como era conhecido, era a atenção principal da mulher que, só à noite, deixava a casa grande e andava até o lar dos empregados para juntar-se aos seus familiares.

Em busca de um emprego melhor e de uma escola para os filhos estudarem, o casal decidiu deixar o campo e se mudar para a capital da província. Levou consigo a mucama, que logo começou a causar problemas à família. A serviçal descobriu que a nova residência dos Castro, onde ela também morava em Salvador, fora o palco de um crime chocante. Um marido enciumado e desconfiado de que fora traído pela mulher pegou as joias de ouro da esposa e mandou derretê-las. Com o ouro, pediu que se fizesse uma bala. Assim que a munição ficou pronta, o homem carregou uma arma e a disparou contra o peito da amada. Um assassinato motivado pelo amor, premeditado e a sangue-frio, famoso na capital baiana no século XIX.

Leopoldina e a mãe de Castro Alves, duas mulheres religiosas, começaram a andar pela casa com medo que a alma da esposa assassinada ainda vagasse pelos corredores. Não tardou para que o garoto percebesse o medo das duas e para o pai da família decidir mudar de casa para acalmá-las.

---

* Foi importante para a escrita deste capítulo a obra *Castro Alves*, de Francisco Pereira da Silva, da coleção A vida dos grandes brasileiros (São Paulo: Três, 2003).

Os dias seguintes foram mais tranquilos para a mucama. Mas duraram pouco: por sofrer de tuberculose e estar bem debilitada desde a mudança da fazenda, a negra se adoentou e acabou falecendo meses depois. No entanto, mesmo deixando o poeta romântico ainda pequeno, sua presença na vida e na obra dele é inquestionável.

Por exemplo, certo dia o menino teria ido com um tio assistir a uma peça de teatro e perguntado o significado de uma expressão que ouvira de Leopoldina: "O que é uma alma penada?". O tio se lembrou da história do crime e lhe explicou, no que o garoto aproveitou a ocasião para completar: "E uma alma cativa?". Cecéu, então, descobriu que muitos negros acreditavam que sua alma, assim como seu corpo, vivia acorrentada e pertencia a um senhor branco.

Dúvidas como essas fervilhavam na cabeça de Castro Alves desde que ele era pequeno. Criado por uma escrava, seus primeiros anos de vida foram fomentados com vocabulário, histórias e crenças africanas, compartilhadas pela mucama. Para o menino dormir, a mulher contava causos infantis. Só que, em seus "contos de fada", não havia princesas brancas salvas por príncipes encantados em uma torre medieval. Leopoldina narrava o que ouvira de sua mãe negra quando pequena, no caso, histórias de negros em cativeiro, mulheres abusadas, escravos que conseguiram a tão sonhada liberdade. E muitos desses "contos de fada", que se originaram na África, não tinham um final feliz.

O resultado é que, desde a infância, o poeta desenvolveu uma forte ligação com a cultura negra, com seus medos, suas angústias e seus sonhos. Talvez seus escritos tenham começado a surgir no colo de Leopoldina, assim como sua maior luta, a abolição da escravatura.

Leituras sugeridas

Alves C. *Espumas flutuantes*. Porto Alegre: L&PM, 1997.

Alves C. *O navio negreiro e outros poemas*. São Paulo: Melhoramentos, 2013.

Capítulo 21

As cartas de Alencar a favor da escravidão

Ao contrário de Castro Alves, nem todo escritor consagrado lutou pela abolição. Padre Antônio Vieira, durante o Brasil Colônia, foi um ferrenho defensor da escravidão de africanos, mesmo se opondo ao trabalho compulsório de indígenas. Mas é preciso lembrar que as teses de Vieira estavam sintonizadas com o pensamento predominante de seu tempo – o que não pode ser desconsiderado em uma análise histórica.

No entanto, houve quem, mesmo vivendo em um contexto no qual a luta pelo fim desse regime já estava mais adiantada, manteve uma postura conservadora e defendeu até os últimos dias de vida que africanos continuassem sendo trazidos ao Brasil em navios negreiros para sustentar nossa economia. É o caso de José de Alencar.

O mais famoso prosador romântico brasileiro, conhecido por obras que discutem desde uma temática indianista até o contexto urbano da sociedade carioca do século XIX, escreveu uma série de cartas ao Imperador D. Pedro II clamando a manutenção do sistema escravocrata e apontando razões contra a abolição.

Datados de 1867, os textos caíram no ostracismo e hoje poucos os conhecem – talvez porque, como sugeriu o pesquisador Tâmis Parron*, responsável por resgatar o material e torná-lo público, o conteúdo das cartas sustenta uma defesa moralmente condenável desde o final do Oitocentos. O sumiço pôde ter ajudado a expurgar uma imagem negativa associada à memória do escritor e, por que não, até ter sido valioso para torná-lo um dos homens mais admirados de nossas letras.

O contexto político dos anos 1860 não era favorável a quem lutava pela manutenção do sistema escravocrata. Para começar, no Brasil, muitas leis estavam cedendo direitos aos escravos africanos, como a que dava alforria para quem lutasse na Guerra do Paraguai. Fora de nosso território, os Estados Unidos, já potência econômica e influência nas Américas, haviam abolido a escravidão em 1863 e começado uma campanha para que as outras nações do continente fizessem o mesmo. Como se isso não bastasse, três anos mais tarde, em 1866, o *Comité Français D'Émancipation,* organização internacional sediada na França, enviou a D. Pedro II uma carta pedindo que o Brasil deixasse de ser a "última terra cristã manchada pela servidão". Dentro e fora do país, o Imperador sofria pressão para adotar uma política coerente com as novas práticas econômicas, políticas e sociais ao redor do mundo.

---

* Para quem quiser se aprofundar, sugiro a leitura de *Cartas a favor da escravidão*, organizado por Tâmis Parron (São Paulo: Hedra, 2008). O estudo é um dos primeiros a revelar os escritos do romântico sobre a escravidão. No âmbito acadêmico, o entendimento do valor cultural e histórico desses textos pode ser apreendido pela leitura da dissertação *José de Alencar e a escravidão: necessidade nacional e benfeitoria senhorial*, de Joyce N. S. Trindade (Guarulhos: Unifesp, 2014).

A realidade era um pesadelo para quem lutava pela manutenção do regime escravocrata. Entre eles, estavam os integrantes do Saquarema, um grupo de políticos e intelectuais conservadores, ao qual José de Alencar era ligado. Representando os colegas, o autor de *Iracema* tomou a dianteira e escreveu cartas a D. Pedro II, tentando convencê-lo a não ceder à pressão internacional.

Os escritos de Alencar para o Imperador estão longe de ter qualquer semelhança com uma carta enviada a um amigo. A impressão que se tem ao ler os textos é a de que José de Alencar se achava muito mais inteligente que o político e se sentia no direito de não desperdiçar seu conhecimento ao aconselhar o chefe de Estado em diversos temas da época. Essa ideia encontra correspondência no próprio título da obra: *Ao imperador: novas cartas políticas de Erasmo.* Não foi por acaso que o escritor se escondeu atrás desse pseudônimo, que faz referência a Erasmo de Roterdã, intelectual renascentista famoso por escrever um gênero literário conhecido como "espelhos de príncipe", textos que ensinavam imperadores e futuros políticos a fazer uma administração "justa", ou seja, um manual de como ser príncipe. Talvez Alencar tenha se julgado numa posição semelhante para escrever as cartas ao Imperador. De nada adiantou. Além de ter sido desconsiderado, três anos depois de o escritor escrever os tais textos, D. Pedro II o rejeitou como senador do Império.

Nas cartas, Alencar defendia que, bem como diversas instituições tradicionais, a escravidão não fora criada ao acaso, mas para favorecer o progresso humano. As pessoas, segundo ele, teriam se unido primeiramente em famílias, numa tentativa de juntar forças para dominar a natureza; então, essas famílias teriam se aproximado, se agrupado e formado "gentes", grupos, sociedades mais complexas. Alguns grupos teriam começado a se chocar e a disputar poder e territórios, resultando em guerras. Alencar defendia que a escravidão surgiu nesse momento em que o vencedor, por piedade e para evitar o extermínio do inimigo, trocou a morte pelo trabalho escravo. Mais do que isso: ele defendia que, historicamente, o sistema escravocrata foi útil para aculturar os dominados e lhes passar valores morais da convivência em sociedade. Nessa linha, afirmava que como o tráfico na África havia durado apenas cerca de três séculos, ainda era cedo para acabar com a escravidão desse povo, já que essas pessoas não estavam aculturadas o suficiente pelos colonizadores.

Como não poderia deixar de ser, o argumento econômico – quase sempre presente nas defesas de quem era contra a abolição – foi abordado. Segundo o escritor, todas as nações que deram liberdade aos negros sofreram um processo de involução econômica, e o Brasil ainda não estava pronto para caminhar sem a força de trabalho do africano.

Mas o escritor sabia que esses argumentos eram insuficientes e que a pressão internacional mexia com um aspecto íntimo do Imperador: a vaidade. Sem titubear, uma de suas últimas cartadas foi exatamente sobre esse assunto: "Não tardará o desengano, libais agora as delícias da celebridade: breve sentireis o travo da falsa glória". Em linguagem tão rebuscada quanto alguns trechos de *O guarani,* Alencar mandava o aviso de que, se aprovada a abolição da escravatura, o político deveria aproveitar os privilégios e os holofotes, antes da chegada da "conta política", ou seja, antes de sua própria saída do poder, já que, segundo Alencar, o Império e a escravidão eram instituições muito ligadas.

Bem ou mal, o escritor previu o futuro: um ano após a assinatura da Lei Áurea, em 1888, a conta política chegou, o

Império caiu e a República foi proclamada. Se queria aconselhar o monarca a se manter no poder, o Roterdã tupiniquim até que não estava tão errado.

Leituras sugeridas

Alencar J. *Iracema*. São Paulo: Companhia das Letras, 2016.
Alencar J. *O guarani*. São Paulo: Saraiva, 2010.
Alencar J. *Senhora*. São Paulo: Companhia das Letras, 2013.

Capítulo 22

Escravo escreveu a própria biografia para lutar pela liberdade

Não relatei nem a décima parte do sofrimento que passei enquanto servia a esse patife com feições humanas. Os limites desta obra não permitirão mais que uma olhada apressada às diferentes cenas que aconteceram em minha carreira.[*]

O trecho acima foi escrito pelo africano Mahommah Baquaqua no livro *An interesting narrative: biography of Mahommah G. Baquaqua* ("Uma interessante narrativa: biografia de Mahommah G. Baquaqua", em tradução livre), a primeira autobiografia publicada por um escravo que viveu no Brasil.[**] Isso mesmo: tal qual escritores como Castro Alves escreveram

---

* Os trechos deste capítulo constam na autobiografia *An interesting narrative: biography of Mahommah G. Baquaqua* ("Uma interessante narrativa: biografia de Mahommah G. Baquaqua", inédita no Brasil).

** Muitas das informações deste capítulo são provenientes de entrevista com o historiador Bruno Véras, do *The Harriet Tubman Institute* e um dos responsáveis por trazer ao Brasil o relato de Baquaqua.

relatos e apoiaram a causa abolicionista, houve escravos que compartilharam suas histórias em livros, a fim de tentar agregar mais simpatizantes à luta pela abolição.

Embora grande parte do relato de Baquaqua se passe no Brasil e ele conte como era a vida de um negro trazido ao nosso território, sua narrativa não pode ser considerada literatura brasileira, mas norte-americana (*slave narratives*), já que foi publicado nos Estados Unidos. Apesar disso, seu relato, além da curiosidade que desperta, é importante para compreendermos um pouco do nosso passado.

Lançada em 1854 em Detroit, nos Estados Unidos, a autobiografia de Baquaqua foi ditada pelo negro, escrita por um *ghost-writer* (profissional que escreve uma obra assinada por outra pessoa) e publicada durante a campanha abolicionista norte-americana. O objetivo da obra era mais que literário, era político: conquistar novos apoiadores na luta pelo fim da escravidão nas Américas. Hoje, o relato é uma fonte para compreender como africanos foram escravizados e transportados para o Brasil, o tratamento que aqui recebiam e suas lutas em busca de liberdade. "O relato de Baquaqua serve como exemplo de como uma biografia pode nos ajudar a compreender a diáspora africana e como indivíduos encaixavam-se na história da escravidão transatlântica", justifica Paul Lovejoy, professor da Universidade de York, no Canadá, e um dos principais estudiosos da escravidão africana no continente americano.*

Escrita em inglês, a papelada permaneceu mais de um século no obscurantismo e longe do conhecimento dos leito-

* O depoimento de Paul Lovejoy é parte de uma entrevista para a reportagem "Um grito de liberdade" (revista *Superinteressante*), vencedora do Prêmio Abril de Jornalismo 2016.

res brasileiros. Recentemente, graças ao trabalho de estudiosos como o canadense Lovejoy e do pernambucano Bruno Véras, professor responsável pela tradução do material para o português, os textos chegaram ao nosso país.

A narrativa começa na África abordando a infância do narrador em Djougou, atual norte de Benin, no seio de uma família de comerciantes muçulmanos. O ponto de virada da história se dá quando, no meio de uma guerra tribal, Baquaqua é capturado, acorrentado a outros negros e transportado a uma praia, onde permaneceu dias a fio até que em uma madrugada viu ser acesa uma grande fogueira e ser feita uma festa ao seu redor. Para os negros, porém, não havia festa, já que eles permaneciam com os pés e as mãos presos aos dos outros capturados. Naquele momento, apesar do clima festivo, nenhum deles sabia o inferno que os esperava nos dias seguintes: o navio negreiro.

> Seus horrores, ah! Quem pode descrever? Ninguém pode retratar seus horrores tão fielmente como o pobre desventurado, o miserável desgraçado que tenha sido confinado em seus portais. Oh! Amigos da humanidade, tenham piedade do povo africano, alijado e afastado de seus amigos e de seu lar, ao ser vendido e depositado no porão de um navio negreiro, para aguardar ainda mais horrores e misérias em uma terra distante.

Fome, frio, sede. A narrativa do período em que Baquaqua e os outros escravos cruzaram o Atlântico talvez seja o trecho mais dramático da obra: alimentavam-se de comida armazenada junto com animais, viviam ao lado de homens moribundos, eram mantidos em um pequeno espaço no navio, temiam ser espancados no dia seguinte sem motivo algum, esperavam na escuridão de um porão, sem conseguirem distinguir o dia da noite. E ainda era necessário enfrentar tudo isso sem reclamar nem aparentar fraqueza. Quem demonstrasse abatimento ou se rebelasse, segundo o texto, poderia ser atirado na água ainda vivo – e lá ser esquecido.

O valor histórico desse livro está em descrições como essa. Pela primeira vez, um escravo trazido ao Brasil contou com suas próprias palavras o que sofrera na travessia do Atlântico. Pode-se dizer que a prosa de Baquaqua é a concretização de um poema como "Navio negreiro", de Castro Alves. Seu texto é o testemunho de sua própria dor. O historiador Bruno Véras foi preciso ao avaliar o papel desse relato para a história do Brasil:

> Relatos biográficos e autobiográficos como o de Baquaqua permitiam ao público se identificar com quem contava a história. Mais do que um número dentro de uma estrutura de trabalho compulsório, quem estava do outro lado do papel eram outras pessoas, com um rosto, um nome, uma experiência de vida. Isso permitia pensar a dor e os traumas vividos por estes homens e mulheres. "Viver" de alguma forma essas experiências da escravidão, mesmo que apenas pelos livros, possibilitava o repensar e a mudança de atitudes em relação ao sistema escravocrata.

O livro continua com o escravo contando o que viveu em território brasileiro – um relato cruel, que encontra correspondência em textos de outros escritores abolicionistas.

O desfecho dessa história, uma luta pela liberdade que culminou com a publicação da autobiografia, não será revelado, para não estragar a surpresa de quem for ler o livro. Por ora, basta dizer que, tão importantes quanto o discurso de escritores abolicionistas como Castro Alves, os depoimentos de escravos como Baquaqua também se destacam na luta pela abolição da escravatura. No fim, Baquaqua fez política fazendo literatura, e literatura fazendo política.

> Que aqueles "indivíduos humanitários" que são a favor da escravidão se coloquem no lugar do escravo no porão barulhento de um navio negreiro, apenas por uma viagem da África à América, sem sequer experimentar mais que isso dos horrores da escravidão: se não saírem abolicionistas convictos, então não tenho mais nada a dizer a favor da abolição.

Leituras sugeridas

Baquaqua MG. *An interesting narrative: biography of Mahommah G. Baquaqua.* 1854. Disponível em inglês: http://docsouth.unc.edu/neh/baquaqua/baquaqua.html.

⚜ Capítulo 23 ⚜

Machado de Assis, o escritor que descobriu que a loucura é contagiosa

O "Bruxo do Cosme Velho", apelido dado pelo poeta Carlos Drummond de Andrade ao prosador que viveu na rua Cosme Velho, no Rio de Janeiro, foi um homem que desafiou as barreiras sociais de seu momento histórico e se transformou em um dos escritores brasileiros mais importantes de todos os tempos. Machado de Assis superou a condição de pobreza, o preconceito por ser mulato, a solidão pela perda da mãe e da irmã ainda na infância e o complexo de inferioridade por ser epiléptico. Conseguiu, apesar dos obstáculos, publicar seus primeiros livros e, pouco a pouco, evoluir com romances como *Dom Casmurro* e *Memórias póstumas de Brás Cubas,* nos quais, além de demonstrar uma habilidade ímpar com as palavras, provou seu talento como cronista social e conhecedor da psicologia humana.

Machado de Assis é daqueles gênios sobre os quais sempre há algo a ser estudado, revelado, descoberto. Por maior que seja o número de livros e teses sobre ele, vez ou outra uma nova teoria a seu respeito é publicada.

Em 2011, mais de um século após sua morte, uma dupla de pesquisadores da Psiquiatria publicou um artigo científico provando que, em um de seus contos, o literato descreveu um transtorno mental que não havia sido catalogado ainda pelos especialistas. A genialidade de Machado era tamanha que ele conseguia, observando os comportamentos, identificar doenças antes mesmo de elas serem descobertas pelos próprios cientistas.

A curiosidade foi revelada pelos psiquiatras da Universidade de São Paulo (USP), Daniel Martins de Barros e Geraldo Busatto Filho, no artigo "First fictional report of *folie à deux*" (Primeiro relato ficcional da folie à deux, em tradução literal) na revista médica britânica *The British Journal of Psychiatry*, e se refere ao transtorno conhecido como *folie* à *deux* (algo como "loucura a dois"), catalogado pelos franceses Lasegue e Falret em 1887.*

O distúrbio, de acordo com sua descrição original, começa a se manifestar quando um dos integrantes de uma família, convivendo com alguém que apresenta um quadro psicótico, é "contaminado" pela loucura e passa a apresentar o mesmo quadro.

Em 1869, 18 anos antes de esse transtorno ser identificado, Machado de Assis publicou o conto "O anjo Rafael". Na trama, um homem que vivia com a filha em uma fazenda isolada desenvolveu a crença de que era o anjo Rafael. Os dois viveram no meio do mato desde o nascimento até os 15 anos da menina, quando, às vésperas de morrer, o pai pediu que enviassem um noivo para se casar com a garota. Ao conhecer sua prometida, o futuro marido descobriu que, sozinha por um período tão longo com o pai louco, ela acabara contaminada

---

* O artigo dos pesquisadores brasileiros pode ser acessado em: http://bjp.rcpsych.org/content/198/1/30.

por sua loucura e também passara a acreditar que o pai, de fato, era o tal anjo. Transmitir um quadro de loucura de uma pessoa para outra era algo impensável para a medicina da época.

A vanguarda do pensamento machadiano não terminou por aí. Na narrativa, após a morte da figura paterna, a menina se mudou com seu recém-marido para a cidade e, depois de três meses de vida nova, parou de apresentar os sintomas da loucura. A crença de que o pai era o anjo Rafael passou. O mais curioso e impressionante é que, tal qual na história ficcional, os cientistas franceses descobriram que o distúrbio *folie* à *deux* pode ser tratado se o paciente for separado da figura que o contamina. Em outras palavras, Machado de Assis não apenas descreveu uma doença antes de ela ser descoberta pelos cientistas como apresentou seu tratamento!

Como ele fez isso? Provavelmente, utilizando-se da mesma técnica para criar personagens como o ciumento Dom Casmurro, a misteriosa Capitu, o ácido Brás Cubas, a imperfeitamente bonita Eugênia e tantos outros: observando os indivíduos ao seu redor. O "Bruxo do Cosme Velho" era um profundo conhecedor da alma humana, um narrador perspicaz dos problemas sociais e um historiador dos tipos de seu tempo justamente por estar atento à vida que o circundava, às qualidades e aos defeitos de quem estava à sua volta, às entrelinhas do contexto em que vivia. Não é estranho supor que, em uma dessas observações, tenha se atentado, antes de qualquer cientista, em que a loucura pode ser contagiosa, transformando o que seria um futuro caso clínico em literatura.

Leituras sugeridas

Assis M. *O anjo Rafael*. 1869. Disponível *online*, em domínio público.

Assis M. *Memórias póstumas de Brás Cubas*. Porto Alegre: L&PM, 1997.

Assis M. *Dom Casmurro*. São Paulo: Globo, 2012.

Assis M. *Memorial de Aires*. Porto Alegre: L&PM, 1998.

Parte 3

As letras da República

15 DE NOVEMBRO DE 1889, RIO DE JANEIRO, BRASIL.

O comerciante Custódio, dono da Confeitaria do Império, uma doceria com mais de 30 anos de tradição, havia encomendado uma nova tabuleta para colocar na frente do estabelecimento. A antiga estava rachada e comida por bichos. De baixo, não se via o que estava escrito. De repente, ouviu rumores de uma agitação que estava tomando a cidade. De imediato, mandou um bilhete para que a pintura do letreiro fosse interrompida na letra "d", afinal, ele não poderia manter o nome Confeitaria do Império se este tivesse de fato caído. Contudo, foi avisado que a nova tabuleta estava pronta.

Sem saber o que fazer, Custódio foi consultar o vizinho, o sensato conselheiro Aires. Esse achou de bom tom a mudança do nome do estabelecimento, nem que fosse preciso pagar outra vez pelo serviço. Sugeriu o óbvio: mudando-se do Império para a República, muda-se também de Confeitaria do Império para Confeitaria da República. Parecia perfeito, mas as agitações políticas eram tantas que era arriscado investir nesse novo nome, afinal, em poucos meses, o sistema político poderia mudar outra vez e o país voltar a ser um império.

Abortaram a ideia. Precisavam de um nome neutro. Pensaram em Confeitaria do Governo, um nome que não fazia referência a um ou outro sistema político, não era imperialista nem republicano. Num primeiro momento, parecia o mais adequado. No entanto, os dois concluíram que Confeitaria do Governo sugeriria uma ligação com quem fosse do governo vigente, e temeram que o estabelecimento fosse atacado pela oposição. Depois de muito discutirem, o comerciante e seu vizinho, enfim, chegaram a uma conclusão: a doceria passaria a se chamar Confeitaria do Custódio.

> *Aires disse-lhe então que o melhor seria pagar a despesa feita e não pôr nada, a não ser que preferisse seu próprio nome: "Confeitaria do Custódio". [...] Um nome, o próprio nome do dono, não tinha significação política ou figuração histórica, ódio nem amor, nada que chamasse a atenção dos dois regimens, e conseguintemente que pusesse em perigo os seus pastéis de Santa Clara, menos ainda a vida do proprietário e dos empregados. [...] Gastava alguma coisa em troca de uma palavra por outra, Custódio em vez de Império, mas as revoluções sempre trazem despesas.*[*]

A conversa de Custódio com o conselheiro Aires pode parecer um diálogo sem muito sentido nem importância, mas é dos textos mais reveladores e irônicos sobre a transição do Império para a República. Faz parte do livro *Esaú e Jacó*, o penúltimo romance de Machado de Assis, e reúne uma série de elementos do dia em que D. Pedro II caiu.

O primeiro deles é o sentimento de estar alheio à situação. Sem participar do golpe militar que derrubou o regime impe-

---

* Machado de Assis. *Esaú e Jacó*. Disponível *online*, em domínio público.

rial, o povo, representado na obra por Custódio, soube "vagamente" da queda do Império, sem compreender muito bem o seu significado. Também pairava no ar uma sensação de instabilidade e incerteza perante o futuro político do Brasil. O trecho termina com uma crítica aos custos de uma mudança como essa, que vai muito além de uma simples troca de cadeiras (no dia a dia da capital carioca, se refletiu na mudança de nomes de ruas, na nova bandeira, no novo hino nacional etc.).

A Proclamação da República não foi um fato que pegou deprevenido apenas o comerciante Custódio. Foi um golpe militar desenhado em poucos dias, tirando o marechal Floriano Peixoto da cama de madrugada e o fazendo subir em um cavalo contra o governo de D. Pedro II, que também teria se assustado ao saber do ocorrido. A situação do Imperador já não era das melhores, mas isso perdurava havia décadas. Os fatores de descontentamento eram variados.

Em 1870, o Brasil saiu, ao lado da Argentina e do Uruguai, de uma guerra contra o Paraguai. Embora o Brasil tenha saído vencedor do conflito, a dívida dos cofres públicos nacionais foi às alturas*, causando inflação no país. Somado a isso, ao voltarem às terras brasileiras, os militares se sentiram desprestigiados pelo Império, pela falta de reconhecimento financeiro e *status*.

---

* Para mais detalhes sobre a queda do Imperador e o episódio da Proclamação da República, sugiro a leitura de *1889: como um imperador cansado, um marechal vaidoso e um professor injustiçado contribuíram para o fim da Monarquia e a Proclamação da República no Brasil*, de Laurentino Gomes (São Paulo: Globo, 2013). Para enteder a participação popular (ou a falta dela) no evento, vale conferir *Os bestializados: o Rio de Janeiro e a República que não foi*, de José Murilo de Carvalho (São Paulo: Companhia das Letras, 1987).

Os sucessores à cadeira de D. Pedro II, que completara 64 anos em 1889, também não eram populares entre os brasileiros.* Numa sociedade machista como a da época, a figura da princesa Isabel à frente do Império causava desconforto. Além disso, seu marido, o conde d'Eu, era um francês não muito benquisto pela população brasileira e tinha fama de arrogante. Se D. Pedro II conseguia se manter no poder pelo prestígio que ainda tinha, seus substitutos não.

Como se não bastasse, havia a questão da escravidão, um tema espinhoso e que assombrava o Imperador desde os anos 1850. Internacionalmente, D. Pedro II sofria a pressão de nações que já haviam libertado seus escravos, como os Estados Unidos, para pôr fim ao regime escravocrata. Dentro de casa, o assunto dividia opiniões, embora viesse ganhando apoiadores desde a assinatura da Lei Eusébio de Queiroz, em 1850, que pôs fim ao tráfico negreiro, ou seja, proibiu a entrada de navios negreiros em território nacional.

Na década de 1880, a questão se tornara insustentável. Em 1888, quando D. Pedro II estava viajando, a princesa Isabel, na regência do governo, assinou a Lei Áurea, documento que dava liberdade aos escravos. Claro, a monarca tinha o apoio dos parlamentares nomeados pelo Imperador. "A senhora acabou de redimir uma raça e perder o trono", disse o barão de Cotegipe, único senador do Império a votar contra a abolição, ao cumprimentar a princesa. O sistema escravocrata, defendiam os contrários à libertação, estava intimamente ligado ao Império, que não conseguiria se sustentar sem ele. Dito e feito. Os grandes

* D. Pedro II morreu em 5 de dezembro de 1891, aos 66 anos, em Paris, na França.

latifundiários, que haviam comprado escravos na África e não receberam um tostão quando eles foram libertados, passaram a fazer oposição ao Império.

Enquanto isso, os militares se sentiam desprestigiados após a volta da Guerra do Paraguai, a classe média pagava caro pelos produtos inflacionados e os sucessores do Imperador eram malvistos pela população. Muitos eram os opositores de D. Pedro II, cujo governo estava por um fio. E o fio se rompeu.

Em 15 de novembro de 1889, o marechal Deodoro da Fonseca foi acordado por militares enquanto enfrentava um ataque de falta de ar no meio da madrugada. Corriam boatos de que ele seria preso por estar planejando um golpe contra o Imperador e de que o Exército seria extinto. Os militares queriam que Fonseca, mesmo sem ar, saísse de casa e instaurasse um golpe contra o Império, tirando à força os ministros do poder. E foi o que ele fez. Junto a outros oficiais, o marechal Deodoro da Fonseca subiu em um cavalo, foi ao Ministério de Guerra e, com a arma na mão, demitiu os ministros à força. Não houve derramamento de sangue. O único que teria se ferido foi o ministro da Marinha José da Costa Azevedo, que teria reagido aos oficiais. No mesmo dia, os militares assinaram um documento proclamando a República e instaurando um governo provisório, do qual Deodoro da Fonseca estaria à frente como o 1º Presidente da República Federativa do Brasil.

Informado do golpe, D. Pedro II e sua a família embarcaram em um navio para o exílio em Portugal dois dias depois, em 17 de novembro. O novo regime temia que a presença do antigo Imperador em território brasileiro incitasse o povo a um levante (contrário ou favorável às mudanças). Sem muito alarde, a família imperial saiu à francesa.

Nas letras brasileiras, esse processo de tensões políticas foi vivido com intenso engajamento pela imprensa. Jornalistas e escritores faziam dos jornais um espaço para defender suas ideias e angariar mais adeptos de seus posicionamentos. Aliás, após o dia 15 de novembro de 1889, o país continuou passando por períodos de instabilidade política e econômica, e, nos jornais, o debate de ideias se manteve fervoroso.

Os capítulos que compõem esta parte do livro relatam histórias de autores e livros do período que vai da Proclamação da República a 1922, quando um grupo de artistas organizaria a Semana de Arte Moderna, propondo uma nova forma de se fazer e pensar a arte no Brasil. Trata-se de um momento relativamente curto, de aproximadamente três décadas, mas com intensa produção cultural. Foi durante esse período que o movimento realista, cujo marco inaugural foi a publicação de *Memórias póstumas de Brás Cubas,* de Machado de Assis, em 1881, atingiu seu auge, e o naturalismo, estilo procedente do realismo, ganhou adeptos. Na poesia, simbolistas e parnasianos encantaram os leitores com seu apego à sonoridade e à forma.

Essa foi uma época na qual o número de leitores só aumentou na capital federal, o grande centro literário-cultural do país. De acordo com um censo feito em 1890, a população do Rio de Janeiro era de 522 mil habitantes, dos quais 57,9% dos homens e 43,8% das mulheres eram alfabetizados, totalizando 270 mil pessoas capazes de ler e escrever. No Brasil como um todo, a taxa de alfabetização caía para apenas 20%. Em 1906, mais de 400 mil cariocas eram leitores.[*]

---

* Sobre os números e dados do Rio de Janeiro daquele período, sugiro a leitura de *Retrato social do Rio de Janeiro na virada do século*, de Sylvia Damazio (Rio de Janeiro: Ed. UERJ, 1996).

Enquanto o número de leitores crescia, o mercado editorial também mudava. A virada para os 1900 marcou a modernização da imprensa e das casas de livros em nosso país, que passaram a ter novas máquinas para imprimir livros e periódicos. Ocorreu a transição da fase artesanal para a industrial. E as mudanças não pararam por aí. Com o advento da fotografia, imagens começaram a ilustrar os textos. Foi um momento novo e de modernização para as letras brasileiras.

Nas páginas a seguir, descobriremos que Olavo Bilac tinha menos talento para dirigir do que para poetizar; em meio às reformas urbanas que tomariam conta da capital federal, o cortiço de Aluísio Azevedo iria ruir; João do Rio registraria a cidade em transformação; Lima Barreto olharia para aqueles à margem do desenvolvimento; Raul Pompeia abriria fogo contra o peito em uma noite de Natal; longe dos holofotes, a literatura LGBT sairia do armário direto para estantes; e os poetas de cordel passariam de cidade em cidade compondo e cantando.

✤ CAPÍTULO 24 ✤

O DRAMA QUE LEVOU RAUL POMPEIA A ATIRAR CONTRA O PRÓPRIO PEITO

Às vésperas da Proclamação da República, as páginas da *Gazeta de Notícias*, do Rio de Janeiro, começaram a publicar um folhetim sobre um colégio interno para meninos. *O Ateneu*, título da narrativa, era a escola para onde iam estudar os filhos de famílias ricas. A instituição fictícia, no entanto, era cheia de características que deixaram muitos leitores da época desgostosos: professores que tratavam o aluno de acordo com a importância social de sua família, funcionários com desvios de caráter, estudantes com comportamento sexual reprovável e, entre os empregados, inveja, maldade e arrogância pelos corredores.

O Ateneu da ficção era perturbador para boa parte dos leitores justamente porque se assemelhava a outros internatos pelos quais eles haviam passado. Expor aquela situação chocou a alta sociedade do final do século XIX, e a obra caiu como uma bomba.* O autor Raul Pompeia passou a ser de-

* Um estudo valioso para compreender *O Ateneu* a partir da perspectiva da sexualidade é a dissertação *A pedagogia do sexo em O Ateneu: o dispo-*

preciado, chamado de esquisito e, por não ser casado, taxado de gay. Desde então, questões íntimas vieram a público e criaram um drama que se arrastaria até seus últimos momentos, quando ele tirou a própria vida.*

Raul Pompeia nasceu em 1863 em Angra dos Reis (RJ). Filho de uma família abastada, teve uma educação primorosa e contato com vários idiomas desde pequeno, o que lhe permitiu ler originais de obras europeias da época sem precisar esperar pelas traduções.

Adolescente, Pompeia estudou em escolas para endinheirados, como o Colégio Abílio e o Imperial Colégio D. Pedro II, onde teria tido contato com muitas das pessoas e situações que, mais tarde, seriam retratadas em seu polêmico romance – claro, nomes e detalhes seriam adaptados, mas a atmosfera do colégio decadente e cheia de vícios da alta sociedade era a mesma.

Se, por um lado, os colégios cariocas serviram de inspiração para o escritor, foi na Faculdade de Direito do Largo de São Francisco que Pompeia mergulhou no tema que o colocaria em outras polêmicas: a política. Grande defensor da República, Raul Pompeia começou a se meter em encrencas já na universidade por defender energicamente seus ideais. Um dos primeiros rompimentos de Pompeia foi com estudantes republicanos não abolicionistas. Para ele, não era necessário apenas um novo sistema político, a República, era preciso su-

---

sitivo de sexualidade no internato da "fina flor da mocidade brasileira", de Fernando de Figueiredo Balieiro (São Carlos: Ufscar, 2009).

* Para se aprofundar no drama e nos preconceitos enfrentados por Raul Pompeia, sugiro a leitura de *O drama público de Raul Pompeia: sexualidade e política no Brasil finissecular*, de Richard Miskolci e Fernando de Figueiredo Balieiro (*Revista Brasileira de Ciências Sociais*. 2011;26(75):73-88).

perar estruturas socioeconômicas do antigo regime, como a escravidão.

Sem medo de expor suas ideias publicamente, seja nos corredores da universidade seja nas páginas dos jornais, Pompeia logo passou a ter problemas com professores que não compartilhavam de suas opiniões. Em um momento de acirramento político como o da transição do Império para a República, o literato se viu perseguido, tendo de recorrer a pedidos de reavaliação para não ser reprovado e pedir transferência para a Faculdade de Direito do Recife, onde conseguiu se graduar.

De volta ao Rio de Janeiro, Pompeia guardou o diploma de advogado na gaveta e nunca exerceu a profissão, mas iniciou a carreira de escritor em jornais republicanos. Foi quando começou a publicar o folhetim *O Ateneu*.

A escola descrita pelo autor não foi pensada ao acaso, pelo contrário, tinha relação tanto com o passado do literato quanto com seu pensamento político. Na obra, o colégio simbolizava a origem dos vícios da elite imperial, regime duramente criticado pelo escritor. Inclusive, logo após a abolição da escravatura, no episódio semanal do folhetim foi apresentado um novo estudante que, logo após a sua entrada no colégio, pôs fogo em tudo e fez a construção ruir. Metaforicamente, era como se, a partir daquele momento, aquela educação viciosa tivesse sido deixada para trás, dando lugar para a construção de uma nova.

Como se não bastassem os inimigos imperialistas e republicanos não abolicionistas que Raul Pompeia colecionou na época da universidade e os leitores chocados com *O Ateneu*, o literato faria outras inimizades nos anos seguintes.

Nos primeiros anos da República, a instabilidade política e econômica era grande e abalou as estruturas do governo do marechal Deodoro da Fonseca, o primeiro Presidente do Brasil. Diante da pressão dos opositores, Fonseca renunciou após apenas um ano de mandato, e seu vice, o marechal Floriano Peixoto, assumiu o poder. A oposição se revoltou com o militar e o acusou de golpe, alegando que a Constituição exigia que, caso um presidente deixasse o cargo em menos de dois anos de mandato, novas eleições fossem convocadas.

Raul Pompeia apoiou Floriano Peixoto e se opunha aos intelectuais que eram contra o governo florianista. Uma de suas principais desavenças era com o escritor parnasiano Olavo Bilac, que saiu a público criticando Pompeia e fazendo duras acusações pessoais. Em artigo no jornal *O Combate*, Bilac defendeu que Pompeia permanecia ao lado de Floriano porque seu cérebro estava amolecendo devido ao tempo que o escritor passava se masturbando:

> *Talvez seja amolecimento cerebral, pois que Raul Pompeia masturba-se e gosta de, altas horas da noite, numa cama fresca, à meia luz de* veilleuse *mortiça, recordar, amoroso e sensual, todas as beldades que viu durante o seu dia, contando em seguida as tábuas do teto onde elas vaporosamente valsam.*

Pompeia era solteiro, vivia com a mãe e não costumava aparecer em público acompanhado de mulheres. Em uma sociedade machista como a da época, era o perfil ideal para ser acusado de gay, esquisito ou onanista. Mas o escritor não deixou barato. Também foi à imprensa e escreveu que tinha desafetos com homens imorais, que levavam uma vida incestuosa. A provocação era um ataque a Bilac, que já havia declarado não querer filhos por já ter sobrinho. As farpas pioraram ainda mais a situação, e o parnasiano passou a atacar Raul e a afastá-lo dos principais círculos literários do período, tornando-o um homem cada vez mais isolado.

A conta de tantas inimizades seria alta e cobrada rapidamente. Em 1895, o presidente Floriano Peixoto morreu aos 56 anos por complicações no fígado. Raul Pompeia o apoiou até sua despedida e, em seu enterro, fez um discurso inflamado sobre a contribuição do militar ao país. Foi a gota d'água para a oposição, inconformada com o apoio do literato a um suposto golpista. Não bastasse a dor pela morte de Floriano Peixoto, quando o presidente sucessor Prudente de Morais subiu ao poder, Pompeia foi demitido do cargo público de diretor da Biblioteca Nacional. Ao final desse mesmo ano, chegou às mãos do autor de *O Ateneu* um artigo escrito meses antes por Luís Murat, antigo amigo do Largo de São Francisco com quem Pompeia rompera por ele ser contra Floriano. O texto discorria sobre a exaltação do literato durante o enterro do antigo presidente, chamando-o de louco por sua atitude.

Com poucos amigos, sem trabalho, sem o presidente que tanto apoiara, com fama de esquisito, gay, masturbador e louco, Raul Pompeia entrou em um período de angústia. Em plena noite de Natal, decidiu pôr fim àquela situação: pegou uma arma, foi ao escritório e atirou contra o próprio peito. Suicidou-se diante de sua mãe sem deixar testamento, apenas um escrito para ser publicado no jornal *A Notícia*: "À *Notícia* e ao Brasil declaro que sou um homem de honra". Tentou, até a última palavra, salvar o que por anos fora tão atacado, a sua dignidade.

Leitura sugerida

Pompeia R. *O Ateneu*. Rio de Janeiro: Zahar, 2015.

CAPÍTULO 25

OLAVO BILAC E O PRIMEIRO ACIDENTE DE CARRO NO BRASIL

No Rio de Janeiro, a virada do século XIX para o XX foi um período de intensas transformações. Uma reforma geral tomou conta das ruas da cidade, lojas europeias ganharam filiais na capital, novas tecnologias começaram a despontar e deixaram os brasileiros com os olhos brilhando. Entre as grandes novidades, destacam-se, sem dúvida, os primeiros automóveis que circularam pelas ruas, ainda sem uma pavimentação adequada para receber esse tipo de veículo. Na crônica "A era do automóvel", o jornalista João do Rio retratou esse momento:

> *E, subitamente, é a era do Automóvel. O monstro transformador irrompeu, bufando, por entre os escombros da cidade velha, e como nas mágicas e na natureza, aspérrima educadora, tudo transformou com aparências novas e novas aspirações. [...] Para que a era se firmasse fora preciso a transfiguração da cidade. [...] Ruas arrasaram-se, avenidas surgiram, os impostos aduaneiros caíram, e triunfal e desabrido o automóvel entrou, arrastando desvairadamente uma catadupa de automóveis. Agora,*

*nós vivemos positivamente nos momentos do automóvel, em que o chofer é rei, é soberano, é tirano.**

Não foi apenas para tornar possível a circulação de automóveis que o Rio de Janeiro da época passou por reformas. Quando o então Presidente da República Rodrigues Alves e o prefeito carioca Pereira Passos subiram ao poder, em 1902, eles almejavam tornar a capital tão cosmopolita quanto o maior símbolo da modernidade mundial, Paris. Criaram um programa de desenvolvimento urbano apoiado no tripé aberturas de ruas, embelezamento e saneamento básico, máximas que resultaram na transformação de pequenas vielas em grandes avenidas, na derrubada de cortiços das regiões centrais para tornar a arquitetura da cidade mais bela, na construção de uma rede de saneamento básico e na vacinação contra doenças. Esse período foi nomeado pelo jornalista Figueiredo Pimentel como "Rio Civiliza-se".**

Antes de se tornar propícia à circulação de carros, a cidade já recebia os primeiros veículos trazidos da Europa. Em 1897, o jornalista José do Patrocínio, dono do jornal *A Cidade do Rio*, comprou um Serpollet, um carro a vapor fabricado na França. Se não foi o primeiro automóvel a andar pelas ruas brasileiras, certamente foi um dos primeiros. Quem estava na calçada parava para ver o empresário andar a uma velocidade de 4 km/h!

Muitos eram os interesseiros que queriam dar uma volta no automóvel e puxavam o saco de José do Patrocínio. Um

---

* João do Rio. "A era do automóvel", em *Vida vertiginosa* (São Paulo: WMF Martins Fontes, 2006).

** Para mais informações sobre as transformações no Rio de Janeiro da virada do século XX, indico *O Rio de Janeiro do meu tempo*, de Luís Edmundo (Brasília: Senado Federal, 2003).

dos felizardos foi o príncipe dos poetas brasileiros, como era chamado o literato e jornalista Olavo Bilac. O cronista era amigo de Patrocínio e já publicara textos em seus jornais. A proximidade era tanta que o empresário não apenas convidou Bilac para um passeio no carro como perguntou se ele queria dirigir o Serpollet. Obviamente, Olavo não sabia pilotar, afinal, não havia carros no Brasil até então.

Patrocínio sentou-se no banco de carona, o esquerdo (vale lembrar que os automóveis daquela época tinham os assentos na posição invertida, como os ingleses atuais), e deu algumas orientações para o poeta – um curso rápido. Bilac ligou o carro e começou a andar pela Estrada Velha da Tijuca, no Alto da Boa Vista, chegando a atingir 4 km/h. Na primeira curva, essa "rapidez" fez com que o poeta perdesse o controle do carro e batesse de frente com uma árvore. A tragédia com o parnasiano foi o primeiro acidente de carro registrado no Brasil.

Bilac e Patrocínio saíram ilesos. O automóvel teve perda total, deixando o jornalista inconformado com o episódio. Anos depois, em 1905, Olavo escreveria em uma crônica do jornal *A Notícia* que "quando havia pane [no carro], a garotada, formando círculos em torno do veículo, rompia em vaias". Talvez estivesse rememorando o episódio desconcertante pelo qual passara anos antes e a vergonha que deve ter sentido perante as vaias e o alvoroço que fora criado.

Leituras sugeridas

Bilac O. *Hino à Bandeira do Brasil.* 1906.

❦ Capítulo 26 ❦

A destruição do cortiço que inspirou Aluísio Azevedo

Ao contrário do que o leitor desavisado possa imaginar, o Rio de Janeiro, capital federal na virada do século XX, não foi apenas uma cidade que abriu as portas para a Europa e recebeu novos costumes e tecnologias inovadoras. Foi também um espaço marcado pela desigualdade socioeconômica.

Um dos romances que escancara a miséria carioca da época é o livro naturalista *O cortiço,* de Aluísio Azevedo. Publicado em 1890, a obra é um retrato de um ambiente habitado por seres descritos quase como animais, os quais, ao longo da narrativa, têm seus comportamentos avaliados pelo escritor a partir de teorias científicas do período, como o darwinismo social.*

---

* O darwinismo social é a adaptação da teoria da seleção natural, de Charles Darwin, à sociedade. Segundo essa teoria, algumas pessoas têm uma posição privilegiada por serem biologicamente superiores, terem mais inteligência e habilidades sociais.

Nesse caso, a ficção se inspirou na realidade. Havia muitas habitações de imigrantes, escravos recém-libertos, pequenos comerciantes, gente que não nasceu endinheirada e sobrevivia sem um tostão no bolso. Chamadas de "classes perigosas" pelos mais ricos, esses indivíduos tinham ao seu dispor poucos metros quadrados e quase nenhuma infraestrutura para viver com dignidade. Sem banheiro, torneira e o mínimo adequado para viver, moravam em locais nos quais corriam o risco de se contaminar com doenças tropicais, como a malária e a esquistossomose (barriga-d'água) – e não eram poucos os adoentados.*

As doenças, a pobreza e o medo que os ricos tinham da violência desses cidadãos começaram a preocupar os agentes de segurança pública do final do século XIX. O cortiço que inspirou Aluísio Azevedo, o Cabeça de Porco, era o que mais causava temor: maior cortiço do Centro do Rio de Janeiro, chegou a abrigar 4 mil pessoas. Não demorou para ser alvo de um processo de higienização. No dia 26 de janeiro de 1893, o prefeito Cândido Barata Ribeiro, três dias após enviar uma carta ao proprietário do local com ordem de desocupação imediata das casas, mandou um grupo de policiais destruir cada uma das residências do agrupamento e não deixar nada em pé.

De acordo com o historiador Sidney Chalhoub em *Cidade febril: cortiços e epidemias na corte imperial* (São Paulo: Companhia das Letras, 1996), a ação dos agentes públicos começou por volta das 18h, quando tropas do governo e

* Para mergulhar nos desafios da capital daquel época, vale conhecer a obra *Belle Époque tropical: sociedade e cultura de elite no Rio de Janeiro na virada do século*, de Jeffrey D. Needell (São Paulo: Companhia das Letras, 1993).

curiosos começaram a se aglomerar na frente do número 154 da rua Barão de São Félix, endereço do Cabeça de Porco. A fachada do cortiço era simbólica: em cima de uma arcada que remetia aos arcos greco-romanos, havia uma grande estátua da cabeça de um porco, para ninguém ter dúvida do que funcionava naquele local.

O portão de entrada dava para um corredor principal, que ficava entre duas grandes alas com centenas de casinhas. Entre um barraco e outro, às vezes surgia uma viela, que dava para os fundos do cortiço, onde mais gente morava.

Às 19h30, a operação teria sido deflagrada: tropas invadiram o cortiço, fechando a entrada principal. Um grupo subiu corredor adentro e se posicionou no lado oposto à entrada, proibindo que os moradores saíssem pelos fundos com seus pertences. A ordem era clara: ninguém iria entrar nem sair, e tudo o que estivesse ali seria destruído.

A demolição começou pelas casas da ala à esquerda, fechadas há um ano por ordem da Inspetoria Geral de Higiene, que considerou o local potencialmente infeccioso aos moradores. O surpreendente, segundo Chalhoub, foi que, enquanto os policiais destelhavam as casas onde era proibido viver, mulheres saíam com crianças no colo e arrastavam colchões. Derrubadas todas as casas à esquerda, o batalhão partiu para a ala oposta, numa cena ainda mais dramática, já que ainda havia muitos moradores ali. Entre os escombros que caíam, não foram poucos os que tentaram salvar um móvel, uma recordação familiar, um documento. Muito se perdeu. Na manhã do dia 27, o antigo Cabeça de Porco amanheceu destruído, os destroços espalhando poeira pela região central da cidade.

A destruição do cortiço que inspirou Aluísio Azevedo foi apenas um dos primeiros episódios da campanha higienista que tomou as ruas do Rio de Janeiro na virada do século XX. Nos anos seguintes, o terror continuou. Tomou posse o prefeito Pereira Passos, que, assim como o Presidente da República Campos Sales, desejava fazer com que a capital federal se parecesse com a francesa. A dupla investiu na demolição de outros cortiços do Centro para, no lugar, construir moradias com arquitetura mais bem planejada. O que fazer com as pessoas que ficaram sem-teto parecia ser uma preocupação secundária, menos importante do que o desejo de embelezar a capital.

Assim como os moradores do Cabeça de Porco, muitos outros miseráveis perderam o pouco que tinham. Sem moradia e proibidos de se instalarem no Centro, dirigiram-se aos morros da cidade, onde ninguém os impedia de ficar e podiam erguer suas barracas. Morriam os cortiços, nasciam as favelas. A miséria e a violência retratadas por Aluísio Azevedo em *O cortiço* começavam a se transformar na miséria e na violência que seriam registradas por Paulo Lins em *Cidade de Deus* (1997). Tais circunstâncias saíam do Centro para a periferia, onde seriam menos vistas pelos olhos de quem desejava respirar ares europeus em pleno Brasil.

Leituras sugeridas

Azevedo A. *O cortiço*. São Paulo: Ateliê Editorial, 2012.
Azevedo A. *O mulato*. São Paulo: Ática, 2010.

Capítulo 27

O cronista que se tornou o primeiro repórter brasileiro

Quem abrisse a *Gazeta de Notícias* em 1904 se depararia com textos bem diferentes do que costumava encontrar no jornal uma década antes. O leitor, acostumado a ler artigos em que jornalistas "vomitavam" ideias, encontraria uma narrativa sinistra sobre a ida de um escritor à periferia do Rio de Janeiro para descobrir onde viviam os feiticeiros, quem recorria a eles e como eram suas cerimônias. Era a primeira vez que as religiões africanas apareciam na imprensa. Nas edições seguintes da *Gazeta*, outros escritos revelariam histórias de amantes do Diabo, bebedores de sangue, espíritas, mulheres que cultuavam o Oceano e descendentes da rainha de Sabá. Tudo era contado em detalhes por um narrador que dizia ter estado *in loco* para desbravar aquele universo.

Apesar de se assemelharem a crônicas, já que faziam um registro daquele período, os textos traziam algo de novo. Diferentemente da crônica, que não tem uma obrigação com a fatualidade, essas histórias se atinham ao real, sendo uma espécie de diário das aventuras do escritor. Era como se um novo gênero estivesse nascendo, um texto que registrava o tempo presente, tal qual a crônica, mas escrito a partir do que o autor testemunhou. Mais tarde, esses relatos seriam conhecidos como reportagem, e seu escritor batizado de repórter.*

Publicados na *Gazeta* e depois reunidos no livro *Religiões do Rio,* esses textos seriam considerados a gênese da reportagem brasileira moderna. João do Rio, autor das crônicas, seria tido por muitos como o primeiro repórter brasileiro.** Para entender como nasce essa figura no Brasil (e o que ela tem a ver com a história da literatura) é preciso voltar algumas décadas e compreender a trajetória da imprensa durante o século XIX no país.

Até 1808, quando D. João deixou Lisboa às pressas e zarpou para o Rio de Janeiro, temendo os ataques das tropas lideradas por Napoleão Bonaparte, a imprensa não era permitida no Brasil, assim como a publicação de livros. Quem se atrevesse a imprimir um jornal, narrando fatos ou propagando ideias, corria o risco de ser preso por oficiais e considerado um traidor do reino.

Quando deixou Portugal rumo ao Brasil, talvez prevendo que por aqui pudesse ter de ficar mais que o planejado, D. João se precaveu e trouxe consigo a maquinaria exigida para imprimir jornais e divulgar suas ideias. Todo o aparato veio nos navios junto com a família real e a *high society* lisboeta.

---

* Para se aprofundar na obra jornalístico-literária de João do Rio e na imprensa da virada do século XX, sugiro a leitura da minha dissertação *Repórter-cronista da Belle Époque carioca: o jornalismo vertiginoso de João do Rio* (Bauru: Unesp, 2014).

** Uma das pesquisadoras que defende essa afirmativa é Cremilda Medina, em *Notícia, um produto à venda: jornalismo na sociedade urbana e industrial* (São Paulo: Summus, 1988).

Depois de desembarcar, D. João fundou a Imprensa Régia, onde eram rodadas as obras literárias, os panfletos e os jornais do reino, como a *Gazeta do Rio de Janeiro*, o primeiro periódico a ser publicado legalmente em território nacional. Claro, da primeira à última página desse jornal pioneiro, só se exaltava o governo português e se noticiava o que fosse de interesse dele. Nada de estranho, afinal, o rei não pagaria para imprimir um jornal que o criticasse.

A primeira edição da *Gazeta* chegou aos leitores em setembro de 1808 puxando o saco do governo, e apenas um mês depois começou a circular outro periódico, que já era passado de mão em mão em Londres desde junho, o *Correio Braziliense*. Editada pelo jornalista Hipólito da Costa e impressa na Inglaterra, a publicação defendia ideias liberais para o Brasil, como a monarquia constitucional e a abolição da escravatura. O *Correio* desagradou a família real e deixou os mais ricos de cabelo em pé. Hoje considerado por muitos pesquisadores como o primeiro periódico nacional, foi certamente o pioneiro a fazer oposição ao governo. Acabou condenado à censura nos anos seguintes, como tantos outros opositores do reino, mas continuou sendo impresso na clandestinidade.

Somente em 1821, mais de uma década depois, a censura prévia foi extinta, o que fez com que os periódicos não precisassem mais passar pela aprovação de comissões do Rei para serem impressos. Tornou-se possível, fora da clandestinidade, ser contra o governo e pressionar e lutar por mudanças na estrutura política. Nesses periódicos, o que prevalecia não eram reportagens, mas artigos políticos, usados para opinar sobre o tema do momento, como a luta pela Independência, a abolição da escravatura e a Proclamação da República.

Na virada do século XX, essa situação começou a mudar. O Brasil recém-republicano já era bem diferente do Brasil colonial no qual D. João desembarcou e onde deu início às atividades editoriais nacionais. O número de alfabetizados na capital federal batia os 400 mil*, e o mercado livreiro se fortalecia com as histórias publicadas em folhetins e depois transformadas em livros e as narrativas eróticas e de sensação.

Enquanto isso, a sociedade carioca também ganhava uma nova configuração. Havia uma vontade das elites e do governo de dar ao Rio de Janeiro ares europeus, para aproximar nossa capital federal da francesa. O prefeito Pereira Passos investiu em reformas urbanas que promoveram a abertura de grandes avenidas para tornar as ruas cariocas semelhantes às parisienses, e também promoveu o "bota-abaixo", a derrubada dos cortiços das regiões centrais.**

Essa ambição teve um alto custo social, pois, se por um lado o bota-abaixo valorizou o Centro carioca, por outro tirou o lar de milhares de pessoas, criando um alto número de sem-teto, gente impelida para a periferia da cidade sem ter onde morar e tendo que improvisar uma nova casa, feita às pressas. Essas moradas, erguidas pelos próprios desabrigados, foram os primeiros barracos das favelas cariocas.

Em meio a tantas mudanças, os leitores dos jornais já não queriam apenas ler ideias, estavam ávidos por informações sobre o que acontecia nas ruas, sobre a nova cidade que estava sendo erguida, sobre o futuro que começava a ser desenhado.

---

* Sylvia Damazio. *Retrato social do Rio de Janeiro na virada do século*. Rio de Janeiro: Ed. UERJ, 1996.

** Ver Capítulo 26 – "A destruição do cortiço que inspirou Aluísio Azevedo".

Atentos a essa demanda e influenciados por um modelo de jornalismo importado da Europa, principalmente da França, onde os veículos de comunicação já davam mais atenção ao texto informativo, os donos de jornais passaram a buscar e a investir em jornalistas que não mais escrevessem "textões" sobre a cultura e a política, mas em quem saísse às ruas e, no cotidiano da cidade, encontrasse histórias e as reportasse. O jornalismo opinativo começou a dar origem ao jornalismo factual, no qual a opinião seria substituída pela reportagem. O jornalista agitador político começou a perder espaço para o jornalista historiador do cotidiano, o repórter.

O primeiro repórter brasileiro, João do Rio, é uma figura quase ausente das aulas de Literatura Brasileira. "Nada a se estranhar", poderia argumentar o leitor, afinal, o primeiro repórter brasileiro deveria ser mencionado em aulas de história da imprensa. Acontece que seus textos estão entre o jornalismo e a literatura. Há pesquisadores que os consideram reportagem, e há quem os identifique como crônica com características do que viria a ser a reportagem.

No início de sua carreira na imprensa, João Paulo Barreto – nome de batismo de João do Rio – publicava textos opinativos, contos e crônicas em jornais. Seu ofício era semelhante ao de tantos outros que escreveram em periódicos no século XIX, como Machado de Assis, José de Alencar e Olavo Bilac.

Um dia, João do Rio fez o que ninguém ainda tinha ousado fazer: ao perceber as transformações pelas quais a cidade passava, saiu às ruas para captar o que acontecia no dia a dia. Ele voltou para a redação e narrou como eram as apostas de uma briga de galo, como guias turísticos puxavam o saco de estrangeiros, como negros eram explorados por mineradoras, como era uma procissão pelas vielas da favela, como os costumes de quem andava pelas ruas recém-construídas no centro da cidade eram exóticos. Seus escritos carregavam muitas características das crônicas, por serem ao mesmo tempo registro e reflexão sobre o presente, mas traziam a novidade da apuração do profissional *in loco*. Surgia no Brasil a reportagem, gênero que ainda hoje é a alma do jornalismo moderno mundial.

Com João do Rio, o jornal deixava de reunir apenas um conjunto de opiniões e ficção literária e começava também a apresentar narrativas de fatos verificados pelo autor. Das mãos de um literato, nasceu o coração do jornalismo moderno, feito na rua, no corpo a corpo com a vida. Na abertura de seu livro mais aclamado, *A alma encantadora das ruas,* João do Rio reverencia aquele que é o cenário principal de sua obra e que o transformou no iniciador da reportagem no Brasil:

> Eu amo a rua. Esse sentimento de natureza toda íntima não vos seria revelado por mim se não julgasse, e razões não tivesse para julgar, que este amor assim absoluto e assim exagerado é partilhado por todos vós. Nós somos irmãos, nós nos sentimos parecidos e iguais; nas cidades, nas aldeias, nos povoados, não porque soframos, com a dor e os desprazeres, a lei e a polícia, mas porque nos une, nivela e agremia o amor da rua. É este mesmo o sentimento imperturbável e indissolúvel, o único que, como a própria vida, resiste às idades e às épocas.

Leituras sugeridas

Rio J. *A alma encantadora das ruas*. São Paulo: Companhia das Letras, 2008.

Rio J. *As religiões do Rio*. Rio de Janeiro: José Olympio, 2015.

Rio J. *Vida vertiginosa*. São Paulo: WMF Martins Fontes, 2006.

Rio J. *Cinematógrafo: crônicas cariocas*. Rio de Janeiro: Academia Brasileira de Letras, 2009.

⚜ Capítulo 28 ⚜

Euclides da Cunha, o escritor assassinado pelo amante da própria esposa

Euclides da Cunha teria saído de casa atônito na manhã de 15 de agosto de 1909, para matar ou morrer.* Três dias antes, sua esposa Anna o havia abandonado, levando consigo o pequeno Luiz, seu filho de apenas dois anos. O casal havia brigado. Diziam que Euclides era um marido ausente, um homem imerso em pesquisas para escrever artigos e livros. Se, por um lado, o trabalho duro resultou em *Os sertões* e lhe rendeu a fama de grande literato e jornalista, por outro, teria o afastado da mulher e colocado seu casamento em crise. Diante do distanciamento do marido, Anna, então com 33 anos, teria se aproximado e tido um caso com um jovem 17 anos mais

---

* Embora trágico e ausente de muitas salas de aula, sobre este episódio já foram escritos diversos livros. Para mais informações, sugiro o romance *Matar para não morrer: a morte de Euclides da Cunha e a noite sem fim de Dilermando de Assis*, de Mary Del Priore (Rio de Janeiro: Objetiva, 2009). Outra obra rica em detalhes é *Crônica de uma tragédia inesquecível: autos do processo de Dilermando de Assis, que matou Euclides da Cunha*, de Walnice Nogueira Galvão (São Paulo: Terceiro Nome, 2007).

novo, Dilermando de Assis. O adultério não se prolongou, já que mulher decidiu colocar um ponto final na situação e sair de casa, acabando com o próprio casamento para viver com o amante. Euclides, que já havia sido informado da traição mas fazia vista grossa, decidiu trazer a esposa de volta para a casa acabar com aquele constrangimento, que colocava em xeque sua imagem perante a sociedade machista da época.

De sua residência em Copacabana, no Rio de Janeiro, Cunha passou na casa de dois primos para pegar emprestado um revólver Smith & Wesson, calibre .22. Certificou-se de que havia munição suficiente para se vingar. Tomou um trem na Central do Brasil, passou pelos bairros de São Cristóvão, Riachuelo, Méier e desembarcou na Piedade. Parou diante do número 214 da Estrada Real de Santa Cruz, bateu à porta e foi atendido pelo irmão do amante, Dinorah de Assis.

Sem dar atenção ao jovem que o recebeu à porta, o escritor teria entrado na casa às pressas, ido à sala de visitas e gritado que estava ali "para matar ou morrer". Euclides teria dado de cara com Dilermando, o amante, sacado a arma do bolso e disparado duas vezes. O homem teria caído no chão, todo ensanguentado. Vendo seu irmão ser alvejado, Dinorah teria corrido em direção a Euclides, tentando tirar o revólver de sua mão e evitar um desastre ainda maior. Mais dois disparos cortaram o silêncio. Dessa vez fora o próprio Dinorah que, tentando ajudar, levara um tiro próximo à nuca.

Enquanto o escritor se distraía com sua segunda vítima, Dilermando, mesmo atingido pelos tiros, teria conseguido apanhar uma arma que tinha em casa e disparar duas vezes contra Cunha. Errou as duas. Uma terceira e acertou o pulso de Euclides, que revidou. Seguiu-se um tiroteio entre os dois, uma disputa em que já não estava mais em jogo o coração de Anna, mas a própria sobrevivência. Até que Dilermando puxou o gatilho e, numa fração de segundos, a bala cortou o corpo de Euclides, perfurando seu pulmão e cessando a disputa. O escritor caiu no chão e viu o homem que lhe tirou a mulher também lhe tirar a vida. Entre matar ou morrer, acabou morto.

O assassinato de Euclides da Cunha, um literato já respeitado e um dos grandes jornalistas brasileiros, explodiu como uma bomba nos jornais da época. Os amantes sobreviveram à tentativa de homicídio, mas tiveram de encarar as notícias e acusações de uma imprensa odiosa, da qual raros foram os jornalistas que consideraram o crime legítima defesa e não saíram em defesa do escritor. Houve quem dissesse que, na verdade, Euclides da Cunha acertara Dilermando e o deixara no chão, mas, ao sair desprevenido da casa do amante de sua esposa, fora atingido nas costas. A nova versão invalidava a tese de legítima defesa, contada pelos sobreviventes. Monteiro Lobato foi um dos poucos a ir contra a condenação pública e não condenar a atitude de Dilermando:

> Tivemos aqui entre nós, em 1909, um perfeito "caso de tragédia grega", isto é, de tragédia caracterizada pela presença invisível da deusa Fatalidade. Os protagonistas agiram todos como pedras de xadrez em movimento cego no tabuleiro. As pedras de xadrez movem-se — julgam mover-se, na realidade são movidas de acordo com os planos concebidos pelo jogador e que jamais serão penetrados.
>
> Somos todos pedras de xadrez no tabuleiro da vida. Uns somos peões, outros bispos, outros, torres, outros, cavalos — e rainha e rei. [...] Euclides era rei, Dilermando, pequenino peão. No tumulto do drama tecido pela fatalidade, o rei enlouqueceu e forçou o peão a matá-lo. Um regicídio! A sociedade sofreu o mais profundo dos abalos porque Euclides não era apenas por direito de nascimento, coisa medíocre:

era um grande rei por merecimento, coisa grande. E todas as fulminações choveram sobre a cabeça do peão que teve de matar o rei. E a vida desse peão passou a ser um inenarrável martírio.

Mas, dadas as circunstâncias, que poderia ele fazer senão o que fez? [...] Se ponho a mão na consciência e me consulto, sou obrigado a confessar que, dentro daquelas circunstâncias, eu — o maior devoto de Euclides — agiria tal qual Dilermando. O animal que há dentro de mim, ferozmente acossado pelo animal existente no atacante, reagiria em pura ação reflexa — e no ímpeto cego da legítima defesa mataria até ao próprio Shakespeare.*

Execrado moralmente pela imprensa e pela sociedade, em 4 de maio de 1911 Dilermando enfrentou um júri e teve selado juridicamente seu destino. Perante um conselho de 12 votantes, metade deles o condenou e metade o absolveu. Segundo as leis da época, o empate absolvia o réu, e os atos foram considerados legítima defesa. O processo teve apelações ao Ministério Público e ao Supremo Tribunal Federal, mas em todas as instâncias a sentença foi a mesma.**

Mesmo com o fim do julgamento, o drama dos envolvidos no crime da casa 214 parecia não ter fim. Todos aqueles que estavam naquela residência pareciam estar condenados a uma maldição que carregariam para o resto dos seus dias.

Em 4 de julho de 1916, sete anos após o crime, a história teria um novo episódio. Dilermando de Assis, já quite com a Justiça, estava em um cartório do Rio de Janeiro logo depois

---

* "Uma tragédia de Ésquilo", de Monteiro Lobato (19??).

** No site da Ordem dos Advogados do Brasil de São Paulo (OAB-SP), a reportagem "As mortes de Euclides da Cunha e seu filho", de Evaristo de Moraes, apresenta em detalhes o processo do julgamento.

de ter almoçado. Consultava documentos quando ouviu um disparo e sentiu que fora atingido. Virou-se para descobrir quem era seu algoz e viu Euclides da Cunha Filho. Casado com Anna, a mãe do jovem, Dilermando não podia enfrentá-lo. Como ninguém do cartório oferecia ajuda ou tentava parar o atirador, o ferido começou a correr em direção à rua. Ouviu novos disparos e sentiu sua pele rasgar. Outra vez diante da morte, Dilermando, que era militar e andava armado, percebeu que, se não matasse, acabaria morto. A história se repetia. Militar experiente, sacou uma pistola e atirou no rapaz. Sete anos após matar o pai, Dilermando assassinava o filho de Cunha também. Como da primeira vez, seria absolvido com base na legítima defesa.

Embora vivo, Dilermando teria que lidar para sempre com a condenação da opinião pública, que não o perdoava por ter matado um herói brasileiro e seu filho. O antigo amante viveu todos os seus dias como vilão. Já Anna, a esposa que traíra o escritor, após perder o marido e o filho pelas mãos do homem com quem escolhera se casar, teve de enfrentar a rejeição de Dilermando ao ser trocada por outra mulher: em 1926, quando Anna tinha 54 anos e cinco filhos, Dilermando a abandonou e foi morar com uma garota mais jovem.

O último personagem da tragédia de Piedade era Dinorah, aquele que abriu a porta para Euclides da Cunha e levou um tiro ao tentar evitar que o escritor continuasse disparando contra seu irmão. Nos primeiros dias, o ferido se recuperou bem do tiro que levara e conseguiu levar a vida normalmente. Passadas algumas semanas, o ferimento começou a se complicar, e Dinorah a perder os movimentos. O tiro de Euclides contra ele atingira sua coluna vertebral, aleijando-o posteriormente. O jovem, então, passaria o resto da vida com poucos movimentos e entraria em depressão. Aos 32 anos, em meio a um período de angústias e sentindo-se inválido, Dinorah decidiu pôr fim à própria vida: arrastando-se, conseguiu se afogar no rio Guaíba. Era mais uma vítima dos efeitos do fatídico dia em que o escritor Euclides da Cunha saiu atônito de casa "para matar ou morrer".

Leitura sugerida

Cunha E. *Os sertões*. São Paulo: Ubu, 2016.

Capítulo 29

Triste fim de Lima Barreto

Ao pegar no lápis para explicar bem estas notas que vou escrevendo no Hospício, cercado de delirantes cujos delírios mal compreendo, nessa incoerência verbal de manicômio, em que um diz isto, outro diz aquilo, e que, parecendo conversarem, as ideias e os sentidos das frases de cada um dos interlocutores vão cada qual para o seu lado, eu me lembro muito bem que um amigo da minha família, médico ele mesmo de loucos, me deu, logo ao adoecer do meu pai, o livro de Maudsley, O crime e a loucura. *A obra me impressionou muito e de há muito premedito repetir-lhe a leitura. Saído dela, escrevi um decálogo para o governo da minha vida; entre os seus artigos havia o mandamento de não beber alcoólicos, coisa aconselhada por Maudsley, para evitar a loucura. Nunca o cumpri e fiz mal. Muitas causas influíram para que viesse a beber; mas, de todas elas, foi um sentimento ou pressentimento, um medo, sem razão nem explicação, de uma catástrofe doméstica sempre presente. Adivinhava a morte de meu pai e eu sem dinheiro para enterrá-lo; previa moléstias com tratamento caro e eu sem recursos; amedrontava-me com uma demissão e eu sem fortes conhecimentos que me arranjassem colocação condigna com a minha instrução; eu me aborrecia e procurava distrair-me, ficar na cidade,* *avançar pela noite adentro; e assim conheci o chopp, o whisky, as noitadas, amanhecendo na casa deste ou daquele.**

Afonso Henriques de Lima Barreto é, sem dúvida, um dos maiores escritores da literatura brasileira. Autor de clássicos como *Triste fim de Policarpo Quaresma* e *Clara dos Anjos*, seu reconhecimento, no entanto, foi tardio. Em vida, foi um escritor marginal, vítima de preconceito por ser mulato, por registrar em seus textos o coloquialismo dos mais pobres e por ser alcoólatra. Todas as vezes em que se candidatou à Academia Brasileira de Letras (ABL), foi recusado. Morreu aos 41 anos, vítima de ataque cardíaco, depois de sucessivas internações em manicômios e de uma vida na pobreza. Apesar do inestimável valor de sua obra, por décadas seu nome permaneceu no ostracismo e apenas nos últimos anos começou a receber o reconhecimento que merece.

O drama que acompanhou a vida de Lima Barreto se iniciou em sua infância. Neto de escravos, filho de um tipógrafo e de uma professora do primário, desde cedo o escritor conviveu com a pobreza. Aos seis anos, perdeu a mãe tuberculosa e viu o pai ter de trabalhar duro para sustentar os quatro filhos. De família monarquista, cresceu fazendo oposição à República Velha, aos governos que privilegiavam os ricos em detrimento dos mais pobres.

Barreto ingressou na Escola Politécnica para estudar Engenharia, mas teve de desistir no terceiro ano do curso pois seu pai havia sido internado em um manicômio por conta do alcoolismo. Naquela época, alcoólatras eram considerados um

---

* Lima Barreto. *Diário do hospício*. São Paulo: Cosac Naify, 2010.

problema social e isolados em hospícios, tratados como doentes mentais. Lima precisou parar de estudar e trabalhar para sustentar a casa. Nunca conseguiria concluir o curso e, desde então, passou a viver de bicos como escrevente e jornalista.

O fardo que Lima Barreto carregava não era dos mais leves, e não tardou para surgirem efeitos colaterais. Vivendo em uma família desestruturada e sem dinheiro, o escritor se entregou ao vício da bebida para fugir da realidade. Tentava aliviar a dor de ver um pai demente, que oscilava entre o mutismo absoluto e os gritos alucinados, o medo de não ter dinheiro para comprar comida e ver os irmãos passarem fome, as frustrações de ouvir "não" de intelectuais contemporâneos, o que não lhe permitia publicar livros nem ingressar nos círculos sociais e literários prestigiados.

O vício da bebida teve consequências. Entre agosto e outubro de 1914, Barreto foi internado pela primeira vez em um hospício. Na noite de Natal de 1919, foi internado novamente, após uma recaída. Durante essa segunda estadia, registrou em 79 tiras de papel como era o seu tratamento contra o álcool, além do que via e ouvia no hospital psiquiátrico. Metódico, Barreto escreveu a lápis antes de passar tudo à caneta, sempre preocupado com a numeração, as quantidades de medicamentos e as datas. O material foi reunido em uma de suas obras menos conhecidas, *Diário do hospício,* e é uma verdadeira radiografia dos dramas vividos por quem era internado em manicômios, os quais, para o autor, tinham um quê de inferno.

> *Só vemos uma grande abóbada de trevas, de negro absoluto. Não é mais o dia azul cobalto e o céu ofuscante, não é mais o negror da noite picado de estrelas palpitantes; é a treva absoluta, é toda ausência de luz, é o*

*mistério impenetrável e um não poderás ir além que confessam a nossa própria inteligência e o próprio pensamento.**

Esta cena se passou no Hospital Nacional dos Alienados, para onde eram levados epilépticos, crianças com atraso mental, tuberculosos, alcoólatras e portadores de doenças sexualmente transmissíveis. Apesar de tão diferentes, todas essas enfermidades eram consideradas um perigo social.

No hospício, os pacientes eram divididos conforme o tipo de doença, o gênero e a classe social. Os mais afortunados tinham um quarto próprio, podiam usar suas próprias roupas e consultar uma biblioteca; quem não tivesse dinheiro precisava se contentar com um uniforme branco e uma grande sala onde vários doentes ficavam internados e de onde, de tempos em tempos, um grito e um ataque cortavam o silêncio. Ao registrar algumas passagens como essas, Barreto defendeu que um dos primeiros elementos que os médicos desses hospitais tiram dos pacientes é a identidade: "não é só a morte que iguala a gente. O crime, a doença e a loucura também acabam com as diferenças que a gente inventa". Ler *Diário do hospício* é adentrar no universo das loucuras cometidas não apenas pelos pacientes, mas também por médicos e gestores públicos há um século.**

Embora tenha sido internado esporadicamente, o escritor pré-modernista nunca conseguiu se curar do alcoolismo. Lima Barreto envelheceu e reconheceu sua incapacidade de

* Lima Barreto. *Diário do hospício*. São Paulo: Cosac Naify, 2010.

** Para compreender a relação entre a loucura e a escrita de Lima Barreto, vale consultar *Literatura da urgência: Lima Barreto no domínio da loucura*, de Luciana Hidalgo (São Paulo: Annablume, 2008).

vencer a dependência. Chegou a ser encontrado pelo amigo Antonio Noronha Santos deitado em uma sarjeta, mendigando, após um mês longe de casa. A Santos, revelou que tivera todo o dinheiro roubado por um indigente após perambular pelo subúrbio carioca. De sua descida ao submundo, Lima Barreto trouxe para as letras brasileiras os bêbados, os miseráveis e os excluídos da República. Em sua literatura, deu vida e voz a negros, pobres e loucos.

Em 1º de novembro de 1922, após sucessivas internações por conta do alcoolismo e de ter passado muito tempo deprimido cuidando do pai também alcoólatra, Lima Barreto morreu, vítima de um ataque cardíaco. Seu pai ainda viveria por mais dois dias aos cuidados do irmão.

Por conta do preconceito de outros literatos perante sua doença, não conseguiu alcançar em vida o reconhecimento que sua obra merecia. Após seu falecimento, caiu no esquecimento. Foram necessárias décadas para que a riqueza de sua literatura superasse os julgamentos morais dos homens do seu tempo, saísse da margem e fosse incluída no centro das nossas letras – lugar onde sempre deveria ter estado.

Leituras sugeridas

Barreto L. *Triste fim de Policarpo Quaresma*. São Paulo: Penguin Companhia das Letras, 2011.

Barreto L. *Diário do hospício*. São Paulo: Cosac Naify, 2010.

Barreto L. *Recordações do escrivão Isaías Caminha*. São Paulo: Penguin Companhia das Letras, 2010.

Barreto L. *O homem que sabia javanês e outros contos*. Rio de Janeiro: Best Bolso, 2016.

Capítulo 30

Literatura LGBT sai do armário

*Ele passou as mãos molhadas nas minhas costas. Eu passei as mãos molhadas nas costas dele. Ele afastou a boca da minha, depois deitou a cabeça no meu ombro. Meu coração batia batia, ele podia ouvir. O suor da gente se misturava. O coração dele batia batia, escutei quando deitei a cabeça no seu ombro. Eu fiquei passando as mãos nas costas dele. Elas ficaram todas meladas da água de prata que ele tinha me ensinado a tirar de dentro de mim. Ele não se importava de ficar melado da água de mim. Eu também não me importava de ficar melado da água dele. Nojo nenhum, eu sentia. Ele passou a língua na curva do meu pescoço. Eu enrolei os dedos naquele triângulo de pêlos crespos na cintura dele. Não sei quanto tempo durou. Sei que de repente a gente se afastou e, olhando um pro outro, começamos a rir feito loucos outra vez.**

Durante o romantismo brasileiro, o leitor que comprasse um livro em uma banca ou se entregasse aos prazeres de acompa-

* Trecho da crônica "Pequeno monstro", do livro *Os dragões não conhecem o paraíso,* de Caio Fernando Abreu (Rio de Janeiro: Nova Fronteira, 2014).

nhar um folhetim frequentemente se deparava com a história de um casal apaixonado, no qual o homem, diante da beleza da jovem, começava a ter desejos e sensações até então desconhecidos, e ambos viveriam um relacionamento cheio de obstáculos para se concretizar. No realismo, sobretudo em sua vertente naturalista, que concebia o homem como um produto do meio e amplificava suas características animalescas, esse contexto mudou: o amor (e os apaixonados) começou a ganhar novas características. Quem fosse a uma livraria em 1895 poderia descobrir, por exemplo, o amor carnal e sensual do negro Amaro:

> *Esse movimento indefinível que acomete ao mesmo tempo duas naturezas de sexos contrários, determinando o desejo fisiológico da posse mútua, essa atração animal que faz o homem escravo da mulher e que em todas as espécies impulsiona o macho para a fêmea, sentiu-a Bom-Crioulo irresistivelmente ao cruzar a vista pela primeira vez com o grumetezinho. Nunca experimentara semelhante cousa, nunca homem algum ou mulher produzira-lhe tão esquisita impressão, desde que se conhecia! Entretanto, o certo é que o pequeno, uma criança de quinze anos, abalara toda a sua alma, dominando-a, escravizando-a logo, naquele mesmo instante, como a força magnética de um imã.**

Bom-Crioulo, romance de Adolfo Caminhae, de cara, chocou os leitores. Seus protagonistas não eram um casal heterossexual, mas dois homens. Amaro era um marinheiro negro, apelidado de Bom-Crioulo, e se apaixonou por Aleixo, um jovem afeminado que acabara de entrar na Marinha. O relacionamento dos dois tem de enfrentar uma série de julga-

* Adolfo Caminha. *Bom-Crioulo.* São Paulo: Martin Claret, 2013.

mentos morais da sociedade e, por a obra ser tipicamente naturalista, termina com a condenação do casal à infelicidade, deixando ao leitor a tese de que uma relação homossexual só poderia resultar em tragédia.

Mesmo desaprovando a homossexualidade – no livro, chamada de homossexualismo –, a obra de Caminha deixou os leitores da época de queixo caído. O choque fez com que o texto fosse renegado e, nas décadas seguintes, caísse no ostracismo, tornando-se uma raridade em prateleiras de sebos e livrarias. Para se ter uma ideia do quão combatido foi seu conteúdo, em 1937, a Marinha solicitou a Getúlio Vargas, então à frente do Estado Novo, que apreendesse uma reedição da obra. O livro foi censurado.

Com o fortalecimento da cultura gay ao redor do mundo nas últimas décadas do século XX, *Bom-Crioulo* ganhou edições mundo afora em espanhol, alemão, francês, inglês e até turco. Ultrapassou as barreiras nacionais, sobretudo por ter um protagonista negro descrito com palavras que esbanjavam sensualidade. A obra se tornou um ícone da literatura gay latino-americana.

Embora *Bom-Crioulo* seja o romance LGBT brasileiro mais conhecido, não foi o primeiro a apresentar um relacionamento entre dois homens. A façanha pertence a *Um homem gasto,* de Lourenço Ferreira da Silva Leal, lançado dez anos antes, em 1885. À venda com o selo "Romance para Homens" (adesivo na capa que indicava que a obra era inapropriada para o público feminino), a obra de Leal contava a história de Alberto, um menino que, após transar com um professor de português, se entregou à devassidão e passou a ter uma vida que o tornaria, como o próprio título adiantava, "gasto". No entanto, a relação homoerótica de Alberto aparece apenas como a desencadeadora da narrativa, e não como o tema principal como acontece em *Bom-Crioulo*. Por isso o romance de Caminha ser mais lembrado quando o assunto é o início da literatura LGBT brasileira.

Com o tempo, relações homoeróticas passaram a ser mais frequentes (ou menos raras) na literatura nacional. O preconceito diminuiu um pouco, e o homoerotismo começou a ganhar ares menos patológicos e a ser mais bem aceito.

Em 1914, foi publicado o conto *O menino do Gouveia,* de um tal de Capadócio Maluco, no jornal *Rio Nu*. O texto foi um marco, já que trouxe não apenas um casal de dois homens, mas também uma linguagem com expressões do universo homossexual e uma relação homoafetiva abordada como algo normal, fruto do desejo entre dois indivíduos e nada doentia. Por carregar menos preconceitos, há quem considere este o primeiro livro LGBT da literatura brasileira.

No entanto, apesar de os julgamentos morais serem mais tênues em *O menino do Gouveia*, a obra não tinha um caráter romântico e água com açúcar. Muito pelo contrário, as palavras sexualizadas e as ilustrações da relação sexual entre dois homens que acompanhavam o material também surpreenderam os leitores:

> *Estendido junto a mim na cama suspirativa do chateau, depois de ter sido enrabado duas vezes, tendo na mão macia e profissional a minha respeitável porra, em que fazia umas carícias aperitivas, o menino do Gouveia, isto é, o Bembem, contou-me pitorescamente a sua história com todos os não-me-bulas de sua voz suave de puto matriculado.*
>
> *— Eu lhe conto. Eu tomo dentro por vocação; nasci para isso como outros nascem para músicos, militares, poetas ou até políticos. Parece que quando me estavam fazendo, minha mãe, no momento da estocada*

*final, peidou-se, de modo que teve todos os gostos no cu e eu herdei também o fato de sentir todos os meus prazeres na bunda.**

A trama aborda a vida sexual de Bembem, um jovem que, após revelar ao tio o desejo de ser penetrado por ele, leva um fora e decide sair de casa. Na rua, conhece Gouveia, com quem tem a primeira relação e confirma sua preferência homossexual. O prazer faz com que Bembem deseje viver de sexo e, longe da família, comece a se prostituir.

A obra – hoje no esquecimento, mas que pode ser encontrada na seção de Obras Raras da Biblioteca Nacional, no Rio de Janeiro – narrava as aventuras do rapaz. Embora o julgamento patológico fosse menos acentuado do que em *Bom-Crioulo*, é preciso pontuar que o livro ainda carregava preconceitos, como o desdém e as piadas perante o jeito afeminado de Bembem.

Com o tempo, conforme LGBTs foram galgando espaço e visibilidade, novos e mais livros sobre o tema foram publicados. E o melhor: a diversidade sexual nessas obras passou a ser maior. Se entre o vermelho e o violeta do arco-íris existe uma multiplicidade de cores, nada mais coerente do que ter uma multiplicidade de representações literárias desse universo.

Guimarães Rosa que o diga, afinal, em *Grande sertão: veredas*, de 1956, uma das principais surpresas do enredo é exatamente a revelação sobre a identidade sexual de um de seus personagens. Claro, não contaremos esse segredo aqui (para não estragar a leitura de quem não o conhece), mas é possível adiantar que a discussão sobre orientação e identidade de gênero avançou muitos passos com esse livro, uma leitura obrigatória.

---

* Capadócio Maluco. *O menino do Gouveia*. 1914.

E a história não parou por aí. Durante os anos 1980, em plena ditadura militar, Caio Fernando Abreu publicou uma coletânea de contos que se tornaria outro marco na trajetória da literatura LGBT brasileira, *Morangos mofados*. Abreu, inclusive, é também um dos principais representantes desse gênero literário no Brasil e, por ser assumidamente gay, não ofereceu um olhar "de fora", mas um olhar de quem conhece o universo do qual escreve.

Bastante citado em redes sociais hoje em dia, Caio Fernando Abreu compôs uma literatura visceral em *Morangos mofados*. Seu medo do sistema político, sua angústia perante a solidão e suas incertezas acerca do futuro foram transportados para os sentimentos de seus personagens. Por ser um dos primeiros autores homossexuais a escrever sobre o que vivia e sentia, Caio legou um texto que é quase um relato, um diário cheio de revelações, um olhar sobre o ser gay a partir da própria experiência e, claro, sem preconceitos nem moralismos.

Nas últimas décadas do século XX, o tema da homossexualidade se tornou mais popular, e qualquer recorte dificilmente contemplaria todos os escritores envolvidos com essa literatura. As entrelinhas de textos de Hilda Hilst; as lésbicas de Cassandra Rios; Nelson Luiz de Carvalho e o sucesso de *O terceiro travesseiro*... São muitos os escritores, os títulos, as abordagens e as identidades que saíram do arco-íris para estampar as páginas da literatura brasileira desde o final do século XIX. Obras que saíram do armário e têm ganhado, cada vez mais, um lugar de destaque nas prateleiras.*

* Para saber mais sobre literatura LGBT, sugiro a leitura da dissertação *Literatura homoerótica: o homoerotismo em seis narrativas brasileiras*, de Warley Matias de Souza (Belo Horizonte: UFMG, 2010).

Leituras sugeridas

Abreu CF. *Morangos mofados*. 2 ed. Rio de Janeiro: Nova Fronteira, 2015.

Caminha A. *Bom-Crioulo*. São Paulo: Martin Claret, 2013.

Carvalho NL. *O terceiro travesseiro*. 10 ed. São Paulo: GLS, 2007.

Hilst H. *Do desejo*. São Paulo: Biblioteza Azul, 2012.

Leal LFS. *Um homem gasto.* 1885.

Maluco C. *O menino do Gouveia*. 1914.

⚜ Capítulo 31 ⚜

Cordel, a literatura que deu voz aos rincões do sertão

Longe do Rio de Janeiro, a capital onde poetas e prosadores escreviam obras que se tornariam referência dos movimentos literários do Oitocentos, a cultura também tinha vida e era feita por grandes artistas. No coração do Nordeste brasileiro, no sertão, contadores de histórias, repentistas e cantores produziam uma arte singular, expondo costumes, crenças e a dureza da vida sertaneja. De feira em feira, de mercado em mercado, de comunidade rural em comunidade rural, esses literatos vendiam sua arte e conquistavam leitores com suas palavras e rimas. Não eram realistas, naturalistas ou simbolistas, eram os poetas do cordel.

Ao contrário do que muitos possam imaginar, o cordel não tem origem no Nordeste brasileiro. Como tantos outros dos nossos movimentos literários, foi trazido da Europa por colonizadores. No caso, é filho do trovadorismo português, escola literária da Idade Média na qual trovadores compunham cantigas para serem lidas em festas da nobreza ou celebrações populares e que tematizavam o amor não correspondido, a ausência do amado que foi para a guerra e nunca retornou, as tristezas diante dos desafios medievais.

Durante a colonização do Nordeste brasileiro (é sempre importante lembrar que essa região foi o polo econômico nacional durante os três primeiros séculos de Brasil, época em que senhores de engenho detinham grandes propriedades para o cultivo de cana-de-açúcar e exploravam a mão de obra escrava), os portugueses trouxeram essa estética literária, transmitindo-a aos locais. Os versos rimados para serem cantados fizeram sucesso entre as camadas populares e começaram a ser adaptados à realidade nacional. As cantigas se abrasileiraram.*

A literatura de cordel nasceu com a marca da oralidade. Os versos rimados eram escritos para serem lidos por repentistas ou pelo próprio poeta, contavam histórias da vida cotidiana do nordestino, suas crenças, seus medos. E também falavam de política, traduzindo em versos compreensíveis para o sertanejo como era a vida de quem comandava o Brasil. Era uma literatura popular, feita para o povo e sem ambição de parecer erudita, mas com o desejo de fazer arte para a família da terra esquecida, informá-la sobre o mundo e entretê-la com causos curiosos.

Muitos dos cantores do período colonial, ao irem de mercado em mercado para cantar e apresentar seus versos, usavam cordões para segurar próximas ao corpo as folhas onde estavam impressos os textos. Quem fazia negócio em barracas também prendia a página com esse cordão. Não de-

---

* A origem da literatura de cordel e o abrasileiramento desse gênero foi brilhantemente abordado pela professora Marcia Azevedo de Abreu em sua tese *Cordel português/folhetos nordestinos: confrontos de um estudo histórico-comparativo*. (Campinas: Unicamp, 1993).

morou para que a associação fosse feita e esses poemas acabarem batizados de cordel.

No final do século XIX, as pequenas folhas soltas, amarradas em cordões, se transformaram no cordel mais conhecido atualmente, vendido em formato de livretos, geralmente medindo 12x18 cm, quase do tamanho de uma palma da mão, e com 8, 16 ou 32 páginas. Os cordéis eram vendidos em feiras e mercados, dividindo a prateleira com frutas e carnes, mas também em festas populares, nas ruas e nas fazendas do sertão pelos cordelistas. No princípio, os folhetos eram acompanhados de ilustrações, sem uma estética característica. Com o tempo, passaram a ser ilustrados com as famosas xilogravuras (técnica de esculpir desenhos em alto relevo em pedaços de madeira para replicá-los no papel), que são utilizadas até hoje.

Considerado o pai do cordel no Brasil e "o primeiro sem segundo", Leandro Gomes de Barros é autor de centenas de histórias nesse formato (não há um número exato, mas é provável que tenha ultrapassado a casa das trezentas). Carlos Drummond de Andrade o apelidou de "príncipe dos poetas brasileiros"; Câmara Cascudo disse que ele foi "o mais lido dos poetas populares"; e Carlos Drummond de Andrade o chamou de "o rei da poesia do sertão".

Gomes de Barros nasceu em Pombal, no interior da Paraíba, e fugiu da casa dos pais aos 11 anos, provavelmente por ser vítima de maus-tratos. Mudou de cidade, viveu de favores, casou-se e teve quatro filhos. Aos 24 anos, iniciou a escrita dos primeiros das centenas de poemas que viria a compor. Narrou a aventuras dos cangaceiros, contou a vida dos santos mais notáveis entre o povo nordestino e registrou as lendas oriundas dos rincões do Brasil.

O poeta se tornou famoso por relatar histórias como a do pobre homem, compadre de um rico e invejoso senhor de terras. Um dia, o pobre comprou um cavalo que era apenas couro e osso e, sem dinheiro nem para alimentar a própria família, não sabia qual utilidade o esquelético animal poderia ter.

Foi na venda e de lá trouxe
Três moedas de cruzado
Sem dizer nada a ninguém
Para não ser censurado
No fiofó do cavalo
Fez o dinheiro guardado...

Do fiofó do cavalo
Ele fez um mealheiro
Saiu dizendo: — Sou rico
Inda mais que um fazendeiro
Porque possuo um cavalo
Que só defeca dinheiro.

O rico compadre, movido pela ganância e pela inveja, logo ficou sabendo do misterioso animal e foi conversar com o pobre homem que, após contar várias vantagens, vendeu o bicho. O que se seguiu foi uma narrativa de ódio, vingança e reviravoltas, recheada de crendices populares e humor. Para não estragar a surpresa, não iremos contar o desfecho, mas já deve ter dado para perceber a força regional das narrativas desse autor.

De tão conhecida na região e rica culturalmente, a história influenciou o livro *Auto da Compadecida,* de Ariano Suassuna. Grande admirador de Gomes de Barros, Suassuna reconheceu o valor inestimável do registro da memória, da história e da vida do brasileiro que vive no sertão.

Os cordelistas nem sempre se atinham a temas locais, mas também investiam em cantorias *pop*. Na década de 1960, o poeta Enéias Tavares dos Santos, após ouvir muitas vezes o rei Roberto Carlos mandar que "tudo mais vá pro inferno", resolveu compor um cordel – o poema "Carta do Satanás a Roberto Carlos" –em que o próprio diabo respondia ao músico:

Inferno, côrte das trevas,
Meu grande amigo Roberto,
Eu vi o seu novo disco
É muito bonito, é certo,
Mas cumprindo a sua ordem,
O mundo fica deserto.
Porque você está mandando
Todo o mundo para aqui,
Se esse povo vier todo,
O que é que fica aí?
Será o maior deserto
Que eu fico vendo daqui.
Homem que bate em mulher
Tem para mais de um milhão,
Mais duzentos mil tarados,
(Entre rapaz e ancião),
Setecentos mil ladrões
Tem num pequeno galpão
E quanto mais você canta
Ainda mais gente vem,
Só de moça depravada

Ontem chegou mil e cem,
Aqui já está de uma forma
Que não cabe mais ninguém.

Ao pegar um tema popular e tratá-lo com uma boa dose de humor, Enéias vendeu milhares de folhetos e até serviu de inspiração para outros cordelistas entrarem na brincadeira, como a "Resposta de Roberto Carlos a Satanás", cordel de Manuel d'Almeida Filho. A piada rendeu!

Hoje, os cordéis se popularizaram e não é raro encontrar artistas que escrevem sobre diversos temas nesse formato e divulgam seu trabalho pela internet. Com um olhar mais atento aos rincões do Nordeste brasileiro, ainda é possível encontrar sertanejos que vendem por poucos reais os cordéis, gente que ganha a vida contando as anedotas de um universo às vezes desconhecido por quem mora em outras regiões do país. É o cordel tradicional dos sertanejos convivendo com a versão moderna e digital, uma coexistência que faz essa literatura sobreviver.

Leitura sugerida

Barros LG. *História do boi misterioso*. São Paulo: Hedra, 2004.

Parte 4

A hora e a vez dos modernistas

12 DE DEZEMBRO DE 1917, SÃO PAULO, BRASIL.

A jovem pintora brasileira Anita Malfatti, de apenas 28 anos, abriu as portas de um salão de arte na rua Líbero Badaró, em São Paulo, para apresentar 53 novos quadros, entre paisagens, figuras e gravuras. As obras apresentavam técnicas plásticas modernas, as quais a artista conhecera na *Independent School of Art*, em Nova York, e na academia *Lewin-Funcke*, na Alemanha. Em um período em que a maioria dos artistas brasileiros iam à Itália ou à França estudar, a influência estadunidense e alemã fazia com que quadros como *A estudante russa* e *O homem amarelo* denunciassem procedimentos de intensidade inédita, como a separação difusa das figuras retratadas e da paisagem, a pincelada livre e não tão planejada, a liberdade para compor os traços, as cores, as luzes.*

---

* A bibliografia sobre o modernismo no Brasil é vasta. Sugiro, no entanto, uma obra recente e que reconstrói as origens e a realização da Semana de Arte Moderna: *1922: a semana que não terminou*, de Marcos Augusto Gonçalves (São Paulo: Companhia das Letras, 2012).

Como frequentemente acontece com o que é novo, as telas de Anita dividiram a opinião pública. O jovem escritor Mário de Andrade identificou nas obras a chegada de algo novo ao Brasil. "Não posso falar pelos meus companheiros de então, mas eu, pessoalmente, devo a revelação do novo e a convicção da revolta a ela e à força de seus quadros", escreveu o futuro autor de *Macunaíma*, fisgado pelo movimento modernista graças aos quadros da artista brasileira. A admiração positiva e surpresa também invadiu o pintor Di Cavalcanti e o poeta Mário da Silva Brito.

O trabalho, porém, não agradou o escritor Monteiro Lobato, que resolveu escrever um artigo no jornal *O Estado de S. Paulo* classificando-o como "arte anormal" e, embora reconhecendo o talento genuíno de Malfatti, acusando-a de ver "anormalmente" o mundo à sua volta.

> *Há duas espécies de artistas. Uma composta dos que veem as coisas e em consequência fazem arte pura, guardados os eternos ritmos da vida, e adotados, para a concretização das emoções estéticas, os processos clássicos dos grandes mestres. [...] A outra espécie é formada dos que veem anormalmente a natureza e a interpretam à luz das teorias efêmeras, sob a sugestão estrábica de escolas rebeldes, surgidas cá e lá como furúnculos da cultura excessiva. [...] Estrelas cadentes, brilham um instante, as mais das vezes com a luz do escândalo, e somem-se logo nas trevas do esquecimento. Embora se deem como novos, como precursores de uma arte a vir, nada é mais velho do que a arte anormal ou teratológica: nasceu como a paranoia e a mistificação.**

---

* Monteiro Lobato. *A propósito da Exposição Malfatti*. O Estado de S. Paulo. 20 de dezembro de 1917.

A crítica caiu como uma bomba no círculo artístico. Os admiradores do trabalho de Malfatti, sobretudo os que viam nele a renovação da arte brasileira, saíram em sua defesa na imprensa, como Mário e Oswald de Andrade. Não adiantou muito. O estrago já estava feito. O julgamento de um formador de opinião tão respeitado como Lobato fez com que algumas das telas vendidas na exposição fossem devolvidas e mecenas mais tradicionais olhassem para a pintora com olhares tortos. Tão jovem, com apenas 28 anos, e com poucas oportunidades de expor e explorar seu potencial criativo, Anita Malfatti parecia viver o fim de sua carreira.

Mas este episódio resultou em algo positivo, pois o pioneirismo de Anita instigou artistas a se juntarem para renovar a arte brasileira, romper com a tradição e criar algo genuinamente nacional: pintores, escritores, músicos, escultores e arquitetos sintonizados com a modernidade, as novas tecnologias e os movimentos de vanguarda, dispostos a criar uma arte que não fosse apenas cópia do que vinha da Europa, mas que transpirasse brasilidade. Havia sido plantada a semente do modernismo brasileiro, que floresceria cinco anos mais tarde, na Semana de Arte de 1922, e seria influente até hoje.

A Semana de Arte Moderna, ao contrário do que o nome sugere, não durou uma semana, mas apenas três dias (13, 15 e 17 de fevereiro). Foi planejada por artistas que queriam romper com a tradição e renovar as expressões culturais brasileiras. O ano não foi escolhido ao acaso, afinal, 1922 marcava a comemoração dos cem anos da Independência do Brasil. Se em 1822 o Brasil conquistara a independência política de Portugal, cem anos depois os modernistas reinvidicavam a nossa independência cultural.

A programação foi bem organizada e os eventos, sediados no Theatro Municipal de São Paulo. Cada dia foi reservado a uma expressão artística. No dia 13, após a abertura entoada pela música de Villa-Lobos, os visitantes puderam conhecer a pintura modernista em quadros de Di Cavalcanti, Anita Malfatti, Brecheret, entre outros. Além das exibições, uma palestra de Ronald de Carvalho sobre a pintura e a escultura no Brasil fechou a programação do primeiro dia da Semana. A pintora Tarsila do Amaral, criadora da obra *Abaporu* e talvez o nome mais lembrado quando se fala em modernismo brasileiro nas artes plásticas, estava em Paris e não participou da Semana.

Na segunda noite, 15 de fevereiro, foi a vez da literatura, o que fez os ânimos do público fervilharem. Menotti del Picchia abriu a cerimônia com uma palestra sobre as letras modernas, ilustrada com poemas de Oswald e Mário de Andrade. Durante o intervalo, Mário recitou poemas no saguão do Municipal. Depois de o público já ter ouvido diferentes provocações, Ronald de Carvalho subiu ao palco para ler o poema *Os sapos,* de Manuel Bandeira, que estava adoentado e não pôde comparecer. Os versos – uma grande provocação aos poetas parnasianos, que davam mais valor à forma do que ao conteúdo – não tinham rima nem métrica, anunciavam o manifesto da poesia moderna, estilo com o qual o público não estava acostumado. Era um tapa na cara da tradição literária e a reação foi imediata. A plateia se levantou e, na mesma hora, se dividiu entre vaias e aplausos. Há quem defenda que as vaias foram uma grande estratégia para os organizadores chamarem a atenção: Oswald de Andrade teria pedido a estudantes que começassem a tumultuar durante a leitura para contaminar os outros presentes e incentivá-los a se manifestar. Oswald queria que o evento chamasse a atenção da sociedade. Combinados ou espontâneos, os aplausos e as vaias colocaram o evento sob os holofotes.

O último dia da Semana de Arte foi dedicado à música. O grande destaque foi Villa-Lobos, que também havia se apresentado nas noites anteriores e recebido elogios. Dessa vez, porém, os aplausos foram substituídos por vaias. E o motivo foi dos mais estranhos. No encerramento de sua participação no evento, o maestro subiu ao palco calçando, em um pé, um sapato e, no outro, um chinelo. A plateia interpretou o ato como uma provocação modernista, sentiu-se ofendida por ele ter tirado o traje tradicional e começou a vaiar o músico. Tudo por conta do chinelo. Depois, foi explicado que o polêmico chinelo não fazia parte da rebelião modernista, mas que o músico estava com um calo no pé e não conseguia calçar o outro sapato.

Planejado e realizado para ser um rompimento com a tradição artística, o evento apresentou uma série de incoerências. A primeira delas foram justamente os investidores: empresários e fazendeiros paulistas que consumiam a arte tradicional. Sim, os mecenas que abriram a carteira e estiveram na plateia dos recitais, óperas e exposições eram os mesmos oligarcas que investiam em artistas que reproduziam a cultura europeia. Mas eles tinham um interesse bem definido. Um evento como esse colocava a arte produzida em São Paulo sob os holofotes. Em um momento em que o Rio de Janeiro, então capital federal, era o grande polo cultural do Brasil e os artistas cariocas as nossas grandes estrelas, a Semana de 22 era a oportunidade de começar a mudar esse cenário e fazer com que os brasileiros olhassem para o que era criado na capital paulista.

Da parte dos organizadores, daria para não se render a esses grandes investidores? A resposta desemboca na segunda contradição: talvez sim, se a estrutura da Semana não fosse idêntica à dos eventos tradicionais. O que não aconteceu. A

Semana de 22 foi realizada no Theatro Municipal de São Paulo, principal espaço paulista dedicado à apresentação do convencional. Por que não romper com esse costume e levar a ópera moderna para o meio das ruas, a pintura para os parques, os recitais para as escadas de prédios públicos? Por que não tirar a arte do teatro, dos salões, das galerias fechadas e levá-la para o Brasil? Por que anunciar a renovação justamente no palco onde a arte convencional sempre foi exposta? Talvez para causar mais barulho, para chocar mais, para ser vista por mais olhares influentes. O fato é que não sair da caixa (ou melhor, do teatro) fez com que boa parte da plateia do evento fosse justamente a tradicional.

Ao contrário do que aparece hoje em livros de literatura, a Semana de 22 não foi um marco na época em que foi realizada. Foi mais um evento do Theatro Municipal de São Paulo, aliás, um evento não muito bem recebido pelo público e pela crítica especializada.

O reconhecimento só veio com o tempo. Com o passar das décadas, a liberdade defendida por aqueles jovens que pareciam loucos e a busca por uma arte que refletisse uma estética brasileira começaram a ser respeitadas e valorizadas. Oswald e Mário de Andrade, Manuel Bandeira, Anita Malfatti, Heitor Villa-Lobos e outros modernistas tornaram-se grandes nomes da arte nacional e influenciaram gerações de escritores, músicos e pintores. O que pareceu sem importância à primeira vista foi provando-se, a longo prazo, um divisor na trajetória da literatura brasileira.

A Semana de 22 foi como a queda de uma pedra em um lago: num primeiro momento, rompe a barreira da água e causa uma ondulação pontual; mas, com o passar do tempo, essa ondulação se espalha e movimenta todo o lago à sua volta.

Os capítulos que compõem esta seção narram as aventuras, os segredos da vida íntima e as curiosidades da vida pública de prosadores e poetas que renovaram as letras nacionais durante o modernismo. São escritores que, a partir de 1922, criaram um novo jeito de contar histórias, rompendo com a tradição europeia e se arriscando em um estilo próprio. Debruçaram-se sobre questões estéticas, lançaram o olhar para os problemas sociais do Brasil e mergulharam no íntimo da alma humana.

Será revelado um outro lado dos escritores que fizeram parte das fases do modernismo brasileiro: o grande segredo de Mário de Andrade; as entrevistas viscerais de Clarice Lispector e as medidas que Graciliano Ramos tomou quando prefeito; a luta de Guimarães Rosa e de sua esposa Aracy para salvar judeus das mãos de Hitler durante a Segunda Guerra Mundial; as palavras sobre homossexuais de Carlos Drummond de Andrade e as tragédias que marcaram a vida de Nelson Rodrigues. São histórias que revelam a humanidade desses ícones da literatura brasileira.

Capítulo 32

Oswald de Andrade, o homem que virou mito

Oswald de Andrade, um dos modernistas organizadores da Semana de Arte de 1922, superou a imagem do homem para se tornar um verdadeiro mito. Muitos foram os causos e lendas contados sobre ele. "'É verdade que é irmão de Mário de Andrade e brigou com ele?', 'É verdade que casou dez vezes em várias religiões?', 'É verdade que roubou uma moça na Escola Normal da Praça?', 'É verdade que prega o amor livre?', 'É verdade que baleou os estudantes de Direito, num tiroteio, do alto de uma escada?'", escreveu o crítico literário Antonio Candido, amigo do escritor*, a respeito dos inúmeros bochichos, completando que nada disso era verdade, embora tantos boatos tivessem uma razão de existir: em uma São Paulo provinciana, Oswald era uma figura que chocava a sociedade com suas propostas artísticas vanguardistas e seu comportamento excêntrico.

A pronúncia do nome Oswald se dava pela tônica "a" ("Oswáld"). No entanto, após a morte do autor, tornou-se

---

* Antonio Candido. "Digressão sentimental sobre Oswald de Andrade". In: *Vários escritos*. 5. ed. São Paulo: Ouro Sobre Azul, 2011.

comum a pronúncia com ênfase na vogal incial ("Ôswald"). Oswald de Andrade foi um profissional à frente do seu tempo. Filho de uma rica família paulistana, frequentou escolas de elite, cresceu rodeado de artistas, jornalistas e intelectuais, viajou para a Europa ao completar 22 anos e visitou Itália, Alemanha, Bélgica, Inglaterra, França e Espanha, onde entrou em contato com as principais correntes artísticas do período. Com acesso a uma formação tão erudita, não é de se estranhar que tenha se tornado um dos artistas mais importantes de sua geração.

Ao voltar ao Brasil, Oswald começou a pensar na importância de se fazer uma arte nacional, cuja estética não se apoiasse no estrangeiro. Em 1917, pela primeira vez posicionou-se a favor de uma nova forma de fazer artístico, e ao ver as técnicas vanguardistas da artista plástica Anita Malfatti serem criticadas pelo escritor Monteiro Lobato, saiu em defesa da pintora. Oswald defendeu a beleza e o valor dos traços de Anita, tão sintonizados com as vanguardas europeias e norte-americanas, e a necessidade de se abrir para o novo. Sem saber, ele plantava uma semente que daria frutos em 1922.

A importância de Oswald, no entanto, não se limita ao fato de ele ter sido um dos organizadores da Semana de Arte de 1922, os três dias em que o Theatro Municipal de São Paulo recebeu novas propostas para a literatura, a música e as artes plásticas. Ele também deve ser reconhecido pelos seus manifestos, nos quais defendeu novos caminhos para nossas artes, que influenciaram vários artistas ao longo do século XX.

O primeiro deles foi o *Manifesto da poesia pau-brasil*, publicado em 1924 no *Correio da Manhã*, no qual o escritor defendeu a importância de se fazer uma poesia ingênua, pura, criada a partir da liberdade, e não de uma série de regras. Tal qual a árvore pau-brasil, a poesia deveria ser produzida para ser exportada para outros países e influenciar a cultura estrangeira, e não o contrário.

Seu segundo clássico foi o *Manifesto antropofágico* (ou *Manifesto antropófago)*, publicado em 1928 na *Revista de Antropofagia*. O modernista levantou a bandeira de uma poesia que refletisse o Brasil e os valores culturais nacionais. Não se tratava de xenofobia, ou seja, a negação do estrangeiro. Oswald defendia que a cultura estrangeira no Brasil fosse comida, deglutida e vomitada na forma de um produto que expressasse o que era de fato ser brasileiro. No fundo, a defesa era pela ressignificação dos elementos dos povos colonizadores, somados à nossa cultura primitiva e transformados em uma arte nacional.

Embora os manifestos de Oswald possam parecer, à primeira vista, uma viagem distante da realidade, seus fundamentos influenciaram (e muito) a arte brasileira ao longo do século XX, não somente na literatura, mas na música também, por exemplo.

Prova disso é que, nos anos 1950, os irmãos e poetas Augusto e Haroldo de Campos, com Décio Pignatari, lançaram o concretismo, movimento poético que negava as regras da poesia clássica (como, por exemplo, rimas, número fixo de sílabas em cada verso e número fixo de versos em cada estrofe) e valorizava, de maneira bem-humorada e criativa, a disposição visual das palavras no texto. O movimento estava em sintonia com a ideia oswaldiana de negar a sintaxe normativa para se escrever poesia em prol da valorização da criatividade. Exemplo brilhante é o poema "Lixo", de Augusto de Campos:

LUXO LUXO LUXO LUXO LUXOLUXOLUXO
LUXO LUXO LUXO LUXO LUXOLUXOLUXO
LUXO LUXO LUXO LUXO LUXOLUXOLUXO
LUXO LUXO LUXOLUXO LUXO LUXO
LUXO LUXO —LUXO— LUXO LUXO
LUXO LUXO LUXOLUXO LUXO LUXO
LUXOLUXO LUXO LUXO LUXO LUXOLUXOLUXO
LUXOLUXO LUXO LUXO LUXO LUXOLUXOLUXO
LUXOLUXO LUXO LUXO LUXO LUXOLUXOLUXO

Nos anos 1960, Caetano Veloso e Gilberto Gil deram início à Tropicália, movimento artístico que seguia essa premissa de apropriação do estrangeiro em uma roupagem brasileira. O resultado, na música, foi ritmo, letras e harmonias bem nacionais e inovadoras, que se expandiu para outros campos da arte, como cinema e artes plásticas. Canções como *Alegria, alegria,* de Caetano Veloso, *Panis et circensis,* de Gilberto Gil e Caetano Veloso, e *Aquele abraço,* de Gilberto Gil, são lembradas até hoje pela sua brasilidade moderna.

Se na vida artística Oswald estava à frente de seu tempo, com ideias que influenciariam artistas brasileiros por décadas, sua vida pessoal não ficava atrás. Ele era um homem polêmico, com comportamento e atitudes que chocavam os paulistanos mais tradicionais.

Se recebia uma crítica negativa por um trabalho, Oswald rebatia publicamente sem a menor preocupação em ser elegante. Durante a Festa literária internacional de Paraty (Flip) de 2011, o crítico literário Antonio Candido contou que só se tornou amigo do literato após ser duramente criticado por ele. Tudo começou quando Candido fez um comentário negativo sobre a obra do modernista e, como era de praxe, foi malhado por Oswald. O crítico reagiu aos insultos com elegância e, certo dia, ao encontrar o modernista ao acaso em uma livraria, ouviu: "Ataquei você com violência e você respondeu com serenidade. Proponho que nos tornemos amigos". Oswald não teve a mesma sorte com o escritor Mário de Andrade. Após criticá-lo com piadas machistas e homofóbicas, ridicularizando a sexualidade do autor de *Macunaíma*, teve de conviver com o silêncio e a distância do antigo amigo, com quem organizou a Semana de Arte de 22. Nunca foi perdoado.*

Mas o que mais chocava os paulistanos nem era o jeito briguento do modernista, mas sua vida amorosa, que envolve seis casamentos e é repleta de traições e bizarrices. Seu *affair* mais polêmico e curioso foi, sem dúvida, com a escritora Patrícia Galvão, a Pagu.

Quando os dois se conheceram, em meados da década de 1920, Oswald era casado com a pintora Tarsila do Amaral. Patrícia tinha 18 anos; Oswald, 38; e Tarsila, 42. Relatos da época afirmam que Pagu era uma mulher de beleza inconfundível. "Pagu. Cabelos compridos, maquiagem forte nos olhos, lábios vermelhos e um olhar desafiador. Linda, inteligente e versátil", descrevia a legenda de uma foto de Patrícia Galvão na revista modernista *Para Todos*.** Oswald teria ficado encantado com a beleza da jovem e começado a trair Tarsila. A relação proibida teve consequências: Pagu engravidou e, para manter as aparências e não manchar a imagem do pai de seu filho, teve de se casar com um homem arranjado pelo modernista. Pura encenação. Oswald e Tarsila foram padrinhos do casamento.

No entanto, logo após a cerimônia, a paixão do poeta por Patrícia se mostrou mais forte e ele decidiu abandonar a espo-

* Ver Capítulo 33 – "O grande segredo de Mário de Andrade".

** Edição de junho de 1929.

sa e fugir com a amante, que deixou o recém-marido em plena lua de mel. O romance vingou e, em 1930, o modernista, após se separar oficialmente de Tarsila, protagonizou um dos casamentos mais estranhos da história das nossas letras: Oswald e Pagu casaram-se simbolicamente dentro do Cemitério da Consolação, na frente do túmulo da família Andrade! O noivo teria registrado a bizarrice:

> 1930 - 5 de janeiro - Nesta data contrataram casamento a jovem amorosa Patrícia Galvão e o crápula forte Oswald de Andrade. Foi diante do túmulo do Cemitério da Consolação, à Rua 17, nº 17, que assumiram o heróico compromisso. Na luta imensa que sustentam pela vitória da poesia e do estômago, foi o grande passo prenunciador, foi o desafio máximo. Depois se retrataram diante de uma igreja. Cumpriu-se o milagre. Agora, sim, o mundo pode desabar.

Entre tantos fatos insólitos envolvendo Oswald de Andrade, casar em um cemitério foi apenas mais um episódio que o transformou em um autor mítico da literatura brasileira.

Leituras sugeridas

Andrade O. *Manifesto da poesia pau-brasil.* 1924.
Andrade O. *Manifesto antropofágico*. 1928.
Andrade O. *O Rei da Vela*. São Paulo: Globo, 2012.
Andrade O. *Memórias sentimentais de João Miramar*. São Paulo: Companhia das Letras, 2016.

Capítulo 33

O grande segredo de Mário de Andrade

Ao contrário do que muitos leitores podem imaginar, Mário e Oswald de Andrade não eram irmãos nem primos, não tinham qualquer parentesco. Organizaram a Semana de Arte Moderna de 1922, se aventuraram juntos a romper os paradigmas artísticos, propuseram novas abordagens e conceitos para se pensar a cultura brasileira. Foram amigos até 1929, quando a ironia e as palavras venenosas de Oswald fizeram Mário se afastar e pôr um ponto final na amizade. Nunca se reconciliaram. Em 1945, Oswald teria ficado desesperado ao saber da morte precoce de Mário, que enfartou aos 51 anos e de quem nunca conseguira se reaproximar. Era tarde demais.*

Oswald de Andrade era um homem ácido. Na arte, defendia a abdicação do que fora produzido até o momento e a produção de algo que culturalmente nos representasse como brasileiros. Na vida pessoal, era afeito a polêmicas e discussões. Exemplo disso foi quando xingou Mário de "o nosso Miss São Paulo

* O fato foi revelado pelo crítico Antonio Candido, amigo dos dois escritores, durante a abertura da Festa literária internacional de Paraty (Flip), em 2011.

traduzido em masculino" e, pior, quando o apelidou de "Miss Macunaíma", tudo publicamente, na *Revista de Antropofagia*.

Tanta ironia contribuiu para o rompimento da dupla. Não era para menos. Oswald fazia insinuações exatamente com a sexualidade de Mário, assunto muito comentado nos círculos sociais da época e por décadas um tabu para estudiosos. Numa sociedade machista e homofóbica como a paulista dos anos 1920, o autor de *Macunaíma* preferia não trazer a público o tema, mas mantê-lo na intimidade. As cutucadas oswaldianas expunham o que Mário queria deixar na penumbra. Não é de se estranhar que elas tenham sido a gota d'água para o final da amizade entre os Andrade.

O mistério em torno da orientação sexual de Mário de Andrade perdurou por décadas após a morte do autor, tendo sido desvendado em 2015. Em vida, Mário nunca publicou um texto em que se assumisse gay. Em sua produção literária, o tema apareceu de forma esparsa, como em "Carnaval carioca", poema em que descreve um homem que se fantasia de mulher-baiana, e *Frederico Paciência*, conto no qual o narrador rememora uma paixão homossexual da adolescência. Nada disso denunciava a intimidade do autor.

No entanto, Mário mantinha o hábito de trocar cartas com amigos como Tarsila do Amaral e Manuel Bandeira. Entre os estudiosos do escritor, havia a esperança de que, em uma dessas correspondências, houvesse uma declaração. Não, o interesse nessa questão não era para fuxicar a vida do literato ou para elevá-lo a representante da literatura LGBT no Brasil (o que seria inadequado, já que Mário de Andrade pouco escreveu sobre o tema), mas para debruçar sobre sua produção literária a partir de outra perspectiva e complementar sua biografia.

O mistério começou a ser desvendado quando se completaram 70 anos da morte de Mário e seus escritos caíram em domínio público. A Fundação Casa de Rui Barbosa, detentora da correspondência do escritor, tornou pública uma série de cartas trocadas entre Mário e Manuel Bandeira. O material havia sido doado pela família de Bandeira à instituição em 1978 para compor o Arquivo Museu da Literatura Brasileira. Das quinze cartas doadas, uma foi mantida longe dos visitantes, o que intrigou os pesquisadores.

A revista *Época*[*], baseada na Lei de Acesso à Informação, pediu à Controladoria-Geral da União acesso à carta trocada entre os dois amigos em 7 de abril de 1928 e que permanecia guardada a sete-chaves. Na carta, Mário não desmente o que falavam a seu respeito e justifica nunca ter revelado sua sexualidade por se tratar de uma questão de foro íntimo.

> *Está claro que eu nunca falei a você sobre o que se fala de mim e não desminto. Mas em que podia ajuntar em grandeza ou melhoria pra nós ambos, pra você, ou pra mim, comentarmos e elucidar você sobre a minha tão falada (pelos outros) homossexualidade? Em nada. Valia de alguma coisa eu mostrar o muito de exagero nessas contínuas conversas sociais? Não adiantava nada pra você que não é indivíduo de intrigas sociais. Pra você me defender dos outros? Não adiantava nada pra mim porque em toda vida tem duas vidas, a social e a particular, na particular isso só interessa a mim e na social você não conseguia evitar a socialisão absolutamente desprezível duma verdade inicial.*[**]

Mário reconhece ser um homem solitário, dado a poucos encontros, como seus contemporâneos já haviam indicado: “Sou incapaz de convidar um companheiro daqui a sair sozi-

---

* Marcelo Bortoloti. *A carta em que Mário de Andrade fala de sua homossexualidade*. Revista *Época*. 18 de junho de 2015.

** A carta pode ser lida na íntegra *online*.

nho comigo na rua e [sic] saio com alguém é porque esse alguém me convida". No final da carta, após se abrir, o escritor paulista delega a Manuel a responsabilidade pelo fim daquelas linhas: "Eis aí uns pensamentos jogados no papel sem conclusão nem sequência, faça deles o que quiser". O pernambucano lhe respondeu: "Fique tranquilo: a sua perigosa carta chegou", e guardado a correspondência em seu arquivo pessoal, sem expor o amigo nem fazer da sexualidade dele motivo para piadas e insinuações pejorativas, como fez Oswald de Andrade. A discrição e a confiança fizeram com que os Mário e Manuel mantivessem os laços até o final da vida.

A revelação do grande segredo de Mário de Andrade carrega consigo algumas questões: se, por um lado, esse material é importante para estudiosos complementarem a trajetória biográfica do intelectual paulistano e se servirem de mais elementos para a análise de seus textos, por outro, até que ponto esse argumento justifica tornar pública a intimidade de uma pessoa e escancarar um traço de sua personalidade que ela passou a vida tentando esconder? Manter o material desconhecido significa censurar a informação ou respeitar a memória individual? Existe um limite do que deve ser publicado ou, em nome da historicidade, vale tudo?

São questões não consensuais, mas que ainda permitem que segredos íntimos de artistas brasileiros corram o risco de serem revelados.

Leituras sugeridas

Andrade M. *Macunaíma, o herói sem nenhum caráter*. 2. ed. São Paulo: Penguin Classics Companhia das Letras, 2016.

Andrade M. *Pauliceia desvairada*. Barueri: Ciranda Cultural, 2015.

Andrade M. *Amar, verbo intransitivo*. 1927.

Capítulo 34

O poeta modernista adepto do poliamor

Manuel Bandeira, o poeta que foi embora para Pasárgada porque lá é amigo do rei, teve uma vida de relacionamentos amorosos semelhante à do modernista Oswald de Andrade. Tal qual o polêmico escritor mítico, Bandeira nunca se relacionou com uma mulher. Pelo contrário, ele se relacionou com várias. Simultaneamente. Isso mesmo: Manu, como era conhecido pelos mais próximos, manteve três relacionamentos fixos ao mesmo tempo, sem contar os *affairs* esporádicos. O poeta seduzia mulheres casadas, garotas mais jovens e até estrangeiras. Para seu tipo de amor, as imposições do casamento, da idade e da geografia não existiam. A respeito do sucesso que fazia com o sexo oposto, escreveu uma crônica na qual revela como aprendeu com a mãe a seduzir:

> *Sempre me acharam muito parecido com minha mãe. Só no nariz diferíamos. A semelhança estava sobretudo nos olhos e na boca. Sai míope como ela, dentuço como ela. Há dentuços simpáticos e dentuços antipáticos. Muito tenho meditado sobre esse problema da antipatia de certos dentuços. Creio ter aprendido com minha mãe que o dentuço deve ser*

*rasgado para não se tornar antipático. O dentuço que não ri para que não se perceba que ele é dentuço, está perdido.**

Bandeira caminhava e sorria com os dentes expostos de ponta a ponta do rosto. Em retratos, ilustrações e fotografias entre amigos, o sorriso do escritor era uma constante. Um sorriso que escapava dos limites da boca e, sem medo de ser feio, encantava pela espontaneidade.

Carlos Drummond de Andrade contou que, em um almoço, Bandeira lhe confessara que não eram apenas os dentes a sua arma secreta para o sucesso. Seus versos também eram outro trunfo.

*Diz que sua poesia, por muitos anos, não lhe rendeu nada materialmente, mas, em compensação, todas as mulheres que passaram por sua vida o fizeram atraídas pelos seus versos. Ele não tinha outras condições para encantá-las, pobre e doente como sempre foi.***

O primeiro grande amor de Manuel Bandeira foi Frédy Blank, uma vizinha holandesa casada. Os dois se aproximaram quando o casal contratou o modernista para dar aulas particulares de línguas, e outras disciplinas, à filha, Joanita, de 11 anos. No início, era uma relação de negócios. Com o tempo, virou amizade, que foi aumentando com os anos. Quando o marido de Frédy morreu, em 1940, o relacionamento dos dois se estreitou e o casal passou a ser visto frequentemen-

---

* Manuel Bandeira. "Minha mãe". In: *Flauta de papel.* São Paulo: Global, 2014.

** Carlos Drummond de Andrade. *O observador no escritório.* Rio de Janeiro: Record, 1985.

te em praças, almoços e caminhadas pela orla de Copacabana. A dupla nunca oficializou a relação, até porque Bandeira saía com outras mulheres. Ao todo, desde a época em que foi professor da filha de Frédy, o poeta passaria 45 anos ao lado da holandesa (dos quais 25 enquanto ela foi viúva). Quando Frédy morreu, em 1965, Bandeira confessou ao escritor Paulo Armando que um pedaço de si também morrera.

Mal sabia o modernista que, no mesmo 1965, sua segunda amada também morreria. Dulce Pontes era uma poetisa pernambucana, cujo relacionamento com Manuel Bandeira durou três décadas. Ao lado dele, Pontes amou, escreveu e debruçou-se sobre as pesquisas que o ajudariam a compor seus livros. Era 27 anos mais nova que o poeta. Os dois se encontravam em meio à agenda apertada do literato, cheia de prazos para entrega de textos e encontros com pretendentes. Poucos meses após a morte de Frédy Blank, Manu teve de enterrar sua segunda "amiga", como chamava as mulheres com quem saía.

Enlutado com a perda das duas amigas-amadas, Manuel Bandeira viveria o restante dos seus dias ao lado de seu terceiro *affair*, a mineira Maria de Lourdes, filha de um ministro do Supremo Tribunal Federal. O poeta conheceu a mineira ainda quando saía com Blank e Dulce e com ela passeava pelas ruas cariocas. Todas sabiam do amor triplo do poeta e não se opunham. No coração do modernista, parecia caber muitas mulheres. Ao dizer adeus às duas primeiras, Bandeira se mudou para a casa da mineira aos 80 anos, e ao lado dela viveu seus últimos dois anos de vida. Maria cuidou do poeta octagenário até a morte dele, em 1968, por hemorragia gástrica. Ela faleceria em 1977.

Se queres sentir a felicidade de amar, esquece a tua alma.
A alma é que estraga o amor.
Só em Deus ela pode encontrar satisfação.
Não noutra alma.
Só em Deus – ou fora do mundo.

As almas são incomunicáveis.
Deixa o teu corpo entender-se com outro corpo.
Porque os corpos se entendem, mas as almas não.[*]

Na década de 1990, mais de duas décadas após a morte do poeta modernista e depois do trio de "amigas" do poeta falecer, a alemã Gertrud Bühler deu o último suspiro em Esslingen, cidade do sul da Alemanha. Ao lado da cabeceira de sua cama, sua filha encontraria uma pasta com uma série de cartas trocadas com um brasileiro na década de 1960. A pasta estava encadernada cuidadosamente com o mesmo tecido de um vestido que Gertrud vestia em uma foto na qual posava ao lado de um homem sorridente e com óculos fundo de garrafa. Com a ajuda de uma amiga tradutora, a filha descobriu se tratar de cartas de amor que sua mãe trocara com aquele senhor.[**]

Durante a ascensão do nazismo na Alemanha, Bühler fugira para o Brasil por ser judia. Por meio de Joanita, sua amiga, foi apresentada ao poeta modernista. Durante duas décadas, Manuel e Gertrud se corresponderam. O relacionamento "carnal" teria acontecido nos anos 1960, quando a estrangeira veio sozinha passar um período de férias no Brasil. As cartas encontradas

* Bandeira, M. *Estrela da vida inteira*. Rio de Janeiro: José Olympio, 1987.

** Marcelo Bortoloti. "Cartas inéditas de Manuel Bandeira revelam um amor secreto do poeta". Revista *Época*. 16 de janeiro de 2015.

pela filha da alemã continham as memórias das aventuras ao lado do poeta, descrições de momentos calorosos, lembranças de ocasiões em que estiveram juntos e muito afeto.

Essa é mais uma prova de que, longe da figura solitária, Manuel Bandeira passou a vida amando três, quatro ou, quem sabe um dia novas cartas poderão revelar, um bom grupo de mulheres. De fato, o escritor modernista tinha motivos para desfilar com um sorriso de orelha a orelha.

Leituras sugeridas

Bandeira M. *Libertinagem*. São Paulo: Global, 2013.
Bandeira M. *Estrela da manhã*. São Paulo: Global, 2012.
Bandeira M. *A cinza das horas*. São Paulo: Global, 2013.

Capítulo 35

O literato prefeito que multou o próprio pai

A cidade alagoana de Palmeira dos Índios vivia uma situação dramática em 1927. No ano anterior, o prefeito Lauro de Almeida Lima havia se desentendido com um fiscal de tributos e, no meio do bate-boca, viu seu oponente sacar um revólver e disparar em sua direção. Num ambiente de "aqui se faz, aqui se paga", um delegado da polícia chegou, pegou uma arma e puxou o gatilho. O fiscal pagou com a própria vida por ter atirado contra a autoridade maior da cidade. Aterrorizados, os moradores assistiam em praça pública à morte do prefeito que haviam elegido e à de seu algoz. Passada a tragédia, quem assumiu a prefeitura foi o vice-prefeito, que teve de permanecer à frente da cidade por pouco mais de um ano, até serem concluídas as eleições de 1927.

Em plena República Velha, o processo eleitoral da pequena cidade no interior do Alagoas era bem diferente do atual e ditado pelos interesses de grandes fazendeiros. À população, cabia aceitar decisões e ofertas dos poderosos e fechar os olhos para os trâmites ocultos. Em 1927, a decisão dos poderosos foi apoiar a eleição de um homem que, mais tarde, se tornaria um grande literato.

O indivíduo "escolhido" pelos fazendeiros tinha um nome benquisto pelos locais e havia tido êxito como presidente da Junta Escolar na gestão do prefeito anterior. Quando ainda ocupava o cargo, um dia chegou sem avisar a uma escola e encontrou professoras sentadas em roda nos corredores, sem estudantes para ensinar em pleno período letivo. Impressionado, questionou o que estava acontecendo e descobriu que o regulamento do colégio não permitia que os alunos fossem estudar sem uniforme e sem calçados. Por se tratar de uma região muito pobre, as crianças não tinham o que vestir e acabavam ficando em casa. Chocado com a situação, o então presidente da Junta Escolar mandou comprar sapatos e uniformes para todos. Deu certo, e não tardou para que a escola se enchesse outra vez – mais do que isso, começaram a faltar cadeiras para tantos alunos. Sem titubear, e para evitar que o alto número de estudantes se tornasse um problema, o presidente ordenou a compra de novos móveis. Enquanto a mobília não chegasse, os alunos deveriam se sentar em caixas improvisadas, mas jamais poderiam voltar a ficar longe do colégio.

As atitudes do Diretor fizeram com que ele se tornasse respeitado por pais, professores, políticos e pelos poderosos endinheirados. Resultado: no ano seguinte, esse homem seria convidado a se candidatar à prefeitura de Palmeira dos Índios e seria eleito. Seu nome era Graciliano Ramos de Oliveira.

A carreira política de Graciliano Ramos é bem menos estudada do que sua obra literária. Sabe-se que, inicialmente, ele ponderou o convite à candidatura e, como prefeito, foi um homem de pulso firme: mergulhou no estudo das gestões anteriores, nas políticas públicas da cidade, cortou gastos, demitiu funcionários ociosos. Chegou a se desentender com fazendeiros e empresários que foram prejudicados com as reestruturações.

Em agosto de 1928, Graciliano criou o Código de Postura Moral, uma cartilha com 82 artigos em que proibiu uma série de práticas comuns aos moradores da cidade, como comprar remédio sem receita, dormir e mendigar na rua e criar animais em áreas públicas. Eram medidas sanitaristas que, por irem contra hábitos muito antigos dos habitantes, desagradaram boa parte da população – inclusive Sebastião Ramos, o pai do prefeito. Sebastião criava porcos e cabritos em terrenos baldios e foi multado pelo próprio filho, que foi enfático em sua decisão: "Prefeito não tem pai. Eu posso pagar a sua multa. Mas terei de apreender seus animais toda vez que o senhor os deixar na rua".

Por evitar favoritismo e não sucumbir aos jogos de interesses tão comuns da época, não tardou para Graciliano se frustrar com a máquina pública e uma estrutura tão cristalizada e complexa de ser modificada. Mas o prefeito resistiu, manteve a postura firme e continuou fazendo o que acreditava ser correto.

Seguiu o estilo determinado até na redação de relatórios, documentos que chamam a atenção pela riqueza literária. Enquanto a maioria dos relatórios de gestores públicos são repletos de termos burocráticos, números e palavras difíceis, os escritos da administração de Graciliano Ramos contavam histórias, construíam contextos, criavam enredos do que se passava na cidade. Não eram chatos, mas envolventes. Como político, ele já mostrava sinais de sua veia literária. Como, por exemplo, no trecho em que ele conta como Palmeira dos Índios era repleta de homens que se sentiam prefeitos:

> *Havia em Palmeira inúmeros prefeitos: os cobradores de impostos, o Comandante do Destacamento, os soldados, outros que desejassem ad-*

*ministrar. Cada pedaço do município tinha a sua administração particular, com prefeitos coronéis e prefeitos inspetores de quarteirões. Os fiscais, esses, resolviam questões de polícia e advogavam.**

Os textos chamavam a atenção. Jornalistas, impressionados com as descrições, passaram a publicar os relatórios, e as linhas a ganhar admiradores dentro e fora da cidade alagoana. Em 1930, exausto com o clientelismo, prejudicado com o baixo salário público, vendo seus negócios minguarem com a Crise de 1929 e sua família enfrentar uma situação financeira delicada, Graciliano Ramos renunciou ao cargo de prefeito. Precisava colocar dinheiro dentro da própria casa. O vice concluiu o mandato de Graciliano, que encerrava sua carreira política.

Contudo, tinha início sua carreira literária. Um de seus relatórios caiu nas mãos de um editor, que, impressionado com o talento do ex-gestor público, o contatou. O editor era Augusto Frederico Schmidt, de uma editora carioca. Em 1933, seria publicado o primeiro romance de Graciliano Ramos, *Caetés*, e o alagoano deixaria de vez o título de ex-prefeito para ocupar o cargo de "escritor".

Leituras sugeridas

Ramos G. *Angústia*. Rio de Janeiro: Record, 2003.
Ramos G. *Memórias do cárcere*. Rio de Janeiro: Record, 2008.
Ramos G. *Vidas secas*. Rio de Janeiro: Record, 2003.

---

* Os relatórios da gestão de Graciliano Ramos constam no site da revista *História Viva* e podem ser lidos na reportagem intitulada *Relatório da Prefeitura Municipal de Palmeira dos Índios, 1930*, de 5 de junho de 2008.

Capítulo 36

Jorge Amado, o baiano que deu voz ao Candomblé

A literatura de Jorge Amado talvez seja uma das representações mais ricas da Bahia do século XX: uma Bahia de negros, mulatos e brancos; de homens e mulheres de diferentes raças que levantam cedo para trabalhar, mas não desprezam uma festa; de um povo devoto que se divide entre as crenças católicas e as cerimônias do Candomblé, entre padres e mães de santo, entre a igreja e o terreiro, entre santos e orixás. A Bahia de Jorge Amado é a Bahia da mistura, onde a fé silenciosa divide espaço com a fé festiva, a malandragem e a retidão dormem na mesma cama, e a riqueza reside, justamente, na convivência das diferenças. Historicamente, a literatura do escritor baiano foi uma peça-chave para dar voz ao Candomblé, que sofreu (e ainda sofre) preconceito país afora.

A aproximação de Jorge Amado com a religião africana, aliás, só aconteceu por intermédio da literatura. Aos 16 anos, em 1928, Amado fundou com amigos a Academia dos Rebeldes, um grupo criado para discutir a arte moderna, mas com princípios diferentes dos que os modernistas Oswald e Mário estavam pregando em São Paulo. O que os modernistas baianos queriam era escrever textos com ênfase no social (inclusive, o olhar engajado para a sociedade seria a característica que marcaria a segunda fase do movimento modernista no Brasil). Do etnólogo Edison Carneiro, integrante da Academia, Amado começou a ouvir histórias do Candomblé e a se inserir naquele universo. Apresentado ao pai de santo Procópio, o escritor passou a frequentar os terreiros e a inserir os rituais e mitologia na sua literatura.*

Da boca de Edison Carneiro e de pai Procópio, o literato aprendeu que o Candomblé é uma prática religiosa surgida no Brasil entre escravos e ex-escravos vindos da África durante o período colonial. Esses negros trouxeram consigo não apenas sua força de trabalho, mas elementos da sua língua, culinária e religião. Nas senzalas, começaram a cultuar seus deuses africanos, disseminando em nosso território uma religiosidade não praticada pelos europeus colonizadores nem pelos índios nativos, nem pelos primeiros brasileiros. Em virtude do preconceito contra os praticantes negros, os cânticos em línguas africanas desconhecidas e a condução da prática de religiões que não fossem a oficial do Império, a católica, os adeptos do Candomblé sofriam intolerância religiosa, sendo chamados de macumbeiros e praticantes de magia negra até hoje, inclusive sendo associados a demônios.

Com sua literatura, Jorge Amado ajudou a desmistificar a imagem negativa do Candomblé, tornando o terreiro cenário para suas histórias e afirmando os adeptos como gente do povo.

---

* Mais tarde, pai Procópio daria ao escritor o primeiro título que ele recebeu dentro do terreiro, o de ogã de Oxóssi, um reconhecimento entregue a quem ajudou a proteger e foi importante para a prática religiosa.

Um exemplo é o romance *Jubiabá,* no qual o escritor narrou a vida de Balduíno, um negro, líder de greves trabalhistas em Salvador. No livro, Amado trouxe para o primeiro plano da narrativa não apenas questões sociais envolvendo o personagem, mas também religiosas, como o Candomblé, cujas cerimônias, danças e músicas ganharam descrição minuciosa. No capítulo "Macumba", por exemplo, o narrador descreve o momento de incorporação de uma entidade.

> *De repente uma negra velha que estava encostada à parede da frente, perto do homem calvo, e que de há muito tremia nervosa com a música e com os cânticos, recebeu o santo. Foi levada para a camarinha. Mas como ela não era feita na casa, ficou lá até que o santo a abandonou e foi pegar uma negrinha moça que também entrou para o quarto das sacerdotisas.*
>
> *O orixalá era Xangô, o deus do raio e do trovão, e como desta vez ele tinha pegado uma feita, a negrinha saiu da camarinha vestida com roupas do santo: vestido branco e contas brancas pintalgadas de vermelho, levando na mão um bastãozinho.*
>
> *A mãe do terreiro puxou o cântico saudando o santo:*
>
> *"Edurô dêmin lonan ô yê!"*
>
> *A assistência cantou em coro.*
>
> *"A umbó k'ó wá jô!"*
>
> *E a mãe do terreiro estava dizendo no seu cântico nagô:*
>
> *"Abram alas para nós, que viemos dançar".**

A atitude de Jorge Amado em prol da defesa e da desmistificação do Candomblé não aconteceu apenas na literatura.

---

* Jorge Amado. *Jubiabá.* São Paulo: Companhia das Letras, 2008.

Terminado o Estado Novo, governo ditatorial liderado por Getúlio Vargas, o Brasil voltou a respirar ares democráticos, e o literato foi eleito deputado federal por São Paulo pelo Partido Comunista Brasileiro (PCB). Na política, Amado também assumiria um papel importante em defesa dessa religiosidade.

No cargo de deputado, Jorge Amado foi um defensor das liberdades individuais, lutou contra a censura de livros e jornais, contra as regras que permitiam que apenas brasileiros natos trabalhassem como profissionais liberais e contra a obrigatoriedade do ensino religioso em escolas. Seu legado mais importante, no entanto, talvez tenha sido a aprovação de uma emenda que permitia a liberdade de culto, ou seja, a possibilidade de os brasileiros seguirem a religião e cultuarem os deuses que bem entendessem. Embora, na teoria, o Estado fosse laico e a liberdade religiosa assegurada desde a Proclamação da República, na prática eram frequentes as perseguições a quem não seguia a religião católica. Ciente disso e tendo conhecido perseguidos em Salvador, Jorge Amado brigou para aprovar a emenda que garantia a liberdade religiosa, escrevendo seu texto e angariando os votos necessários para a aprovação. O resultado foi o artigo 141, §7 da Constituição de 1946.

> *Essa a minha contribuição para a Constituição Democrática de 1946. Transformada em artigo de lei a emenda funcionou, a perseguição aos protestantes, a violação de seus templos, das tendas espíritas, a violência contra o candomblé e a umbanda tornaram-se coisas do passado. Para algo serviu minha eleição, a pena de cadeia que cumpri no Palácio Tiradentes.*

Como deputado federal, Jorge Amado atuou durante apenas dois anos, período encerrado quando o PCB foi declarado ilegal em 1947 e o escritor exilado na França. Era o fim de sua atuação política. Ou melhor, era o fim de sua atuação em um cargo político, afinal, o escritor não fez política apenas no Congresso, mas também com as palavras.

Ao dar voz a personagens discriminados e trazer à cena rituais praticados às escondidas, apresentando tudo isso com naturalidade, Jorge Amado fez da literatura ferramenta para passar a mensagem da riqueza cultural e religiosa que habita o Brasil, da importância de se conviver com ela e respeitá-la, do valor do diferente.

Leituras sugeridas

Amado J. *Jubiabá*. São Paulo: Companhia das Letras, 2008.

Amado J. *Gabriela, cravo e canela*. São Paulo: Companhia das Letras, 2008.

Amado J. *Capitães da areia*. São Paulo: Companhia das Letras, 2008.

Amado J. *Dona Flor e seus dois maridos*. São Paulo: Companhia das Letras, 2008.

Amado J. *Mar morto*. São Paulo: Companhia das Letras, 2008.

✤ Capítulo 37 ✤

A escritora que propagou a eugenia no Brasil

Em meados do século XIX, um cientista se debruçou sobre seus escritos e observações para escrever um livro. A obra mudaria completamente os rumos da Ciência, influenciaria o surgimento de novas áreas do conhecimento e o trabalho de pesquisadores de todo o planeta. O texto intitulava-se *A origem das espécies*, e seu autor era ninguém menos do que Charles Darwin.

O naturalista inglês defendeu que os seres vivos estavam sujeitos a uma seleção natural. Dotadas de características diferentes, as espécies viviam em constante disputa e somente as que tinham os melhores traços sobreviveriam, enquanto os seres mais fracos seriam eliminados da face da Terra com o passar de muitos anos.

A tese, que logo ganhou muitos adeptos, começou a se espalhar e a ser adaptada para outras áreas do conhecimento. Nas ciências humanas, por exemplo, cientistas sociais criaram o darwinismo social, teoria que afirma que algumas pessoas têm uma posição privilegiada em relação aos outros indivíduos por serem biologicamente superiores, terem mais inteligência e habilidades sociais. Era a seleção natural sendo usada para justificar as desigualdades sociais.

No entanto, uma das correntes mais polêmicas a nascer a partir da teoria de Darwin foi desenvolvida por um primo do próprio cientista, o matemático e médico inglês Francis Galton. A partir do pressuposto de que algumas espécies detinham características superiores a outras, Galton passou a defender que a ciência e os governos deveriam adotar métodos para melhorar artificialmente a raça humana, por meio de políticas que exterminassem seres com traços indesejados e esterilizassem pessoas com genética "inferior". A eugenia, como ficou conhecida essa corrente de pensamento, defendia a exclusão do diferente e propagava o preconceito em nome de um suposto avanço da espécie humana.

Historicamente, o eugenismo foi uma das bases científicas e ideológicas para governos exterminarem inocentes e criarem políticas de exclusão do que não estivesse de acordo com o padrão imposto e não fosse, naquele momento, tido como normal. Apoiado nesse pensamento, Adolf Hitler matou judeus, deficientes e homossexuais por considerá-los inferiores; anos antes, em alguns estados dos Estados Unidos foram esterilizados milhares de cidadãos com traços que o governo julgava prejudiciais à formação de seu povo, como pessoas com problemas psiquiátricos, deficientes físicos, homossexuais, mulheres promíscuas e alcoólatras.

No Brasil, embora menos forte do que nos regimes totalitários da Europa e em algumas regiões dos Estados Unidos, a eugenia também teve seus representantes, gente que tentou disseminar essas teses e fazê-las influenciar as políticas públicas. Até foi criado um grupo dedicado ao tema, o Comitê Central do Eugenismo, que defendia o fim da imigração de não brancos para o país e medidas de sanitarismo para melhorar a "raça brasileira". Na literatura, houve quem usou das letras para propagar ideias eugênicas, tais quais as de Hitler e Mussolini, como a escritora Adalzira Bittencourt, um nome esquecido, mas que influenciou intelectuais brasileiros da primeira metade do século XX.

Nascida em Bragança Paulista, no interior do estado de São Paulo, Aldalzira talvez seja a escritora brasileira que levou as ideias eugênicas mais adiante, sobretudo na obra *Sua Excelência, a Presidente da República no ano 2500*, publicada em 1919, período em que a autora já se reunia com pensadores brasileiros eugênicos para discutir a teoria, como o médico Roquette-Pinto. No romance, considerado ficção científica por alguns estudiosos, a escritora descreve como seria o Brasil dos seus sonhos em 2500 sem ironias, mas apresentando a nação como uma utopia, o país "mais forte, mais belo e mais rico [do mundo]".

No Brasil dos sonhos de Adalzira Bittencourt, a república estava nas mãos de Mariangela de Albuquerque, uma mulher linda, médica e advogada de apenas 28 anos. A beleza da presidenta não era por acaso. Esse Brasil utópico fora construído após centenas de anos em que a população passou por uma política de melhoramento físico e genético, os índios foram escondidos, os negros devolvidos à África, os deficientes físicos assassinados após o nascimento e o aborto preventivo se tornou uma prática. Essas medidas, tão preconceituosas e excludentes, são justificadas pela autora em vista da formação de um povo mais bonito, inteligente e evoluído:

> *O comum dos homens do Brasil mede 2m40 de altura. As mulheres, as menores, medem 1m80. Peso mínimo de um homem de 20 anos, 150*

*quilos; de uma mulher da mesma idade, 100 quilos... Durava-se comumente 130 a 180 anos. [...] Não foi só no físico que o brasileiro se agigantou. O moral também. O intelecto também. Tudo na proporção do físico. Era aqui que viviam os maiores cientistas; os inventores das coisas que assombravam o mundo; os financistas, os artistas, os literatos, os oradores, os jornalistas, os estadistas, os industriais de fama mundial.**

Para se manter a superioridade física e intelectual do brasileiro, Adalzira imaginava uma sociedade com um rígido controle de natalidade. Todas as pessoas que quisessem ter um filho deveriam fazer uma bateria de exames de cada órgão do corpo. Se algo fosse diagnosticado, o paciente deveria se tratar e, após ter se curado, ser submetido à esterilização. Quem fosse dotado de uma característica negativa não deveria se reproduzir, mas poderia cuidar dos filhos de outros. Sim, nesse país utópico, haveria o que a autora chamou de Palácio das Princesas do Brasil, um local para mulheres geneticamente perfeitas se encontrarem com homens geneticamente perfeitos e conceberem filhos perfeitos, que seriam criados por casais estéreis. Para se alcançar a purificação da raça, Bittencourt foi às últimas consequências.

Na realidade criada pela autora, a tecnologia já estaria totalmente dominada. Hospitais aéreos teriam capacidade de atender 500 pacientes simultaneamente, crematórios substituiriam os antigos cemitérios onde infecções eram tão recorrentes, cada casa teria seu incinerador de lixo para acabar com os micróbios rapidamente. As decisões seriam tomadas a partir da razão e não dos sentimentos. No texto, o exemplo maior

* Adalzira Bittencourt. *Sua Excelência, a Presidente da República no ano 2500*. 1929.

disso se dá quando a presidente Mariangela descobre que um pintor por quem se apaixonou após ver alguns de seus quadros é um homem de apenas 90 cm e corcunda. Sem cerimônia, a governante ordena o assassinato do artista, bem como o de sua mãe, que o escondera durante toda a vida.

O Brasil que a escritora Adalzira Bittencourt apresentou em sua obra não tinha políticas públicas tão diferentes da Alemanha nazista de Hitler, que, em nome do progresso, julgou, excluiu e dizimou o que considerou diferente. Felizmente, as práticas de purificação do ditador alemão foram barradas e repreendidas pela História. Felizmente, também, a narrativa de Bittencourt ficou esquecida e ela se tornou uma figura obscura das nossas letras, lembrada apenas como exemplo de quando a literatura propaga ideias condenáveis.

Leitura sugerida

Bittencourt A. *Sua Excelência, a Presidente da República no ano 2500*. 1925.

Capítulo 38

Aracy Moebius de Carvalho Guimarães Rosa, uma heroína desconhecida

Ao lado de um grande homem, há sempre uma grande mulher. Apesar de ser uma dessas frases de efeito populares, faz sentido quando se atenta para a vida de um dos maiores escritores brasileiros, João Guimarães Rosa. Autor de obras-primas como *Grande sertão: veredas* e *Sagarana,* o literato, conhecido pela inventividade com as palavras, viveu as três décadas em que escreveu seus livros ao lado de uma grande mulher, Aracy Moebius de Carvalho Guimarães Rosa, alguém que arriscou a vida para salvar judeus das mãos do ditador nazista Adolf Hitler.

Corajosa, Aracy é hoje um nome quase esquecido em nossa história, mas teve um papel na construção da biografia de Rosa e até de seus textos.

> Serás tudo para mim: mulher, amante, amiga e companheira. Sim, querida, hás de ajudar-me a escrever os nossos livros... Tu mesma não sabes o que vales. Eu sei. Serás, além de inspiradora,

uma colaboradora valiosa, apesar ou talvez mesmo por não teres pretensões de "literata pedante".*

Aracy era paranaense criada em São Paulo e decidiu se mudar para a Alemanha em 1934. Recém-separada do primeiro marido e mãe de Eduardo, um garoto de 5 anos, aproveitou a nacionalidade europeia da família para se mudar para o outro lado do oceano e fugir do preconceito contra mulheres divorciadas. Fluente em alemão, francês, inglês e, claro, português, não tardou para que conseguisse trabalho no consulado brasileiro em Hamburgo como chefe do setor de vistos.

Se, por um lado, Aracy conseguiu se distanciar do patriarcalismo do Brasil dos anos 1930, por outro, teve de conviver com as medidas autoritárias e xenófobas de Adolf Hitler, que subia ao poder na Alemanha naquela época. A brasileira foi testemunha da discriminiação contra judeus, homossexuais e deficientes físicos, os quais, muitas vezes, pagavam com a própria vida por serem diferentes do que os princípios eugênicos pregavam.

Em 1938, a história começaria a mudar e Aracy, até então uma personagem coadjuvante e observadora da repressão, assumiria o protagonismo na luta contra a discriminação e na batalha para salvar judeus.

De acordo com a *Concise Encyclopedia of the Holocaust* (Enciclopédia concisa do holocausto), uma publicação da International School for Holocaust Studies, a saga da brasileira teria se iniciado na noite de 9 de novembro de 1938, data em que ocorreu a *Kristallnacht*, a Noite dos Cristais. No episódio, nazistas varreram a Alemanha e a Áustria, atacando e botando

---

* Carta de Guimarães Rosa para Aracy datada de 6 de novembro de 1942.

abaixo sinagogas, moradias e escritórios judaicos. Mais de 90 pessoas morreram. Era o início da fase mais nefasta de repressão contra judeus, o começo do Holocausto.

Vendo os judeus serem perseguidos, torturados e mortos, Aracy decidiu que precisava fazer algo, tinha de encontrar um jeito de ajudá-los a escapar da Alemanha e os enviar para um lugar mais seguro, um país como o Brasil. O problema é que, nesse período, o governo brasileiro também tinha um ditador, Getúlio Vargas, que no ano anterior havia publicado a Circular Secreta 1127, uma medida que restringia a entrada de semitas no país. Se o Brasil fosse mesmo o destino escolhido para enviar essas pessoas sãs e salvas, seria preciso driblar a lei. Ela encontraria um cúmplice e um plano no homem que se tornaria seu marido e um grande escritor.

João Guimarães Rosa conheceu Aracy em 1938 na embaixada de Hamburgo, local onde ele começou a trabalhar como cônsul adjunto enquanto ela era responsável pelos vistos. Então com 30 anos, Rosa havia concluído os estudos no Itamaraty para seguir carreira diplomática e foi enviado para trabalhar na Alemanha. Conheceram-se e, em pouco tempo, o que era apenas uma relação de trabalho começou a ganhar uma dimensão diferente, e Rosa se tornou Guima e Aracy, carinhosamente, Ara. "Estive linda. Ele me ama muito, muito!", escreveu a brasileira, meses depois de se aproximar do literato.

Se o amor do diplomata tornou a vida íntima de Aracy mais leve, a atmosfera nefasta da Alemanha a aterrorizava cada vez mais. Os dois compartilhavam medos, e o escritor documentava em cartas e anotações as angústias com as desgraças ao redor. Enquanto isso, Ara teve uma ideia para tentar solucionar uma parte daqueles problemas: era um plano arriscado que ameaçava a sobrevivência dos dois.

Para salvar judeus do holocausto e tirá-los do país, João Guimarães Rosa começou a falsificar passaportes de cidadãos semitas, alterando dados como endereço e ascendência. Aracy, que trabalhava na área de vistos mas não tinha poder de assinar nada, pegava os passaportes adulterados, juntava-os com toda a documentação necessária para alguém sair do país e levava para seu chefe assinar. Para que ele não percebesse se tratarem de judeus, Aracy não incluía na ficha uma grande letra J, marcação que na época era usada para identificá-los. No meio de outros papéis que precisava assinar, o chefe de Aracy dava os vistos sem prestar muita atenção.

Segundo depoimentos de judeus que conseguiram escapar da Alemanha nazista rumo ao Brasil, Aracy só se dava por satisfeita quando os via embarcando e a salvo no navio. Calcula-se que quase cem vidas foram salvas pela coragem e determinação da dupla.

Embora heroica, a atuação do casal era uma atividade clandestina, e ambos tiveram cuidado para não deixar nada documentado em cartas e blocos de notas ou materiais que pudessem incriminá-los. As principais fontes do que se passou em Hamburgo são os depoimentos dos próprios sobreviventes, como os apresentados no documentário *Esse viver ninguém me tira,* dirigido por Caco Ciocler.

Mesmo após a queda do regime nazista, Aracy veio a público poucas vezes para falar sobre o que aconteceu. Em certa ocasião, ao ser questionada sobre por que arriscou seu trabalho e sua vida por desconhecidos, mesmo tendo um filho pequeno e uma mãe para sustentar, ela respondeu: “Porque era justo”.

Em 1942, Ara e Guima retornaram ao Brasil, quando o governo rompeu com a Alemanha e os países do Eixo. De volta, ela continuaria sendo companheira de inspiração, lutas, leituras e revisões das histórias do literato, uma das primeiras a saber títulos e detalhes das obras. Em 1967, Guimarães Rosa faleceu. Mas o que Aracy construiu ao lado dele ainda seria reconhecido mundialmente.

Em 1982, mais de quatro décadas após sua atuação na Alemanha nazista, Ara seria homenageada e teria seu nome gravado no Museu do Holocausto, em Israel, como uma das 18 funcionárias que trabalhavam em órgãos diplomáticos que ajudaram a salvar vidas de judeus durante o período. Além deles, outros 22 mil cidadãos de todo o mundo foram condecorados, inclusive o empresário alemão Oskar Schindler, famoso por ter inspirado o livro e o filme *A lista de Schindler*. Guimarães Rosa não foi homenageado, afinal, teve menos protagonismo do que a mulher, que, além de falsificar documentos e embarcar semitas, levou alimentos para fugitivos escondidos e transportou judeus para outros países nos porta-malas dos carros oficiais, enfim, a mulher que não mediu esforços para fazer o que "era justo" e entrou para a história como Anjo de Hamburgo.

Leituras sugeridas

Rosa JG. *Grande sertão: veredas.* 22. ed. Rio de Janeiro: Nova Fronteira, 2015.

Rosa JG. *Primeiras estórias.* 17. ed. Rio de Janeiro: Nova Fronteira, 2016.

Rosa JG. *Sagarana.* Rio de Janeiro: Nova Fronteira, 2013.

Capítulo 39

A poetisa que virou dinheiro

Pode parecer bobagem, mas estampar papel-moeda é importante para reconhecer a importância de personagens históricos. Mais do que *status*, trata-se de representatividade e de fazer com que, de mão e mão, circule uma figura que carrega consigo valores e história de lutas em prol do país.

O negócio é tão sério que ativistas feministas dos Estados Unidos se uniram em 2015 em defesa da campanha *Women On 20s*, uma iniciativa para que a nota de 20 dólares estampasse a imagem de uma mulher. Acredite: até 2015, nenhuma figura feminina havia sido impressa nas cédulas norte-americanas. A de 20 dólares, no caso, apresentava o presidente norte-americano Andrew Jackson, acusado de exterminar populações indígenas durante seu governo. O grupo de ativistas sugeria que a mudança fosse feita antes de 2020, data em que se comemora o centenário da 19ª Emenda Constitucional, que garantiu o direito de voto às mulheres estadunidenses. "Para comemorar esse marco, é apropriado elevar as mulheres a um lugar que hoje é reservado exclusivamente para homens que moldaram a história americana", explica Barbara Howard, idealizadora da campanha.*

Ao mesmo tempo em que sugeriram a alteração, as organizadoras do *Women On 20s* lançaram uma votação pela internet para eleger quem deveria estampar a cédula. Entre as opções estavam Rosa Parks (costureira negra e símbolo do movimento antissegregacionista, famosa por ter se recusado a levantar e ceder seu lugar no ônibus a um branco), Betty Friedan (escritora e líder feminista estadunidense que fundou a Organização Nacional para Mulheres) e Clara Barton (enfermeira e fundadora da Cruz Vermelha Americana). No entanto, quem levou a melhor foi Harriet Tubman, negra que nasceu na condição de escrava entre 1820 e 1825, conseguiu fugir e, ao conquistar a liberdade, arriscou a própria vida para libertar outros 300 escravos, além de ter defendido o voto feminino.

A campanha *Women On 20s* deu certo. Em abril de 2016, o Tesouro norte-americano informou que Tubman irá substituir o ex-presidente Jackson. No entanto, a alteração deve demorar cerca de uma década, período necessário para adequar a maquinaria do Escritório de Impressão e Gravura, onde são produzidos os dólares, e para serem realizados os testes de segurança. "A decisão de que uma escrava liberta e uma lutadora da liberdade como Harriet Tubman figure um dia na nota de US$ 20 é emocionante. Ela não só entregou sua vida à igualdade de raças, como lutou pelos direitos das mulheres junto a líderes pelo sufrágio feminino no país", afirmou em comunicado oficial o grupo *Women On 20s*.

Se apenas no século XXI os Estados Unidos estão reconhecendo a importância da figura feminina ao imprimir o

---

* Detalhes da campanha e mais declarações podem ser conferidos no site oficial: www.womenon20s.org.

rosto de uma dessas pioneiras na nota de dinheiro, no Brasil essa representatividade é mais antiga (embora pequena). Nas seis cédulas em circulação hoje no país está estampada o rosto de uma mulher. A face não é de nenhuma brasileira, mas uma ilustração simbólica que representa a República e apareceu pela primeira vez no quadro *A Liberdade guiando o povo,* do pintor romântico francês Eugène Delacroix. Batizado de Marianne, esse mesmo rosto também está em uma escultura muito conhecida mundialmente, a Estátua da Liberdade.

Antes de todas as notas de real terem a cara da Estátua da Liberdade, outras três mulheres apareceram nas cédulas emitidas pelo Banco Central desde 1942 – uma delas foi uma escritora famosa.

A primeira mulher a estampar uma cédula brasileira foi a Princesa Isabel, na nota de cinco centavos de cruzeiro novo que começou a circular em 1967. A nobre voltou a aparecer entre 1981 e 1987, dessa vez na nota de 200 cruzeiros. A personagem foi eleita por ter assinado a Lei Áurea, que oficializou a liberdade dos escravos negros.

A segunda brasileira a receber esse reconhecimento do Banco Central foi a poetisa Cecília Meireles, homenageada nas notas de 100 cruzeiros novos entre 1989 e 1992. Em um país onde a poesia parece ser tão menos valorizada do que a prosa, Meireles conseguiu emocionar milhares de leitores com seus versos. Quem não se lembra de sua definição, paradoxalmente particular e universal, sobre o que é liberdade? "Liberdade – essa palavra que o sonho humano alimenta: que não há ninguém que explique, e ninguém que não entenda!", escreveu.*

---

* Cecília Meireles. *Romanceiro da Inconfidência.* São Paulo: Global, 2013.

Cecília Meireles escreveu para crianças, jovens e adultos; falou sobre suas paixões, a cultura nacional e ser mulher. Foi a primeira (e única) literata a estampar uma nota até hoje. De um lado do papel-moeda, um retrato da escritora aparecia circundado por desenhos e manuscritos de sua autoria; do outro, uma criança lia, próxima a ilustrações de Meireles relacionadas a folclore, música e danças populares.

Quando se fala em literatura brasileira, a poeta não foi a primeira escritora a aparecer em uma cédula nacional. Além de Cecília Meireles, alguns literatos já foram retratados em nosso papel-moeda. O primeiro foi o fundador da Academia Brasileira de Letras (ABL), Machado de Assis, que apareceu na nota de 1.000 cruzados, entre 1987 e 1990.* A cédula em que Assis aparecia era bem mais modesta do que a da poetisa: de um lado, o rosto do escritor e o símbolo da ABL; do outro, a imagem de uma rua carioca dos tempos do romancista. Carlos Drummond de Andrade estampou notas de 50 cruzados novos, entre 1989 e 1992.** O rosto de Drummond dividiu espaço com a imagem da mesa onde o poeta escrevia seus textos e versos, as montanhas mineiras de Itabira e versos do poema "Canção amiga". O último escritor homenageado foi o poeta e prosador Mário de Andrade, que estampou os 500 mil cruzeiros entre 1993 e 1994 em meio a ilustrações que remetiam à urbanização da São Paulo da década de 1920.

A última mulher a estampar uma de nossas notas antes de ser adotado o "rosto da Estátua da Liberdade" em todas as cédulas foi "A baiana", negra símbolo da cultura afro-brasileira.

---

* A imagem foi repetida na cédula de 1 cruzado novo entre 1989 e 1990.

** A imagem foi repetida na cédula de 50 cruzeiros entre 1990 e 1992.

A mulher aparecia rodeada por elementos da cultura baiana, como o tabuleiro para preparo do acarajé e a Igreja do Senhor do Bonfim.

Três mulheres em um universo de 55 cédulas impressas entre 1942 e 1993 soa um número pouco representativo Em entrevista ao site O Guia dos Curiosos, Claudio Amato, ex--presidente da Sociedade Numismática Brasileira, que se debruça sobre o estudo histórico de moedas, informou que talvez a diferença aconteça porque a nota precisa trazer figuras importantes de uma nação. "A história brasileira foi majoritariamente construída por homens, por isso a ausência de mais mulheres nas cédulas", defendeu. A frase, infelizmente, faz sentido, apesar de machista: os principais personagens que aparecem em nossos livros ainda são homens. Eis um desafio para os pesquisadores: lançar um olhar sobre mulheres que são heroínas nacionais e contribuíram para o desenvolvimento do Brasil, apesar de desconhecidas. Após reconhecer seu legado, colocar essas mulheres em lugar de destaque no cotidiano brasileiro – seja nos livros escolares, seja nas cédulas que circulam na mão de toda a população.

Leituras sugeridas

Meireles C. *Romanceiro da Inconfidência*. São Paulo: Global, 2013.
Meireles C. *Ou isto ou aquilo*. 7. ed. São Paulo: Global, 2014.

⚜ Capítulo 40 ⚜

As declarações homofóbicas de Carlos Drummond de Andrade

Carlos Drummond de Andrade, um dos grandes amigos do médico Pedro Nava e um dos escritores que Nava mais admirava, tinha uma postura pouco inclusiva perante homossexuais. Se a poesia de Drummond enche os olhos ao tratar das tristezas vividas durante a Segunda Guerra Mundial, da emoção de estar apaixonado e das sutilezas do cotidiano, o poeta não esteve à frente do preconceito do seu tempo e, portanto, não apoiou a luta LGBT. Pelo contrário. Em entrevista a Maria Lucia do Pazo Ferreira, que se debruçava sobre o erotismo em seus poemas, Drummond declarou que pouco escreveu sobre "homossexualismo"(em sua fala, o escritor usou o termo com o sufixismo "ismo", que denota doença) por esse ser um tema que lhe provocava repugnância:

> *Devo dizer que o homossexualismo sempre me causou certa repugnância, que se traduz pelo mal-estar. Nunca me senti à vontade diante de um homossexual. Com o tempo, havendo agora uma abertura imensa*

*com relação ao desvio da homossexualidade, o homossexual não só ficou sendo uma pessoa com autorização para ir e vir como tal, mas chega a ponto de isto ser exaltado como riqueza de experiência, como acrescentamento da experiência masculina. [...] Mas exatamente por isso, porque o homossexualismo nunca foi um fato que me interessasse poeticamente, nem mesmo na vida real.**[*]

Em uma época de conquistas para a comunidade LGBT, as declarações do poeta caíram como uma luva para jornalistas explorarem o assunto. Em entrevista à revista *IstoÉ*, no ano seguinte, Drummond manteve a fala:

É desvio, é um problema de ordem médica, que pode ser tratado ou não, pode ser remediado ou não, conforme condições peculiares do indivíduo. Não é aquilo que antigamente se chamava pecado. [...] Por mais que se façam essas experiências, a relação homem-mulher é ideal, é a mais perfeita do mundo, não tem substitutivo, não.

Segundo o jornal *Folha de S.Paulo*, o Grupo Gay da Bahia teria enviado um abaixo-assinado ao escritor, lastimando suas afirmativas. "Não há perfeição em ser branco nem em ser preto. Essas coisas, tipo raça, religião, preferência sexual, são privativas de cada ser humano, nem aos poetas autorizando-se decretar onde está a perfeição", escreveu o antropólogo Luiz Mott, que assinou o documento. Embora guardada no acervo pessoal do poeta, a carta nunca teria sido respondida.[**]

---

* A entrevista faz parte da tese *O erotismo nos poemas inéditos de Carlos Drummond de Andrade*, de Maria Lucia do Pazo Ferreira (Rio de Janeiro: UFRJ, 1992).

** Marcelo Bortoloti. "A homossexualidade na vida e na obra de Carlos Drummond". *Folha de S.Paulo*. 26 de julho de 2015.

Na obra literária do autor, a única vez em que o tema da homossexualidade aparece é no poema “Rapto”, do livro *Claro enigma*. Em entrevista a Maria Lucia do Pazo Ferreira, Drummond esclareceu que remeteu à mitologia grega para explicar a homossexualidade. Segundo esse mito, Júpiter teria se apaixonado por um rapaz, Ganimedes. Para possuí-lo, se transformou em águia, desceu à Terra, bicou o jovem e o levou para viver no Olimpo. Lá, Júpiter transformou Ganimedes em uma figura engraçada que servia os convidados, uma espécie de bobo da corte. Essa seria a tese para o surgimento da homossexualidade.

No poema drummondiano, o “tornar-se gay” é preservado, não sendo consequência de um rapto de uma ave, mas de jovens seduzidos por boates noturnas. Apesar da visão estereotipada, se há um afago em toda essa história é que, nos últimos versos, o poeta escreveu que as relações homoafetivas são “outra forma de amar no acerbo amor”.

Carlos Drummond de Andrade vivia em uma sociedade que, embora estivesse avançando nas discussões e lutas pelas liberdades individuais, ainda era pouco amável com LGBTs. E embora o poeta tenha estado na vanguarda de muitas discussões humanistas, interpretado como poucos a desumanidade da guerra e, com palavras e versos, tornado épico o cotidiano, escrevendo textos empáticos e pacificadores, sua postura perante homossexuais parece ter sido tão conservadora quanto outras vozes de seu tempo.

Leituras sugeridas

Andrade CD. *Claro enigma*. São Paulo: Companhia das Letras, 2012.

Andrade CD. *A rosa do povo*. São Paulo: Companhia das Letras, 2012.
Andrade CD. *Sentimento do Mundo.* São Paulo: Companhia das Letras, 2012.

⚜ Capítulo 41 ⚜

Clarice Lispector, uma entrevistadora de almas

Autora de *A paixão segundo G.H.*, *Água viva* e de outras obras-primas da literatura brasileira, Clarice Lispector é, ao lado de Guimarães Rosa e Machado de Assis, nossa literata mais estudada nas universidades. Juntamente com Caio Fernando Abreu e Martha Medeiros, talvez também suba no pódio na categoria presença em redes sociais (embora muitas das citações a ela atribuídas não sejam de sua autoria). Tantos trabalhos acadêmicos e tamanha popularidade na internet são apenas dois indicativos da abrangência e da atualidade da obra da escritora.*

O que muitos não sabem é que a ucraniana trazida para o Brasil ainda bebê, que incendiou sua casa ao esquecer um cigarro aceso ao ir dormir e participou de um Congresso Internacional de Bruxaria em Bogotá, também foi uma grande entrevistadora, tendo realizado entrevistas memoráveis, verdadeiros exemplos para grandes jornalistas.

---

* Um dos trabalhos mais completos é a biografia *Clarice,* (lê-se: Clarice vírgula), de Benjamin Moser (São Paulo: Companhia das Letras, 2017. 2. ed.).

A atuação de Clarice na imprensa começou em 1940, em plena Segunda Guerra Mundial. Enquanto repórteres e editores se debruçavam sobre o sangue que jorrava do conflito que se desdobrava além do Atlântico, a literata se dedicava a pequenas notas, entrevistas e perfis sobre os mais variados temas, navegando da moda feminina à cultura brasileira. Um de seus grandes talentos, no entanto, se revelou quando Clarice pegou um bloquinho de anotações, escreveu algumas perguntas e buscou personalidades para entrevistar, ou melhor, para conversar.

O volume mais extenso da obra de Clarice Lispector como entrevistadora foi produzido no final dos anos 1960. Para a revista *Manchete*, entre maio de 1968 e outubro de 1969, a escritora assinou a coluna *Diálogos possíveis com Clarice Lispector*, totalizando 59 conversas. Para a *Fatos e Fotos/ Gente,* foram 24, feitas entre dezembro de 1976 e outubro de 1977, dois meses antes de seu falecimento, em 9 dezembro do mesmo ano.

Para além de um diálogo seco entre uma jornalista e sua fonte, as entrevistas de Clarice Lispector eram uma conversa íntima entre duas pessoas sobre temas caros ao ser humano, desbravavam o insólito e tocavam em pontos dos quais o jornalismo convencional não se aproximava. Num ambiente em que as entrevistas iam se tornando tão automáticas e sem vida, feitas com base em manuais de redação, Clarice desbravava o que estava sob a superfície de seus entrevistados. Era como se ela mergulhasse na alma do seu interlocutor e explorasse suas profundezas. Em entrevista à jornalista Isa Cambará, da revista *Veja,* Clarice reconheceu que, ao buscar o íntimo do outro, acabou expondo detalhes de seu próprio eu:

Eu me expus nessas entrevistas e consegui assim captar a confiança de meus entrevistados a ponto de eles próprios se exporem. As entrevistas são interessantes porque revelam o inesperado das personalidades entrevistadas. Há muita conversa e não as clássicas perguntas e respostas.

Clarice ultrapassou o nível do bate-papo enfiando o dedo nas feridas de quem estava entrevistando. Ao conversar com o poeta e psicanalista Hélio Pellegrino, por exemplo, a entrevistadora fez um questionamento metafísico inesperado e recebeu uma resposta tão inesperada quanto:

— Você quereria ter outras vidas? Era o meu sonho ter várias. Numa eu seria só mãe, em outra vida eu só escreveria, eu outra eu só amava.

*— Sou um homem de muitos amores – isto é, de muitos interesses – e para tão longos amores, tão curta é a vida. Não há ninguém que consiga, no tempo de uma vida, esgotar todas as suas possibilidades. Se me fossem dadas outras e outras vidas, gostaria de ser: a) filosofo profissional; b) romancista; c) marido de Clarice Lispector, a quem me dedicaria com veludosa e insone dedicação.**

A escritores, músicos e cientistas, Clarice perguntou o essencial, que muitas vezes não é questionado: "Quem é você?", "Qual a coisa mais importante do mundo?","O que é o amor?". As respostas eram sempre uma surpresa. De Fernando Sabino, ouviu que "Amor é dádiva, renúncia de si mesmo na aceitação do outro". O poeta Pablo Neruda foi mais direto e apenas falou, curto e grosso, "O amor é o amor". Chico Buarque respondeu que não sabia e emendou: "E

* Clarice Lispector. *De corpo inteiro*. Rio de Janeiro: Rocco, 1999.

você?". Clarice finalizou: "Nem eu". Do físico Mário Schenberg, a entrevistadora arrancou uma definição mais poética: "É uma dessas coisas que não se pode explicar em palavras. O amor não é puramente emocional. É mais profundo do que isso. Acho que o sentimento do dever é uma das formas mais altas de amor porque é uma das coisas que mais nos ligam uns aos outros". Após registrar a fala do entrevistado, a jornalista anotou: "Ele fechara os olhos enquanto falava e continuou por uns instantes de olhos fechados. A impressão que dá é de que, a cada pergunta, ele se consulta antes". Ao descrever os gestos do entrevistado e detalhes da cena, era como se Clarice quisesse trazer o leitor para a conversa, apresentando o entrevistado em sua totalidade, para além das palavras.

Em suas conversas, nada era previsível. Prova disso é seu diálogo com Vinicius de Moraes, no qual ela pediu para o poeta escrever um poema naquele instante e no improviso. E ele escreveu – um poema lindo, por sinal.

> *— Quero lhe pedir um favor: faça um poema agora mesmo. Tenho certeza de que não será banal. Se você quiser menestrel, fale o seu poema.*
>
> *— Meu poema é em duas linhas: você escreve uma palavra em cima e a outra embaixo porque é um verso. É assim:*
>
> *Clarice*
>
> *Lispector*
>
> *Acho lindo o teu nome, Clarice.*

Semanalmente, a coluna de Clarice revelava uma personalidade famosa e parte da própria escritora. Recentemente organizadas no livro *Clarice Lispector: entrevistas* por Claire Williams (Rocco, 2007), essas conversas são provas de que entrevistas e diálogos, quando ultrapassam a frieza e a mecanicidade do jornalismo convencional, podem revelar as profundezas do ser humano. Podem também ser o caminho para desvendar o mito, por vezes pintado como bruxa, por vezes pintado como santa, Clarice Lispector.* Como afirmou a própria escritora em uma de suas entrevistas:

> Uma das coisas que me deixam infeliz é essa história de monstro sagrado: os outros me temem à toa, e a gente termina se temendo a si própria. A verdade é que algumas pessoas criaram um mito em torno de mim, o que me atrapalha muito: afasta as pessoas e eu fico sozinha. Mas você sabe que sou de trato muito simples, mesmo que a alma seja complexa.

Leituras sugeridas

Lispector C. *Clarice Lispector: entrevistas.* Rio de Janeiro: Rocco, 2007.

Lispector C. *A hora da estrela.* Rio de Janeiro: Rocco, 1998.

Lispector C. *A paixão segundo G.H.*. Rio de Janeiro: Rocco, 1998.

Lispector C. *Água viva.* Rio de Janeiro: Rocco, 1998.

* A quem quiser se aprofundar na faceta de entrevistadora de Clarice, sugiro a leitura da dissertação de mestrado *Diálogos possíveis com Clarice Lispector: as entrevistas de uma escritora jornalista*, de Vera Helena Saad Rossi, defendida na Pontifícia Universitária Católica (PUC) de São Paulo.

Capítulo 42

A vida de Nelson Rodrigues como ela é

Nelson Rodrigues foi o quinto de catorze filhos. Oriundo de uma família com muitas bocas para sustentar e sem muito dinheiro, começou a trabalhar aos 13 anos e aos 15 largou completamente a escola para ajudar com as despesas de casa. Era repórter policial no jornal de seu pai, *A manhã.* Adolescente, já mostrava talento incomum para levantar informações e narrar crimes. Por problemas administrativos e financeiros, seu pai saiu da sociedade do jornal e abriu um novo, *Crítica,* o periódico que resolveria as contas da família, mas também colocaria fim à sua paz.

Tudo aconteceu em 26 de dezembro de 1929. No jornal familìar, trabalhavam os irmãos Nelson, Mário Filho e Joffre, como repórteres da editoria de Esportes, e Roberto, como ilustrador. Na edição pós-Natal, *Crítica* publicou uma reportagem de capa sobre a separação da escritora Sylvia Serafim Thibau do médico João Thibau Jr., insinuando que o motivo do rompimento teria sido a traição da esposa.

Sylvia leu a reportagem e não gostou. À tarde, foi à redação do jornal à procura de Mário Rodrigues, pai de Nelson.

Um auxiliar informou que ele não estava e perguntou se Roberto, o ilustrador, poderia atendê-la. A mulher concordou e Roberto a recebeu em uma sala particular. Ao fechar a porta, mal ele se virou para ouvi-la se deparou com um revólver calibre .22, que disparou em sua direção duas vezes. Gritou. A autora dos disparos passou por cima do corpo de Roberto e, para o repórter que encontrou na saída do jornal, teria desabafado: "Vim para matar Mário Rodrigues, matei o filho. Estou satisfeita". Na sala ao lado, Nelson Rodrigues ouviu a cena, que décadas mais tarde relataria na crônica "O grito":

> *Roberto levou o tiro ao entrar. Parei com o estampido. E veio, quase ao mesmo tempo, o grito. Não apenas o grito do ferido, mas o grito de quem morre. Não era a dor, era a morte. Ele sabia que ia morrer, eu também sabia. [...] Estava, ali, deitado, certo, certo, de que ia morrer. Pedia só para não ser tocado. Qualquer movimento era uma dor jamais concebida. [...] Nunca mais me libertei do seu grito. Foi o espanto de ver e de ouvir, foi esse espanto que os outros não sentiram na carne e na alma. E só eu, um dia, hei de morrer abraçado ao grito do meu irmão Roberto.**

Depois de três dias agonizando no hospital, Roberto morreu. Tinha 23 anos. O incidente desestruturou a família Rodrigues, que se afundou de vez. Mário, chefe da família, dono do jornal e quem deveria ter morrido no lugar do filho, entrou em um período de angústia, culpando-se por não ter sido ele a vítima. Entregou-se à bebida, ao cigarro, às faltas de cuidados consigo mesmo. Em três meses, faleceu, vítima de encefalite aguda e hemorragia. A escritora autora do disparo

---

* Nelson Rodrigues. "O grito". In: *O reacionário: memórias e confissões*. 2. ed. Rio de Janeiro: Nova Fronteira, 2016.

foi julgada em agosto de 1930. O advogado de defesa alegou que a ré teve seus motivos para atirar, que estava descontrolada por ter sido vítima de uma publicação difamatória contra sua honra. Foi inocentada. Um ano depois, *Crítica* foi fechado pelo governo e a família de Nelson Rodrigues se viu, outra vez, diante da pobreza.

Era como se tudo o que pudesse dar errado tivesse dado: o irmão assassinado, o pai morto meses depois, a atiradora absolvida, a falência da família, a miséria e a fome. Parecia não haver como piorar ainda mais a situação. Mas, no fim do túnel, surgiu uma luz: Mário Filho foi contratado para trabalhar no jornal *O Globo,* para onde conseguiu levar também os outros irmãos nos meses seguintes. No entanto, a luz no fim do túnel durou pouco.

Em 1934, Nelson descobriu estar com uma das doenças mais temidas por escritores ao longo da história, a tuberculose. Felizmente, ao contrário do romântico Álvares de Azevedo, o então repórter teve a oportunidade de se tratar em um dos hospitais mais renomados da época, o Sanatorinho, como era conhecido o Hospital S1 da Associação dos Sanatórios Populares de Campos do Jordão (SP).

No livro de memórias *A menina sem estrelas,* o escritor rememorou o período de internação, vivido entre a esperança de sair vivo, o medo de ser o próximo a morrer e a angústia compartilhada ao lado de pacientes à beira da morte. Nelson revelou que dormia em uma cama próxima a uma janela, de onde conseguia respirar melhor o ar fresco das montanhas da cidade localizada na serra da Mantiqueira. A rotina era enfadonha. Café da manhã das 7h às 9h, almoço às 11h30, repouso das 13h às 15h, febres e tosses coletivas à tarde, jantar às 18h, febres e tosses coletivas mais intensas à noite.

Entre uma tosse e outra, um dia febril e outro, Nelson fez amigos. Na biografia *O anjo pornográfico* (Companhia das Letras, 1992), Ruy Castro conta que o escritor escreveu sua primeira peça de teatro no período em que passou no Sanatorinho. Respeitado pelos outros internados, que o tinham como um intelectual, um dia teria recebido o pedido de redigir uma peça para que todos encenassem e, ao se divertirem, esquecessem da razão pela qual estavam ali. Não deu muito certo (ou, talvez, deu certo demais!). Os tuberculosos mal começaram a interpretar o texto de Nelson e caíram em uma crise de riso contagiante, que evoluiu para uma crise coletiva de tosse, para o desespero das enfermeiras.

Ao lado dos novos amigos, Nelson ouviu muitos homens esquecidos por suas esposas, pais e filhos desabafarem. Era o depoimento de quem não recebia uma carta nem uma visita, de quem estava meses seguidos sem dar um beijo na boca, tampouco ter relação sexual.

Um dos trechos mais curiosos de seu diário é o relato do dia em que um cavalo árabe e uma égua se encontraram no pasto diante das janelas do hospital e, impávidos e atiçados, todos os pacientes deixam a cama para observar o namoro dos animais:

> *Já tocara o repouso absoluto. Duas e tanto da tarde. E todos os doentes, inclusive os febris, apinhavam as janelas. Fui um dos que subiram na cama e espiaram a cena. O cavalo rondava, grave e triste, a companheira. Entre os dois, uma distância de uns dez metros. Os doentes esperam cinco, dez, quinze minutos. Um de nós grita: — "Vai, seu bobo!". Outro esbraveja: — "Não quer nada!". Houve um momento em que o animal se afastou. Rompeu um desespero no Sanatorinho.*
>
> *Ele está longe, olhando para o fundo da tarde. Até que, de repente, volta. O sanatório, em peso, deixa de respirar. Ardiam, em todas as ja-*

nelas, as fomes de sexo. O desejo anônimo e geral também pastava. Ninguém dizia nada. Um internado, que ia morrer dois dias depois, agarrava-se ao vidro, na dispneia pré-agônica. Não sei quanto tempo passamos, ali, com as sacadas debruçadas sobre aquele amor. Depois, ainda olhamos o cavalo que se retirava, levando a tristeza grave da posse acrobática. Os doentes saíram das janelas, numa desesperada euforia.[*]

Durante 14 meses, enquanto se recuperava, o escritor viu amigos saírem febris do quarto e nunca mais retornarem, sentiu a distância dos que deixara no Rio de Janeiro e tornou-se companheiro de quem compartilhava da mesma doença. Nelson Rodrigues teve alta em 1935 e voltou para casa tomado pela esperança de nunca mais sentir a angústia daquele lugar. Mal sabia ele que sua vida seria marcada por sucessivas recaídas e que o Sanatorinho seria constante em sua biografia. Aliás, já no ano seguinte teve de voltar àquele ambiente. Dessa vez, o tuberculoso não era ele, mas seu irmão Joffre, que não teve a mesma sorte e morreu aos 21 anos.

Se Nelson tivesse escrito uma autobiografia – quem sabe um *A vida como ela é de Nelson Rodrigues* –, talvez não tivesse sido dos textos mais felizes. Seus primeiros 30 anos foram marcados por mortes, assassinatos, pobreza, trabalho duro, doenças e despedidas.

Sua sorte começou a mudar apenas em 1943, aos 31 anos, quando foi encenada a sua peça (tirando a do Sanatorinho, claro), *Vestido de noiva*. A recepção crítica foi positiva e considerou o texto o pioneiro do teatro moderno nacional. O público lotou as exibições, dividindo-se entre os que gosta-

* Nelson Rodrigues. *Memórias: a menina sem estrelas*. Rio de Janeiro: Agir, 2009.

vam e os que se chocavam. E, o melhor, nenhuma enfermeira precisou ser chamada para socorrer um espectador prestes a morrer de falta de ar! A partir de então, Nelson mergulhou na escrita de outras peças, conseguiu emprego em um jornal que pagava melhor, nos *Diários Associados*, e começou a assinar folhetins, livros e crônicas. Nelson Rodrigues se tornou um dos dramaturgos mais importantes da história do Brasil e um dos cronistas mais lidos do século XX. Enfim, viveu dias melhores, embora perseguido pelas lembranças.*

O escritor morreu em 1980, vítima de trombose, insuficiências respiratória, cardíaca e pulmonar – talvez abraçado ao grito do irmão assassinado, talvez abraçado ao sofrimento dos homens tristes que encontrara ao longo da vida após aquele tiro, talvez abraçado à sua própria solidão, tal qual um tuberculoso esquecido no Sanatorinho.

Leituras sugeridas

Rodrigues N. *A vida como ela é...* 3. ed. Rio de Janeiro: Nova Fronteira, 2012.

Rodrigues N. *Memórias: a menina sem estrelas*. Rio de Janeiro: Agir, 2009.

Rodrigues N. *Vestido de noiva.* 11. ed. Rio de Janeiro: Nova Fronteira, 2009.

Rodrigues N. *Toda nudez será castigada*. 3. ed. Rio de Janeiro: Nova Fronteira, 2012.

* Ao leitor que desejar se aprofundar na vida de Nelson Rodrigues, sugiro a biografia *O anjo pornográfico,* de Ruy Castro (São Paulo: Companhia das Letras, 1992).

Parte 5

As entrelinhas da ditadura

A década de 1930 foi um período agitado na história política brasileira. Já no ano de virada, um golpe armado derrubou o presidente eleito Júlio Prestes e colocou no poder Getúlio Vargas, o candidato derrotado nas eleições. O momento era de instabilidade. Após quatro décadas da alternância de presidentes paulistas e mineiros, período conhecido como da política café com leite ou República Velha, os poderosos paulistas decidiram colocar fim ao "combinado" com os vizinhos e indicaram um presidente às eleições. A escolha deu certo e Júlio Prestes ganhou a disputa. Sem aceitar a derrota, os mineiros apoiaram o candidato gaúcho derrotado, Getúlio Vargas, a promover um golpe armado. À força, Vargas passou por cima da Constituição, exilou Prestes e tomou o poder. Começava a Era Vargas.

Durante quatro anos, Vargas governou o Brasil provisoriamente e enfrentou uma época de tensões e revoluções de militantes que, inconformados com o golpe, clamavam por novas eleições. Mesmo abafando os revolucionários, atendeu aos seus anseios e, em 1933, instalou uma Assembleia Nacional Constituinte, responsável pela criação de uma nova Constituição, que entrou em vigor em 1934. Em um ano em que o novo presidente seria eleito pelo Congresso, Getúlio Vargas conquistou a maioria dos parlamentares e ganhou mais quatro anos à frente do Palácio do Catete.

Três anos depois, em 1937, às vésperas de completar o mandato e deixar o cargo, Getúlio dissolveu o Congresso e publicou uma nova Constituição, que lhe dava amplos poderes, inclusive o de tirar e colocar os representantes que bem entendesse no poder. Ao seu lado, tinha os militares e a classe média, que temiam um plano comunista de conquista do Brasil. Era o primeiro ato do Estado Novo, uma ditadura na qual quem não compartilhasse das mesmas opiniões do presidente era duramente reprimido.*

Muitos foram os literatos e artistas que sofreram nas mãos de Vargas. Isso porque, além de prender seus opositores, o ditador assinou um decreto que criava o Departamento de Imprensa e Propaganda (DIP), órgão responsável por produzir propagandas que transmitissem uma imagem positiva do governo e era autorizado a censurar jornais, livros e qualquer espécie de material que pudesse desestabilizar a ordem pública.

Apenas nove dias após instituir o Estado Novo, em 19 de novembro de 1937, Vargas já fazia uma caça às bruxas aos intelectuais opositores. Nessa data, centenas de baianos se aglomeraram em frente à Escola de Aprendizes de Marinheiros, em Salvador. Assistiam a uma pilha de 1.821 livros ser queimada a céu aberto, se transformar em uma fumaça que

* A quem quiser se aprofundar na Era Vargas e na vida desse presidente, indico a leitura da premiada trilogia *Getúlio* (São Paulo: Companhia das Letras, 2012-2014., do jornalista Lira Neto, um dos trabalhos mais ricos já escritos sobre essa figura).

cobria a parte baixa próxima ao Elevador Lacerda. O episódio era resultado de uma ordem de um interventor recém-nomeado na Bahia, o coronel Antônio Fernandes Dantas, que mandou que os militares passassem por todas as livrarias da cidade e apreendessem os livros que fizessem propaganda de ideias revolucionárias – do credo vermelho, como ele costumava se referir aos adeptos do comunismo.*

Entre as obras incendiadas, 1.694, mais de 90% eram do escritor Jorge Amado, conhecido por sua prosa social, em que dava voz a personagens que faziam parte do dia a dia de Salvador e à cultura popular, além de ser famoso por enfiar o dedo em feridas que incomodavam o governo, como a liberdade religiosa, a discriminação racial e as greves trabalhistas. *Cacau, Mar morto* e *Capitães da areia* estavam estre os romances que viraram cinzas.

Não era a primeira vez que Amado sofria com Vargas. Aliás, o escritor estava preso quando foi feita uma fogueira com seus livros, tendo tido conhecimento do ocorrido de dentro do xadrez. Na vida política, era membro do Partido Comunista e, na literária, fazia denúncias sociais que comprometiam a imagem de Vargas, como em *Capitães da areia,* romance que narra as aventuras de um grupo de meninos de rua, as violências a que são submetidos e o descaso do governo de que eram vítimas. O resultado era que, na década de 1930, o escritor baiano viu em diversos momentos seus livros serem vítimas da censura e a iminência (e a concretização) da prisão. Era o preço pago por não se manter calado.

---

* Conforme documentos publicados na reportagem "Ditadura Vargas incinerou em praça pública 1.640 livros de Jorge Amado", no jornal baiano *Correio*, em 10 de agosto 2012.

Tinham de si apenas a liberdade de correr as ruas. Levavam vida nem sempre fácil, arranjando o que comer e o que vestir, ora carregando uma mala, ora furtando carteiras e chapéus, ora ameaçando homens, por vezes pedindo esmola. E o grupo era de mais de cem crianças, pois muitas outras não dormiam no trapiche. Se espalhavam nas portas dos arranha-céus, nas pontes, nos barcos virados na areia do Porto da Lenha. Nenhuma delas reclamava. Por vezes morria um de moléstia que ninguém sabia tratar. Quando calhava vir o padre José Pedro, ou a mãe-de-santo Don'Aninha ou também o Querido-de-Deus, o doente tinha algum remédio. Nunca, porém, era como um menino que tem sua casa. O Sem-Pernas ficava pensando. E achava que a alegria daquela liberdade era pouca para a desgraça daquela vida.[*]

Outro escritor que sofreu nas mãos de Getúlio Vargas foi Graciliano Ramos, que chegou a passar dez meses na prisão sem um mandado oficial. Tudo começou em novembro de 1935, quando a Aliança Nacional Libertadora (ANL) fez uma série de levantes contra o governo. Após reprimir os protestos, Vargas promoveu uma caça aos intelectuais comunistas, democratas e progressistas que pudessem estar ligados à ANL. O Presidente da República queria isolar os inimigos do seu governo. "O levante do 3º Regimento e a revolução de Natal haviam desencadeado uma perseguição feroz. Tudo se desarticulava, sombrio pessimismo anuviava as almas, tínhamos a impressão de viver numa bárbara colônia alemã. Pior: numa colônia italiana", escreveria mais tarde Graciliano em *Memórias do cárcere,* comparando Vargas aos governos nazistas e fascistas que estavam no poder na Europa.

---

* Jorge Amado. *Capitães da areia*. São Paulo: Companhia das Letras, 2008.

Preso em Maceió, no estado de Alagoas, sem documento que autorizasse sua prisão, o escritor foi transportado para o Rio de Janeiro no porão de um navio. Na nova prisão, foi mantido em celas com prisioneiros comuns, mesmo sendo um preso político. Os dez meses em que permaneceu preso lhe serviram para escrever *Memórias do cárcere,* livro em que narra atrocidades, angústias e medos dos dias que passou na cadeia. A obra, publicada apenas em 1953, é dos registros autobiográficos mais dramáticos escritos por um literato brasileiro preso.

> *O mundo se tornava fascista. Num mundo assim, que futuro nos reservariam? Provavelmente não havia lugar para nós, éramos fantasmas, rolaríamos de cárcere em cárcere, findaríamos num campo de concentração. Nenhuma utilidade representávamos na ordem nova. Se nos largassem, vagaríamos tristes, inofensivos e desocupados, farrapos vivos, fantasmas prematuros; desejaríamos enlouquecer, recolhermo-nos ao hospício ou ter coragem de amarrar uma corda ao pescoço e dar o mergulho decisivo. Essas ideias, repetidas, vexavam-me; tanto me embrenhara nelas que me sentia inteiramente perdido.**

A quinta e última parte deste livro reúne histórias de escritores, jornalistas e livros publicados nos dois períodos marcados por regimes ditatoriais, o Estado Novo de Getúlio e a ditadura militar iniciada em 1964. São capítulos que narram quem bateu de frente com o governo, como o escritor Monteiro Lobato, e acabou sendo preso por suas ideias; e também as aventuras de quem, por meio de artimanhas e ambiguidades, conseguiu criticar sem ser censurado, como o gaúcho

---

* Graciliano Ramos. *Memórias do cárcere*. Rio de Janeiro: Record, 2008.

Erico Verissimo, que se utilizou de zumbis para driblar o regime militar. É apresentado também o outro lado de Rachel de Queiroz, literata conhecida por sua prosa social, mas que apoiou a tomada de poder pelos militares em 1964, além de desvendar um momento pouco conhecido da vida do *best-seller* Paulo Coelho – o episódio em que foi preso e torturado pela ditadura. Foram tempos sombrios para as letras brasileiras, quando as palavras foram vigiadas, as entrelinhas cobradas com tortura e o silêncio pôde ser uma voz potente.

Também são apresentados fatos curiosos do mesmo período, como a atuação de José Lins do Rego como membro da Seleção Brasileira de Futebol e os dias difíceis vividos pelo primeiro repórter de guerra brasileiro, Joel Silveira, no norte da Itália durante a Segunda Guerra Mundial. Finalmente, em um dos capítulos, são lembradas a determinação de João Antônio para reescrever um livro queimado em um incêndio e uma série que marcou gerações de leitores, a Coleção Vaga-Lume.

Talvez sejam capítulos menos alegres do que os que compõem as partes anteriores, mas necessários para compreender a vida e a obra das obras nacionais desse período sombrio.

CAPÍTULO 43

MONTEIRO LOBATO, O EMPREENDEDOR PRESO POR VARGAS

Era 21 de março de 1941 quando Monteiro Lobato foi fotografado no Laboratório Técnico de Fotografia do Gabinete de Investigações do estado de São Paulo. O popular escritor, famoso por dar vida ao sítio mais famoso do Brasil, vestia um traje de gala, mas não fazia poses para celebrar. Pelo contrário, Lobato estava sendo preso por injúria aos poderes públicos e à figura do presidente Getúlio Vargas. Nos três meses seguintes, veria o sol nascer quadrado.*

A história do literato com o petróleo, que o levaria para trás das grades, começou anos antes, no final da década de 1920. Depois de não ver sua carreira como advogado deslanchar e fracassar ao tentar administrar as terras de uma fazenda da família, o criador da boneca de pano Emília, personagem do Sítio do Picapau Amarelo, decidiu abrir uma editora de

* As informações jurídicas deste capítulo se basearam nos documentos de *A prisão de Monteiro Lobato*, artigo de Hilário Freire e Waldemar Medrado Dias, disponível no site da OAB-SP.

livros, a Monteiro Lobato e Cia. Por ela, publicou obras inéditas e republicou livros consagrados, como *Urupês* e *Ideias de Jeca Tatu*.

Em 1926, já influente no mercado literário e editorial, o escritor de Taubaté ousou escrever uma carta ao presidente Washington Luís, discorrendo sobre a importância de se investir em livros para o desenvolvimento da economia e da cultura do Brasil. Deu mais certo do que ele poderia imaginar. O presidente viu no literato não apenas um homem preocupado com a literatura brasileira, mas um erudito atento ao crescimento do país. Resultado: Monteiro Lobato foi convidado pelo presidente para ser adido comercial do Brasil nos Estados Unidos e observar as estratégias de desenvolvimento adotadas pelo governo norte-americano. Nada mau...

No ano seguinte, Lobato deixou a terra de Jeca Tatu rumo à pátria do Tio Sam. Lá, viveria quatro anos, período em que mergulharia nas nuances da economia dos Estados Unidos e voltaria com a convicção de que, para uma nação se desenvolver, ela precisava investir em estradas de ferro, rodovias e petróleo. De lá, escreveu uma carta ao presidente concordando que, sim, "governar é construir estradas". Washington Luís, como se sabe, levou essa máxima tão a sério que seu próprio nome acabou batizando mais de uma rodovia.*

Quando o escritor retornou ao Brasil, em 1931, o governo já era outro e comandado por Getúlio Vargas, líder que parecia ter como nenhuma prioridade investir em ferro, petróleo e estradas. Aliás, a exploração do subsolo era algo que

* Para se aprofundar na vida do escritor Monteiro Lobato, sugiro a leitura do livro *Monteiro Lobato: intelectual, empresário e editor*, de Alice Mitika Koshiyama (São Paulo: Edusp/Com-Arte, 2006).

nem passava pela mente do novo presidente, que julgava que, se houvesse jazidas no Brasil, companhias norte-americanas já teriam conhecimento e estariam de olho no nosso ouro negro. A realidade é que o governo não tinha nem especialistas com conhecimento técnico nem tecnologia de ponta para buscar e prospectar petróleo. Sem a infraestrutura e gente capacitada, apoiava-se em desculpas.

A falta de interesse oficial fez com que Monteiro Lobato se lançasse em uma briga e transformasse a exploração do petróleo em uma causa pessoal e uma profissão – que lhe causou dor de cabeça, dias na cadeia e dinheiro perdido. Ainda em 1931, o escritor criou a Companhia Petróleos do Brasil, cujo objetivo era encontrar e retirar petróleo do subsolo brasileiro. Em quatro dias, a empresa vendeu quase metade de suas ações e, visionário, Lobato decidiu investir a grana na abertura de outros quatro empreendimentos do setor: Companhia Petróleo Nacional, Companhia Petrolífera Brasileira, Companhia de Petróleo Cruzeiro do Sul e Companhia Mato-Grossense de Petróleo. A estratégia era explorar terras próximas a áreas onde o ouro negro já havia sido descoberto, como a fronteira com a Bolívia.

Mas nem tudo foi tão simples. O governo getulista, desinteressado por essa atividade, publicava medidas para dificultar as companhias do escritor, aumentando suas barreiras e beneficiando as estrangeiras do ramo. Em 1935, exausto de ser prejudicado pelas medidas oficiais, o literato escreveu uma carta ao presidente acusando-o de dificultar seu negócio e favorecer petrolíferas como a argentina Standard Oil Company:

Nossas melhores jazidas de minérios já caíram em mãos estrangeiras e no passo em que as coisas vão o mesmo se dará com as terras potencialmen-

*te petrolíferas. E já hoje ninguém poderá negar isso visto que tenho uma carta em que o chefe dos serviços geológicos da Standard ingenuamente confessa tudo, e declara que a intenção dessa companhia é manter o Brasil em estado de "escravização petrolífera".**

Nos anos seguintes, Lobato publicou livros que defendiam a exploração do petróleo por brasileiros, promoveu palestras e muita conversa com gente influente para tentar mudar os rumos políticos da exploração do subsolo brasileiro. Em vão.

Talvez muitos não se lembrem, mas até o Sítio do Pica-pau Amarelo foi usado pelo autor para propagar suas ideias. Em *O poço do Visconde*, Lobato criou um país que estava "oficialmente proibido de ter petróleo", mas que, paradoxalmente, se transformou no maior detentor mundial dessa matéria-prima. Conforme apresentava a situação paradoxal, o escritor criticava o governo e as empresas estrangeiras que exploravam o país, ao mesmo tempo em que ensinava o público infantil sobre a importância desse combustível para a economia nacional.

O jogo começou a virar em 1938, quando o governo encontrou a primeira jazida de petróleo em território nacional. Coincidentemente, a cidade da descoberta se chamava Lobato, na Bahia. Começou, então, a discussão sobre quem deveria explorar essa matéria-prima. Uma campanha nacionalista, encabeçada pelo escritor, sintetizada na máxima "O petróleo é nosso", ganhou o país e defendeu que a exploração deveria ser feita por brasileiros. De nada adiantou.

---

* Carta escrita por Monteiro Lobato a Getúlio Vargas, em 20 de janeiro de 1935.

Dois anos depois, sem o debate ter caminhado, o literato decidiu escrever algo bem comum em sua carreira: não, não foram livros. Foram mais cartas ao presidente! Dessa vez, acusou o governo de adiar a criação de uma grande indústria petroleira nacional a fim de favorecer empresas estrangeiras. A carta, que também foi encaminhada ao general Góes Monteiro, chefe do Estado-Maior do Exército, não foi vista com bons olhos, e o escritor passou a ser investigado por injùria à figura do presidente e aos interesses nacionais. Após quase um ano de investigações e julgamentos, foi promulgada a sentença: Monteiro Lobato foi condenado a seis meses de prisão sem direito a banhos de sol.

A pena foi como uma facada cravada no peito do escritor. Depois de passar anos perdendo dinheiro por conta das leis que prejudicavam as petrolíferas nacionais, o escritor viu-se humilhado e privado de sua liberdade. Seus advogados argumentavam que a carta fora escrita devido à proximidade entre Lobato e Vargas, que o conteúdo era privado e não fora divulgado, o que fazia com que a imagem do líder e a do governo não tivessem sido manchadas perante o povo. Sem contar que o literato era um homem público e passara a vida lutando em prol de um Brasil melhor. Depois de três meses, Getúlio assinou um decreto em que anulava a pena e colocava fim aos dias de reclusão do escritor.

Mas a luta do literato-empreendedor nunca mais foi a mesma. Depois desse episódio, Monteiro Lobato ficou tão desgostoso com o governo e com as políticas nacionais em relação ao petróleo que se distanciou do tema. Passou os últimos anos de sua vida vendo o governo brasileiro, que o prendera e o empobrecera, mudar o discurso e levantar a tese nacionalista da exploração do nosso subsolo, uma bandeira que fora levantada inicialmente por ele. Lobato morreu em 1948, machucado intimamente pelo preço que teve que pagar por suas convicções. Faleceu sem ver ser criada, cinco anos depois, a estatal detentora do direito de explorar essa matéria-prima no Brasil, a Petrobras.

Leituras sugeridas

Lobato M. *O poço de Visconde*. São Paulo: Globo, 2010.

Lobato M. *Urupês,* de Monteiro Lobato. São Paulo: Globo, 2009.

Lobato M. *Ideias de Jeca Tatu*. São Paulo: Globo, 2008.

Capítulo 44

O CORRESPONDENTE DE GUERRA BRASILEIRO

No ano de 1944, transcorria a Segunda Guerra Mundial, o mundo se dividia entre Aliados, liderados pelos Estados Unidos e União Soviética, e países do Eixo, encabeçados pela Alemanha nazista e pela Itália fascista. Os regimes totalitários avançavam e conquistavam mais territórios na Europa. Por aqui, uma grande contradição: embora Getúlio Vargas mantivesse um governo ditatorial, mais próximo do sistema político alemão e italiano, apoiava os Aliados no conflito, após submarinos brasileiros terem sofrido ataques do Eixo. Paradoxalmente, o ditador brasileiro lutava ao lado de quem levantava a bandeira da democracia.

O jornalista Joel Silveira tinha apenas 26 anos e era um foca (nome dado a repórteres novatos em uma redação de jornal) nos *Diários Associados*, de Assis Chateaubriand. Fora admitido após ter tido problemas e ter sido perseguido pelo governo Vargas.

Meses antes, trabalhando na revista *Diretrizes*, Silveira entrevistara o escritor Monteiro Lobato, que declarou: "O voto deve sair do povo como a fumaça da fogueira". A frase provocativa virou capa da publicação e irritou o Departamento de Imprensa e Propaganda (DIP), órgão do governo responsável por regulamentar a atividade jornalística. Tamanha cutucada fez com que o DIP fechasse a *Diretrizes* e perseguisse seu diretor, Samuel Wainer, que se exilou no Chile, e Silveira, que fugiu para Sergipe.

Assis Chateaubriand soube do caso e, interessado na ferocidade mostrada pelo repórter que não temeu o ditador, mandou buscá-lo no Nordeste: "Senhor Silveira, o senhor é uma víbora e vai trabalhar para mim. Vá lá para o terceiro andar e fale com o Carlos Lacerda", declarou assim que o jovem jornalista entrou na sala. A víbora, como seria chamado Joel Silveira a partir daquele dia, estava sendo contratada para o emprego que mudaria sua carreira e sua vida.

Se Chateaubriand gostou do jovem, Carlos Lacerda, o jornalista que liderava a equipe de repórteres, não foi tão bonzinho com ele desde o princípio. Pelo contrário. O governo brasileiro havia acabado de tomar partido junto aos Aliados, declarado guerra aos países do Eixo e estava se preparando para enviar soldados da Força Expedicionária Brasileira (FEB) para lutar na Europa. Junto aos combatentes, iriam os correspondentes dos principais periódicos nacionais. Entre os jornalistas dos *Diários*, havia mais de um interessado em cobrir o conflito e entrar para a história como um repórter de guerra. Lacerda, um dos interessados, percebeu a admiração de Assis Chateaubriand pelo novo contratado e ficou com receio de perder o posto para o jovem. Rapidamente, encontrou uma forma de tirar Joel da disputa pela vaga: enviou o recém-contratado para realizar uma série de reportagens pelo Brasil, saindo do Acre e indo até a Bahia. Mandá-lo para bem longe era uma forma de deixá-lo bem longe dos olhos de Chateaubriand. Só que nem tudo foi como planejado.

Silveira arrumou as malas e viajou para o Acre. No meio da viagem, no entanto, escreveu uma reportagem sobre a escritora Rosalina Coelho Lisboa, na qual teceu uma série de críticas contra seu talento. O que o jornalista não sabia era que Rosalina era amiga íntima de Assis Chateaubriand, que ficou enfurecido com o texto e lhe enviou um telegrama com ordens para retornar na mesma hora.

Chegando à redação, recebeu a notícia que mudaria sua vida: "Senhor Silveira, o senhor não sabe o que fez! Dona Rosalina é uma dama. O senhor vai levar um corretivo. O senhor vai para a guerra! E vou lhe pedir um favor: não me morra! Repórter não é para morrer, repórter é para mandar notícia!". Bizarramente, Joel Silveira, muito mais jovem e inexperiente do que outros jornalistas consagrados dos *Diários Associados*, foi enviado para um dos postos mais almejados na empresa, só que não como uma recompensa, mas como um castigo.*

No norte da Itália, Silveira passaria nove meses e viveria experiências que marcariam sua vida para sempre.

> *Naqueles dias, véspera de voltar para a casa, eu sentia que não fora apenas a guerra que havia acabado, mas também uma boa parte do que eu era antes de chegar à Itália. Costumo dizer que cheguei à Itália com 26 anos e voltei com 40 anos, embora lá só ficasse nove meses e 14 dias. Ao contrário do poeta, não foi exatamente por delicadeza que naqueles nove meses e pouco perdi uma parte da minha mocidade, ou o que restava dela. A guerra, como*

---

* A revelação foi contada por Joel Silveira a Fernando Albuquerque Miranda. A íntegra da conversa consta no artigo *Uma conversa com Joel Silveira*, apresentado no Intercom.

*já disse, é nojenta. E o que ela nos tira (quando não nos tira a vida) nunca mais devolve.**

O início da cobertura do conflito foi um desafio para o jornalista. Grande parte dos combatentes da FEB fez carreira militar durante o governo Vargas e não via a imprensa com bons olhos, afinal, muitos jornalistas criticavam o ditador. Nos primeiros dias no campo de batalhas, Silveira e os correspondentes de outros jornais foram ignorados pelos soldados e oficiais da FEB, que temiam receber críticas. Para que cedessem e dessem mais entrevistas e informações privilegiadas, foi preciso que eles lessem as primeiras reportagens publicadas e vissem que, na verdade, os repórteres estavam ali para cobrir a bravura dos nossos soldados e enviar notícias das tropas ao nosso país.

Ser correspondente de guerra nos anos 1940 era bem diferente de como é hoje. Além de trabalhar em uma região fria, coberta de neve, no norte da Itália, Silveira precisava driblar os desafios tecnológicos, como a inexistência de internet, GPS e televisão. Para conseguir dados para suas reportagens, vivia colado nos soldados, dormia ao lado deles em barracas e participava de invasões. Era um repórter nato, presenciando e narrando a história que acontecia diante de seus olhos e vivendo colado nos protagonistas da guerra.

Diariamente, oficiais, sargentos e pracinhas que seguem, protegidos pela noite, para a terra de ninguém, com a missão de fazer prisioneiros ou de reconhecer o terreno, voltam com histórias que dariam um livro – e dos grandes. Como, por exemplo, a história do sargento Írcio Camargo, um

---

* Joel Silveira, *O inverno da guerra*. Rio de Janeiro: Objetiva. 2005.

paulistano que na noite de Natal saiu com seus 23 homens para as armadilhas da brancura sem dono. De quatro da tarde às seis da manhã seguinte eles ficaram caminhando (ou, muitas vezes, rastejando) pela neve, espalhados em pequenos grupos de quatro ou cinco, e de minuto em minuto as balas alemãs assoviavam sobre suas cabeças e os morteiros explodiam ao seu redor. O sargento Írcio Camargo está agora aqui ao meu lado, no Posto de Comando Avançado. É um rapaz de 28 anos, barba por fazer, bigode espesso e descuidado, e parece viver no mais tranquilo dos mundos quando acende o seu cigarro americano. Ele me diz:

— Sempre passei o Natal em minha casa, junto aos meus. À meia-noite íamos todos à Missa do Galo e voltávamos para a ceia. Sempre foi assim, desde que me entendo como gente. Neste ano, foi o que o senhor sabe. A guerra muda tudo. Muda até o Natal.

Metade da noite os alemães lançaram um ou dois foguetes iluminativos – é assim que se diz? O belo fogo de artifício brilhou no céu em centenas de pequenas estrelas; depois o pequeno para-quedas iluminado foi descendo devagar, até ficar dependurado num galho sem folhas. O pracinha Francisco Aparecido de Oliveira, de Jacareí, que fez parte da patrulha, me conta:

*— A árvore desgalhada de repente virou uma árvore de Natal. E foi aí então que aquela era exatamente a noite de Natal.**

Nos momentos mais dramáticos, Silveira escrevia o texto no meio do campo de batalha, entre corpos e tiroteios. Foi o caso da reportagem sobre a tomada de Monte Castello, uma das operações mais importantes realizadas pela FEB e que, após sucessivas baixas, resultou na vitória de nossos soldados sobre os alemães. Joel Silveira foi o único repórter a conseguir chegar com os combatentes ao topo da colina onde a batalha discorria

---

* Joel Silveira. *O inverno da guerra*. Rio de Janeiro: Objetiva, 2005.

e a presenciar o seu desfecho. Sem tempo a perder, isolou-se em um canto, narrou o êxito dos brasileiros, passou o texto para o oficial responsável pela avaliação dos materiais dos repórteres (espécie de censor encarregado de verificar se algum jornalista estava publicando informações que poderiam atrapalhar o avanço das tropas e comprometer sua segurança, como a localização exata dos soldados) e enviou um telegrama ao Brasil com a notícia. A perspicácia de Joel fez com que os jornais dos *Diários Associados* fossem os primeiros do Brasil a noticiar a vitória.*

Por outro lado, a essência de uma cobertura de guerra atual já estava no trabalho de um correspondente dos anos 1940: em ambas as situações, o constante perigo e a constante presença da morte. Joel sobreviveu por uma mistura de cuidado e sorte. Enquanto escrevia uma reportagem, ouviu uma granada explodir ao seu lado. Sentiu uma pressão em sua cabeça. Um dos estilhaços havia atingido com tudo seu capacete.

Mas a sorte também estava ao lado do jornalista, que amava filmes e, sempre que possível, ia a um cinema, ao lado de civis e militares. Em uma noite fria, Silveira estava se arrumando para sair quando decidiu desistir de sair e continuar enrolado nas cobertas de sua barraca. Dormiu. Acordou no meio da noite, sobressaltado com o barulho de uma grande explosão. No dia seguinte, soube que o cinema que frequentava fora bombardeado durante a exibição do longa, matando 23 civis e 3 soldados da FEB.

Às letras brasileiras, Joel Silveira contribuiu com alguns dos relatos mais preciosos do período da guerra. O preço,

---

* Para conhecer melhor a atuação dos pracinhas brasileiros durante a Segunda Guerra Mundial, sugiro a leitura de *1942: O Brasil e sua guerra quase desconhecida*, de João Barone (Rio de Janeiro: Nova Fronteira, 2013).

como ele próprio escreveu, foi alto, tendo perdido sua inocência juvenil e sofrido um forçado amadurecimento de anos em poucos meses.

Se hoje podemos ter acesso ao trabalho de Joel Silveira, isso é graças ao carinho que ele recebeu ao retornar ao Brasil. Parentes de soldados da FEB o encheram de presentes, gratos por ele ter transmitido informações sobre seus filhos durante o conflito; imigrantes italianos, sem notícias dos seus que ficaram na Itália, o presentearam com tudo o que tinham (até com porcos que criavam em chiqueiros, o presente mais valioso que podiam lhe dar). De Assis Chateaubriand, Silveira recebeu homenagens públicas por ter cumprido a missão de voltar vivo e ter feito os *Diários Associados* entrarem para a história como um dos grupos de periódicos brasileiros que melhor cobriram a Segunda Guerra Mundial.

Leituras sugeridas

Silveira J. *O inverno da guerra*. Rio de Janeiro: Objetiva, 2005.

Capítulo 45

O escritor eleito chefe da Delegação Brasileira de Futebol

Os nossos grandes adversários, na disputa desta Copa do Mundo, teriam que ser mesmo os uruguaios. E aí estão eles para a última batalha. Por duas vezes, neste ano, tivemos que nos empenhar para vencermos por score mínimo. Pensar em uruguaios é ter a certeza de que há sempre adversário duro a combater. O peito dos homens da "Celeste" é o peito de combatentes valiosos. E além de peito, têm classe bastante para serem, como são, campeões do mundo, como já foram, duas vezes. Rapazes do Brasil, não vacilem um instante sequer. A "Celeste" sabe combater como autênticos bravos. Vamos vencer estes bravos.[*]

Com essas linhas, publicadas no *Jornal dos Sports*, o cronista José Lins do Rego convidou os brasileiros a torcerem pela nação naquele que seria o jogo mais dramático da história do nosso futebol: a final da Copa do Mundo de 1950. Após 12 anos sem o

* Trecho da crônica *Hoje*, de José Lins do Rego, publicada no *Jornal dos Sports* em 16 de julho de 1950.

campeonato, devido à Segunda Guerra Mundial, 13 nações disputavam a taça. O palco era a América, continente eleito para que os jogos ficassem afastados da destruição causada pela guerra.

Naquele domingo, Brasil e Uruguai se enfrentariaam no Maracanã, estádio construído em apenas dois anos por Getúlio Vargas para apresentar ao mundo a monumentalidade de nossas construções e a força de nossos engenheiros, arquitetos e operários. Como o campeonato seria decidido a partir da soma de pontos, bastava um empate para o Brasil garantir o lugar mais alto no pódio. Numa jogada costurada por Zizinho e Ademir, Friaça abriu o placar em favor do Brasil. Já contente com o empate, o Maracanã veio abaixo com a aproximação da vitória. Não tardou para Schiaffino completar um lance de Ghiggia e marcar para a seleção uruguaia. 1 a 1. A vitória ainda estava na mão dos brasileiros.

A poucos minutos do apito final, o presidente da Federação Internacional de Futebol, Jules Rimet, saiu da beira do campo para buscar a taça que seria entregue ao campeão.

> *Ao término do jogo, eu deveria entregar a copa ao capitão do time vencedor. Uma vistosa guarda de honra se formaria desde a entrada do campo até o centro do gramado, onde estaria me esperando, alinhada, a equipe vencedora (naturalmente, a do Brasil). Depois que o público houvesse cantado o hino nacional, eu teria procedido à solene entrega do troféu. Faltando poucos minutos para terminar a partida (estava 1 a 1 e ao Brasil bastava apenas o empate), deixei meu lugar na tribuna de honra e, já preparando os microfones, me dirigi aos vestiários, ensurdecido com a gritaria da multidão.**

---

* Jules Rimet. *L'historie merveilleuse de la Coupe du Monde*. 1954.

Longe dos gritos da multidão, Rimet pegou a taça e decidiu retornar para acompanhar os instantes finais. "Na saída do túnel, um silêncio desolador havia tomado o lugar de todo aquele júbilo", contou o então presidente da Federação. Faltando apenas onze minutos para o fim do jogo, Ghiggia marcou para o Uruguai. A euforia transformou-se em angústia. Fez-se o silêncio. A atmosfera que Jules Rimet encontrou já não era de festa, mas de melancolia.

José Lins do Rego, o mesmo cronista que pela manhã convidara os brasileiros a torcerem contra o adversário poderoso, assistiu à derrota e aos olhos lacrimejantes que voltavam silenciosos em direção às suas casas. Em uma crônica publicada dois dias depois, o escritor deu forma ao sentimento que tomou conta de quem presenciou o Maracanaço, como ficou conhecido o episódio da derrota.

> *Vi um povo de cabeça baixa, de lágrimas nos olhos, sem fala, abandonar o Estádio Municipal como se voltasse ao enterro de um pai muito amado. Vi um povo derrotado e, mais que derrotado, sem esperança. Aquilo me doeu no coração. Toda a vibração dos minutos iniciais da partida reduzidos a uma pobre cinza de fogo apagado. E, de repente, chegou-me a decepção maior, a ideia fixa que se grudou na minha cabeça, a ideia de que éramos mesmo um povo sem sorte, um povo sem as grandes alegrias das vitórias, sempre perseguido pelo azar, pela mesquinharia do destino. A vil tristeza de Camões, a vil tristeza dos que nada têm que esperar seria assim o alimento podre dos nossos corações. Não dormi, senti-me, alta noite, como se mergulhado num pesadelo. E não era pesadelo, era a terrível realidade da derrota.**

---

* Trecho da crônica "A derrota", de José Lins do Rego, publicada em 18 de julho de 1950 no *Jornal dos Sports*.

Ser um literato do esporte que é paixão nacional é ter o desafio de encontrar as palavras certas para narrar a euforia da vitória e a dor da derrota. José Lins do Rego, escritor paraibano conhecido por escrever romances em que deu voz ao cangaço e à decadência dos engenhos de cana-de-açúcar, como *Menino de engenho* e *Fogo morto*, também foi um dos grandes pioneiros dos cronistas esportivos.

O namoro do escritor com o futebol é antigo, desde a infância no Nordeste. Foi em 1935, porém, que o namoro se transformou em casamento, quando ele se mudou para o Rio de Janeiro, a poucas quadras da sede do seu time do coração, o Flamengo. No novo endereço, Zé começou a assistir aos jogos no estádio, a integrar os Dragões Negros, um grupo VIP de flamenguistas, e até a fazer amizade com os jogadores e a equipe técnica.

Em 1943, foi eleito secretário-geral da Confederação Brasileira de Desportos (CBD), entidade responsável pela organização de todos os esportes no país e que, quando extinta, em 1979, transformou-se em confederações específicas para cada modalidade esportiva, como a atual Confederação Brasileira de Futebol (CBF).

A paixão pelo futebol se uniu às letras quando o escritor foi convidado pelo jornalista Mário Filho* para ser cronista esportivo no *Jornal dos Sports*, em março de 1945. No cargo, cobriria eventos históricos, como a Copa de 1950, criaria uma nova palavra para se referir a flamenguistas (segundo o escritor, flamenguista era um adjetivo pejorativo; quem torcia para o "Flamengo", em maiúscula, também deveria ser cha-

---

* O mesmo que daria nome ao Maracanã.

mado de "flamengo", em minúscula) e seria criticado por ser parcial enquanto comentarista. "Sou imparcial nestes meus artigos esportivos. Procuro ser. Analiso a coisa esportiva da maneira mais serena possível. Acontece que de vez em quando me inclino um pouco para o Flamengo, que é meu time. [...] Não sei como é que isso acontece", ele se defendia.*

A crença na Seleção Brasileira entrou em xeque a partir de 1950, após o Maracanaço. Os ânimos estavam em crise, a descrença era grande, o brasileiro estava triste. Como integrante da CBD, entidade que sofria pressão dos torcedores desacreditados, José Lins do Rego começou a se aproveitar do seu espaço como cronista para tentar valorizar a imagem dos nossos atletas, reacender a paixão nacional pelo futebol e fazer com que o público voltasse a acreditar ser possível ser campeão do mundo.

Em 1952, a Seleção ganhou os jogos Pan-Americanos por 3 a 0 contra os chilenos, os anfitriões do evento. O cronista atribuiu a vitória à classe, à coragem e à segurança dos jogadores brasileiros. A crença na seleção voltou.

Em 1953, Zé Lins voltou a viver a angústia dentro de campo. E, dessa vez, não foi apenas como torcedor-cronista: o escritor fora nomeado chefe da Delegação Brasileira pela CBD para disputar os jogos sul-americanos em Lima, no Peru. Ao lado do técnico Aymoré Moreira, partiu com os jogadores para a capital peruana e, desde o princípio, ouviu críticas da imprensa, que afirmava que a Seleção estava dividida. Os boatos eram

* Uma análise interessante sobre o cronista José Lins do Rego é *A crônica esportiva de José Lins do Rego: política, paixão e relações de força*, escrita por André Mendes Caprato e colaboradores (*Revista Brasileira de Educação Física e Esporte*. 2016;30(2):323-33).

de que havia uma rixa entre os atletas paulistas e os cariocas. Segundo os jornais, Zizinho, do Rio de Janeiro, começou a inflar os ânimos dos cariocas para que eles pressionassem o técnico por melhores posições durante os jogos. Sem ceder aos desejos regionalistas e dividido entre paulistas e cariocas, Aymoré não conseguia integrar o time em busca da tão desejada vitória. José Lins do Rego e toda a equipe técnica, então, foram acusados de estarem no Peru a turismo, tendo sua competência questionada. A derrota era previsível. Perderam para o Paraguai, na final, por 3 a 2. Rego voltou ao Brasil desolado com o tratamento hostil que a imprensa concedera a toda a equipe técnica, jogadores e ele durante o campeonato.*

> *Quisera que nossos amigos da imprensa fossem mais compreensivos. [...] Às vezes, fico no silêncio do meu quarto do hotel a rever os fatos do dia e chegam-nos sempre os incidentes que só servem para nos desviar do que deveriam ser nossas verdadeiras preocupações. Aí me sinto inteiramente desanimado e convencido de que a alegria de uma vitória não paga as mesquinharias de tantas deturpações da realidade.***

O golpe foi duro para o escritor. Terminada a disputa, José Lins do Rego decidiu se demitir da CBD, nunca mais assumiu nenhum cargo de direção esportiva e se afastou temporariamente das atividades como cronista do *Jornal dos Sports*, trabalho que ainda voltaria a exercer. As críticas o desiludiram e apagaram por um momento a paixão do escritor

---

* Para se aprofundar no tema, sugiro a leitura de *Com brasileiros, não há quem possa! Futebol e identidade nacional em José Lins do Rego, Mário Filho e Nelson Rodrigues*, de Fátima Martin R. Ferreira Antunes (São Paulo: Editora Unesp, 2004).

** Crônica publicada no *Jornal dos Sports* em 22 de março de 1953.

pelo futebol. No fim, o literato que trouxe o campo de futebol para as páginas do jornal e para dentro de nossos livros morreu em 1957, um ano antes de o Brasil dar a volta por cima e ganhar a Copa do Mundo pela primeira vez.

Leituras sugeridas

Rego JL. *Flamengo é puro amor: 111 crônicas escolhidas*. Rio de Janeiro: José Olympio, 2013.

Rego JL. *Fogo morto*. 69. ed. Rio de Janeiro: José Olympio, 2010.

Rego JL. *Menino de engenho*. Rio de Janeiro: José Olympio, 2010.

Capítulo 46

O incêndio que destruiu um livro premiado

"Honestamente, sem pose, os prêmios não estão me dizendo nada. Um sentimento de falência, certo nojo pela condição dos homens e até mesmo ternura, às vezes; quase pena."* A reveladora entrevista é do contista João Antônio, hoje pouco lembrado, mas não menos importante na literatura brasileira. Sua obra, ainda pouco estudada em sala de aula, é dos registros mais ricos que se têm dos pobres da cidade de São Paulo da segunda metade do século XX. Por não se preocupar com a fama e com a inclusão em círculos literários, o escritor, apesar do sucesso da crítica, foi sendo jogado para o canto das prateleiras e se tornando tão invisível quanto os personagens que aparecem em seus livros.

Ao contrário de muitos dos grandes literatos nacionais, João Antônio não nasceu em uma família abastada nem estudou nas melhores escolas de Direito ou Medicina do país. De origem humilde, o escritor nasceu na periferia de Osasco, re-

* Entrevista "Escritor mais premiado em 64 fala de si", publicada na *Gazeta Esportiva* em 24 de janeiro de 1965.

gião metropolitana de São Paulo, e ainda jovem começou a trabalhar como contínuo (espécie de faz-tudo de escritórios, desde tirar cópias até ser *office boy*), açougueiro e bancário.

João Antônio cresceu num corpo a corpo com o povo nas décadas de 1930, 1940 e 1950, almoçando em restaurantes populares, jogando cartas em calçadas e bebendo em botecos. Ouvia as histórias de trabalhadores, prestava atenção nas conversas de viciados em jogos de azar, anotava as expressões de prostitutas. Fez do submundo paulistano a matéria-prima para seus textos. Nos contos e crônicas que escreveu desde a adolescência, narrou as histórias protagonizadas por essas pessoas, seus diálogos e seus jargões. Ligado às classes populares e apaixonado pela escrita, quando chegou o momento de decidir qual profissão seguir, optou por ser jornalista, alguém responsável por mostrar na imprensa as pessoas invisíveis da sociedade.*

Já formado, João Antônio viu sua carreira estagnar nos primeiros anos e, sem trabalho em uma grande publicação, decidiu investir seu tempo e sua energia em um livro: *Malagueta, Perus e Bacanaço*. Na obra, deu vida a todo tipo de gente pobre que conhecia, das putas e dos sem-teto aos viciados que perderam tudo e aos esquecidos pela família. Fez do escárnio e da miséria a sua temática. Seu texto era da vida prosaica, do dia a dia, das situações comuns. João Antônio escrevia alta literatura narrando um simples jogo de sinuca.

> *Malagueta pediu cachaça, pão e pimenta-malagueta, donde lhe chegara o apelido. O velho mascava e bebericava aos poucos, manso, medindo*

* Um dos trabalhos mais valiosos sobre o jornalismo de João Antônio é o livro *Repórter-cronista em confronto: João Antônio na trilha de Lima Barreto*, do pesquisador Cláudio Coração (São Paulo: Annablume, 2012).

lances, atento; fazendo caretas que demoravam na cara. Quando ia às tacadas firmava apoio a Perus, salvava-lhe a bola, apenas defendendo a sua e encostando a do menino às tabelas. Um joguinho ladrão. Bacanaço sorria. Funcionavam direitinho, sem supetões, eram tacos de verdade, nascidos para trapacear.[*]

Quando o livro estava praticamente pronto, o azar bateu à sua porta. Um ferro de passar roupa foi esquecido ligado em sua casa, no bairro do Jaguaré, em São Paulo, e provocou um incêndio. A casa, em chamas, teve móveis, documentos e fotografias queimados. Todos os seus textos viraram cinzas, inclusive os originais quase concluídos do seu primeiro livro. Todo o trabalho fora destruído.

Conta-se que, na ocasião, seu pai teria lhe dito: "Pobre tem que fazer tudo duas vezes – e muito bem feito, se não quiser fazer outra vez". Ao ouvi-lo, o escritor decidiu recomeçar. Conseguiu uma cabine isolada na Biblioteca Mário de Andrade, no centro paulistano, e reescreveu cada frase queimada. Sabia tudo de cabeça e colocou no papel.

Em 1963, chegava às livrarias o livro que ressurgira das cinzas. No dia do lançamento, ao lado de escritores, intelectuais e familiares, prostitutas da Boca do Lixo, uma das regiões mais pobres e violentas da cidade de São Paulo, celebravam a estreia da primeira obra do escritor.

A perseverança e o foco de João Antônio renderam frutos. Aplaudido pela crítica, o livro foi agraciado com dois Prêmios Jabuti, um dos mais tradicionais e disputados prêmios literários do Brasil, o de melhor livro de contos e o de autor

---

* João Antônio. *Malagueta, Perus e Bacanaço*. São Paulo: Cosac Naify, 2004.

revelação. Ele começou a trabalhar em grandes jornais e revistas do Brasil, como o *Jornal do Brasil*, as revistas *Realidade* e *Manchete*, três das mais admiradas publicações da época, conhecidas por serem um celeiro de repórteres com o dom de escrever em estilo próximo à literatura.

Como as histórias se repetem, João Antônio, tal qual sua maior inspiração, o escritor Lima Barreto, também um atento observador dos excluídos, não se preocupou em se integrar a rodas literárias para se manter em evidência. Fora do trabalho, passou a vida junto aos personagens que inspiraram sua obra. Assim como o criador de Policarpo Quaresma, João Antônio foi sendo esquecido, isolando-se e entregando-se aos vícios da bebida e do cigarro.

Morreu em 1996, aos 59 anos. Morava sozinho, e seu corpo foi encontrado em decomposição duas semanas após sua morte. Que seja feita justiça ao talento de João Antônio, e ele possa ser reconhecido como um dos literatos mais importantes da literatura brasileira da segunda metade do século XX, o escritor que trouxe a voz dos invisíveis para as páginas dos livros.

Leituras sugeridas

Antônio J. *Malagueta, Perus e Bacanaço*. São Paulo: Cosac Naify, 2004.

Antônio J. *Leão-de-chácara*. São Paulo: Cosac Naify, 2002.

Capítulo 47

Coleção Vaga-Lume: o fenômeno editorial que educou gerações de leitores

Quem nasceu nos anos 1970, 1980 e 1990 (e até quem veio ao mundo no século XXI) provavelmente vai saber qual o título de uma destas cinco histórias. Tente se lembrar. O primeiro livro narra as aventuras de dois garotos que foram passar as férias na fazenda dos padrinhos, descobriram uma ilha próxima a ela e, numa tentativa de desbravá-la, acabaram se perdendo, enfrentando perigos desconhecidos, fazendo amizade com um homem barbudo e presenciando um julgamento de macacos! O enredo da segunda obra gira em torno das investigações a respeito de assassinatos de ruivos, mortos após receberem um escaravelho. O terceiro conta a história de um funcionário do hotel cinco estrelas Emperor Park Hotel que, após encontrar um cadáver de um homem embaixo da cama do quarto de um importante hóspede, se envolveu em uma trama para desvendar o crime. O outro é sobre quatro garotos que vão explorar uma caverna, acabam se perdendo e descobrindo que, nas sombras da gruta, pode haver perigos em cada canto e que qualquer deslize pode custar a própria vida. Por último, o livro que narra a trajetória da família de um jornalista que, depois de publicar uma coluna, começou a ser perseguida pela ditadura e teve de viver como nômade em países da América do Sul.

Essas sinopses são de cinco obras de uma das coleções mais famosas e lidas da segunda metade do século XX, um marco da infância e da adolescência de muitos leitores brasileiros, a Coleção Vaga-Lume. Quer saber se você acertou os livros citados? Na ordem, os resumos são de: *A ilha perdida* (Maria José Dupré), *O escaravelho do diabo* (Lúcia Machado de Almeida), *O mistério do cinco estrelas* (Marcos Rey), *Os barcos de papel* (José Maviael Monteiro) e *Meninos sem pátria* (Luiz Puntel).

Hoje, esses livros estão rodeados pela nostalgia de leitores com 20, 30 ou 40 anos, afinal, foram as obras responsáveis por fazer com que muitos deles se apaixonassem por literatura. Num cenário no qual havia uma lacuna e as crianças eram obrigadas a passar da leitura de contos de fada para livros de Machado de Assis, a Coleção Vaga-Lume surgiu em 1972 justamente para fazer uma ponte entre esses dois tipos de livro.

A coleção apresentava narrativas com histórias cotidianas e envolventes, sintonizadas com a época e contadas com uma linguagem direta e compreensível. Certamente não eram livros com a densidade de uma obra como a de Guimarães Rosa (e nem pretendiam ser), mas eram narrativas que despertavam o interesse de leitores, faziam com que muitos deles se iniciassem na literatura, devorando cada vez mais títulos até que, mais tarde, tivessem uma bagagem mais densa para ler autores como Guimarães, Machado e Clarice. Foi uma coleção que não apenas conquistou milhões de leitores, mas educou toda uma geração e apresentou a ela as aventuras que as páginas de um livro podem conter.

A Vaga-Lume foi criada em um momento propício. Em 1971, uma reforma no sistema educacional instituiu a obrigatoriedade do ensino até a 8ª série. Ao mesmo tempo, a Lei de Diretrizes e Bases, espécie de roteiro que guia a Educação no País, sugeriu que as escolas adotassem obras nacionais nas aulas de língua portuguesa. Era preciso parar de apresentar autores estrangeiros e colocar nas prateleiras os nossos escritores, valorizar o que era produzido no Brasil.

Atenta às novas exigências, a editora Ática criou a coleção infanto-juvenil. Os primeiros lançamentos eram de títulos já publicados. Todos os livros incluíam um suplemento de estudos (um caderno com exercícios sobre o enredo) que testava os conhecimentos dos leitores e fazia com que a coleção pudesse ser aproveitada ao máximo em sala de aula. O catálogo de grandes nomes nacionais, incluindo autores como Maria José Dupré e Marcos Rey, e o potencial educativo dos suplementos, somados ao preço baixo (a editora investiu em grandes tiragens para conseguir vender as obras por preços menores), fizeram com que muitas escolas e bibliotecas públicas adotassem os livros. Em pouco tempo, autores nacionais estavam na mochila, nas cabeceiras e nas mãos de muitos alunos. Passou a ser comum se deparar com alguém sendo apresentado a um livro por um Vaga-Lume simpático, vestido com uma boina hippie, que fazia um resumo da história de forma informal e bem-humorada e convidava o estudante a mergulhar na leitura.

O sucesso editorial, a necessidade de ampliar o catálogo e o grande número de bons escritores fizeram com que a Ática mudasse a estratégia nos anos seguintes e começasse a publicar livros inéditos, muitos dos quais escritos por autores que nunca haviam publicado textos infanto-juvenis. Foi o caso de

Marçal Aquino, que viria a se tornar um dos maiores escritores da literatura brasileira, na época repórter do paulistano *Jornal da Tarde* e que se aventurou na escrita de *A turma da rua Quinze*, um dos maiores sucessos da coleção. Já o editor Marcelo Duarte, hoje conhecido pelo sucesso *O guia dos curiosos*, publicou pela coleção suas únicas obras de ficção, entre elas *Deu a louca no tempo*.

O projeto deu certo. Em 2016, a Ática informou que, nesses mais de 40 anos de Coleção Vaga-Lume, nos quais foram editados 90 títulos, 8 milhões de exemplares haviam sido vendidos.* O grande *best-seller* é o Mark Twain tupiniquim, *A ilha perdida*, que está em sua 41ª edição e já ultrapassou a cifra dos 3,5 milhões de cópias. Em seguida, vem *O escaravelho do diabo* (adaptado para os cinemas em 2016) e *Açúcar amargo*, de Luiz Puntel.

O que explica esse fenômeno editorial? Primeiramente, o momento histórico em que a coleção foi lançada: as escolas precisavam de livros nacionais e a editora apresentou ao mercado um produto de qualidade que atendia essa carência. Além disso, a linguagem mais informal e próxima do público jovem tornou o hábito da leitura mais fácil e democrático, auxiliando a formação de leitores brasileiros. Finalmente, o ingrediente básico para o sucesso de um livro: boas histórias.

Leituras sugeridas

Almeida LM. *O escaravelho do diabo*. São Paulo: Ática, 2010.
Aquino M. *A turma da rua Quinze*. São Paulo: Ática, 2000.

* Cauê Muraro. *"O escaravelho do diabo": veja 10 curiosidades da Série Vaga-Lume*. G1. 15 de abril de 2016.

Dupré MJ. *A ilha perdida*. São Paulo: Ática, 2014.
Monteiro JM. *Os barcos de papel*. São Paulo: Ática, 1998.
Puntel L. *Meninos sem pátria*. São Paulo: Ática, 2000.
Rey M. *O mistério do cinco estrelas*. São Paulo: Global, 2015.

Capítulo 48

A imortal que apoiou os militares em 1964

Durante a edição de 1º de julho de 1991 do programa *Roda Viva*, transmitido pela TV Cultura, a escritora Rachel de Queiroz, famosa por dar voz aos sertanejos que sofriam com a seca nordestina, protagonizou um dos momentos mais constrangedores do semanal de entrevistas. No momento em que o Brasil acabava de sair da ditadura militar e, a duros custos, reconquistava a democracia, o escritor e entrevistador Caio Fernando Abreu lembrou em rede nacional uma posição que manchava a biografia de Rachel: anos antes, a literata apoiara o golpe que levou à ditadura.

"Por várias coisas que você falou, concluo que você colaborou para coisas muito negativas nesse país, no meu ponto de vista. Compreendo que todos nós somos humanos, erramos, nos equivocamos, mas estou me sentindo extremamente constrangido de estar na posição de render homenagem a um tipo de ideologia que profundamente desprezo", declarou o escritor, sendo interrompido pelo mediador do programa, que lhe informou que ele estava ali apenas para fazer perguntas e não para prestar homenagens. A literata, sem parecer intimidada ou envergonhada, se defendeu, ironicamente, com base nos princípios da democracia: "Gostaria de responder a você que nós estamos num país democrático, eu respeito as suas posições e espero que você respeite as minhas".

A trajetória política de Rachel de Queiroz é marcada por um movimento que vai da juventude comunista à meia-idade reacionária. Com apenas 20 anos, publicou seu grande romance, *O Quinze,* no qual contou a luta do sertanejo contra a seca, traçou um retrato psicológico marcante do nordestino e trouxe questões sociais para o primeiro plano da narrativa literária.

Nessa época, aproximou-se do Partido Comunista Brasileiro (PCB). Nos primeiros anos da década de 1930, no entanto, desiludiu-se com o movimento quando, ao entregar os originais de um livro para ser editado pelo partido, recebeu a sugestão de mudar o enredo do romance: em vez de retratar um operário matando outro, descrever um patrão matando um operário. Sem bater de frente com o PCB, a literata concordou, pegou os textos de volta e os levou a outra editora. Começou a enojar-se de Getúlio Vargas, Juscelino Kubitschek e João Goulart. Caminhou rumo à direita política.

Nos anos 1960, Rachel cedeu sua casa para políticos e intelectuais se reunirem para planejar o golpe militar, pintou folhetos, brindou a tomada de poder pelos militares e integrou o diretório nacional da Aliança Renovadora Nacional (Arena), partido criado para dar sustentação ao regime militar. Em 1968, quando a ditadura mostrou o seu lado mais sombrio, torturando e matando diversos cidadãos, Rachel de Queiroz se afastou da cena política, a fim de se eximir da responsabilidade dos crimes praticados pelo regime e tampouco estar relacionada a ele. Era tarde, e passou os anos seguintes tentando justificar sua posição.

Caio Fernando Abreu: Você apoiou os militares?

Rachel de Queiroz: Sim, em 64, sim.

C.F.A.: Por quê, Rachel?

R.Q.: Porque eu abominava o janguismo [pensamento e políticas praticados por João Goulart] e ainda hoje abomino o Brizola, que representa o janguismo, o Getúlio. Era uma expressão disso tudo...

C.F.A.: Mas você não tinha noção das torturas, de todo o horror que aconteceu depois?

R.Q.: Não, espera aí. A revolução que apoiei foi enquanto Castelo Branco [primeiro presidente do regime militar, apossado em 1964] era presidente, e ele não fez tortura nenhuma, a intenção dele era fazer eleições para um presidente civil.

C.F.A.: Mas ele não conseguiu.

R.Q.: Não conseguiu, ele foi praticamente deposto. Fez-se aquela eleição do Costa e Silva, mas o Castelo foi praticamente deposto pelo grupo militar que era mais forte, e era o grupo reacionário do Costa e Silva.

Uma curiosidade histórica: Rachel de Queiroz era prima do marechal Castelo Branco, que morreu em um acidente de avião ao partir do sítio da literata, em Quixadá (Ceará), rumo a Fortaleza. No acidente, o jatinho em que estava o presidente se chocou com um caça da Força Aérea Brasileira e caiu, matando cinco dos seis tripulantes a bordo. O único que se salvou foi o copiloto Emílio Celso Chagas. Durante o *Roda Viva*, a escritora também relembrou o episódio e trouxe à tona uma versão do sobrevivente que nunca havia sido revelada, afirmando que a queda não fora um atentado, mas um acidente causado por desejo do próprio Castelo Branco.

O menino, o copiloto, foi o único que sobreviveu. E pelo depoimento dele, nós sabemos, que eles vinham de Quixadá para Fortaleza e passavam sobre a linha da estrada, as novas linhas de eletricidade que vinha do São Francisco... As novas linhas, como se chama? De grande força, uma coisa assim. ["De alta tensão", completa o apresentador] De alta tensão, é isso aí. E o Castelo, então, pediu ao comandante: "Comandante, eu queria tanto..." Porque tinha sido um dos grandes interesses dele na Presidência ver a construção da linha de alta tensão, da linha de distribuição maior do São Francisco. "Queria tanto passar pela linha, queria ver aqueles postes de alta tensão". O comandante ficou indeciso e o menino disse: "Papai, isso é cortar a rota dos jatos, a gente não pode passar". O Castelo disse: "Só um pedacinho, só para atravessar, só para eu ver". O comandante disse: "Só um bocadinho, então". No instante em que eles atravessaram a linha, vinha uma formação de três jatos e a ponta de um dos jatos pegou. De forma que o atentado seria impossível, tinham que adivinhar que o Castelo ia pedir, que o comandante não iria, depois cedeu e que o jato iria coincidir naquela hora...

Naquela noite, o que era para ser uma entrevista sobre literatura se transformou em uma troca de farpas políticas entre entrevistada e entrevistador em rede nacional. A escritora, apesar dos traços ideológicos de esquerda em sua obra literária, mostrou sua faceta de direita.

Embora sem demostrar arrependimento perante o apoio ao golpe militar, para a entrevistadora Miriam Goldfeder, Rachel abriu o jogo naquele mesmo programa, ao ser questionada sobre o que se arrependia aos 80 anos: "De ter nascido, de ter vivido, de ter feito tanta bobagem. Eu me arrependo de quase tudo".

Leituras sugeridas

Queiroz R. *O Quinze*. Rio de Janeiro: José Olympio, 2016.

Queiroz R. *Memorial de Maria Moura*. Rio de Janeiro: José Olympio, 2009.

Capítulo 49

Apocalipse zumbi contra a ditadura

No início dos anos 1970, o Brasil vivia sob a presidência do general Emílio Garrastazu Médici. A economia, em alta, incentivava a criação de indústrias e a construção de obras faraônicas. Graças ao capital estrangeiro e ao contexto internacional favorável, o país vivia o milagre econômico, uma fase de crescimento jamais presenciada em nossa história. No âmbito social, os ricos recebiam mais dinheiro, ficando cada vez mais ricos, e a desigualdade social aumentava. Nas ruas, a repressão vivia seu momento mais dramático. Com a promulgação do Ato Institucional número 5, em 1968, qualquer opositor do governo poderia desaparecer da noite para o dia, ser torturado e até morto em nome da manutenção da ordem, da família e da propriedade privada. "Brasil, ame-o ou deixe-o" era o *slogan* que promovia o patriotismo e tentava calar a voz dos críticos ao regime ditatorial.

Muitos eram os jornalistas, músicos e intelectuais censurados por expressarem suas ideias. Toda obra era analisada por agentes do governo responsáveis por manter a ordem pública. Para contornar essa situação, criatividade e artifícios inusitados eram usados para comunicar uma mensagem subliminar que não fosse barrada pelos censores. Jogos de palavras, brincadeiras com os sons, desenhos ambíguos, muitas foram as estratégias para burlar a censura.

Em meio a tudo isso, a capa de um novo livro estampava o cartaz de lançamento da obra, com uma frase provocativa: "Em um país totalitário, este livro seria proibido". Talvez por medo de proibi-lo e assumirem serem totalitários, talvez por não terem compreendido o sentido político da obra ou não terem entendido nada daquela história, os censores liberaram a publicação do livro. Mal sabiam eles que as páginas, recheadas de metáforas e paródias, carregavam duras críticas ao regime militar. O romance era *Incidente em Antares*, último livro de Erico Verissimo, publicado em 1970.*

Incidente em Antares narra como é um apocalipse zumbi bem antes de séries atuais como *The walking dead*. A ideia de escrever sobre mortos-vivos veio quando o autor gaúcho se deparou com uma capa da revista *Life* que estampava a fotografia de uma greve de coveiros em Nova York. Verissimo achou a situação inusitada e poderia, inclusive, render uma narrativa. O autor, contudo, não sabia como desenvolvê-la, sobretudo porque o país vivia um contexto em que greves trabalhistas não eram comuns.

Decidiu abortar a ideia e voltou aos rascunhos de um livro sobre a hipocrisia moral. No entanto, a imagem dos coveiros paralisados não saía de sua cabeça. Até que teve uma sacada. Decidiu que o foco do seu livro não seriam os coveiros

---

* Márcia Ivana de Lima e Silva. *A gênese de Incidente em Antares*. (Porto Alegre: EDIPUCRS, 2000).

em greve, mas os cadáveres não enterrados por conta da manifestação. No papel, contaria o dia em que, sentindo-se injustiçados com o descaso do poder público que não oferecia benefícios aos grevistas, zumbis se levantaram de seus caixões e retornaram à cidade para assombrar os habitantes e denunciar em praça pública as injustiças, a roubalheira e a hipocrisia dos governantes e da população da cidade de Antares. Tudo o que eles queriam era um enterro digno e políticas públicas que funcionassem.*

> *— Qual é o nosso objetivo? O de sermos sepultados dignamente, como é de nosso direito e de hábito, numa sociedade cristã.*
>
> *— O doutor falou pouco mas bem! — exclamou Pudim de Cachaça.*
>
> *— Escutem com a maior atenção. Você aí, Joãozinho, aproxime-se e escute também. A ideia é simples. Amanhã pela manhã marcharemos todos sobre a cidade para protestar...*
>
> *— Uma greve contra os grevistas! — entusiasma-se Dona Quitéria. [...]*
>
> *— Primeiro quero conhecer melhor o plano.*
>
> *— Simples. Descemos juntos pela Rua Voluntários da Pátria rumo da Praça da República. Lá nos dispersaremos, cada qual poderá voltar à sua casa... Para isso teremos algumas horas. O essencial (prestem a maior atenção!) é que quando o sino da matriz começar a dar as doze badaladas do meio-dia, haja o que houver, todos devem encaminhar-se para o coreto da praça, sentar-se nos bancos em silêncio e ficar à minha espera.*
>
> *— E que é que você vai fazer? — quer saber João Paz.*

---

* Para se aprofundar nos estudos sobre a obra de Erico Veríssimo, sugiro a leitura de *O jogo do real e do irreal em Incidente em Antares, de Erico Verissimo*, de Alcmeno Bastos, e *As representações ideológicas nas vozes polifônicas das personagens de Incidente em Antares, de Érico Veríssimo*, de Leandro Fanchin.

— *Vou primeiro à minha casa buscar uns papéis importantes... Depois me dirigirei à residência do prefeito para lhe entregar um ultimato verbal... ou nos enterram dentro do prazo máximo de vinte e quatro horas ou nós ficaremos apodrecendo no coreto, o que será para Antares um enorme inconveniente do ponto de vista higiênico, estético... E moral, naturalmente.**

Quando o livro foi analisado pelos censores da ditadura, talvez o caráter fantástico e inusitado da revolta dos mortos-vivos tenha se sobressaído, disfarçando as críticas políticas do enredo. Talvez não tenham notado que a cidade de Antares era um espelho do Brasil, um país em que os homens à frente do governo agiam de acordo com os próprios interesses; onde, apesar do desenvolvimento, quem não era rico permanecia esquecido. Antares era uma paródia de um Brasil em decomposição moral, onde não era possível se manifestar sem correr o risco de ser torturado e assassinado. As críticas e denúncias que saíam das bocas dos zumbis não atingiam apenas os representantes da cidade de Antares, mas também os representantes do Brasil.

Incidente em Antares é prova de que Erico Verissimo é um autor muito maior do que seu clássico *O tempo e o vento*, obra-prima em que narrou a formação do Rio Grande do Sul e com a qual se transformou no grande representante gaúcho na literatura brasileira. Em *Incidente*, Verissimo dialogou com a estética fantástica de escritores sul-americanos como Gabriel García Márquez, Julio Cortázar e Jorge Luis Borges e provou que, às vezes, a crítica mais mordaz está nas entrelinhas, no mágico, no inusitado.

---

* Erico Verissimo. *Incidente em Antares*. São Paulo: Companhia de Bolso, 2006.

Sim, em um país totalitário, seu livro seria facilmente proibido. Só não o foi provavelmente pela genialidade com que Verissimo disfarçou suas críticas, fazendo dos mortos-vivos os representantes de brasileiros vivos de corpo, mas mortos de voz.

Leituras sugeridas

Verissimo E. *Clarissa*. São Paulo: Companhia de Bolso, 2005.

Verissimo E. *Incidente em Antares*. São Paulo: Companhia de Bolso, 2006.

Verissimo E. *O tempo e o vento*. São Paulo: Companhia das Letras, 2008.

Capítulo 50

O ESPÍRITO RESPONSÁVEL PELA ORIGEM DE UM *BEST-SELLER*

Recém-saído da adolescência, o garoto de classe média alta tinha paixão por literatura e dizia que seria escritor. Contrariar as expectativas da família, que esperava que ele cursasse Engenharia, fez com que fosse preso a uma cadeira e submetido a choques para tratar a falta de obediência. Não deu certo. O menino continuou rebelde, discutindo com os pais e insistindo em seguir a carreira literária. O resultado? Hoje, o jovem que sentava em uma cadeira para tomar choques tem uma cadeira de prestígio na Academia Brasileira de Letras (ABL). O sonho da juventude se realizou e ele se transformou no escritor brasileiro mais vendido de todos os tempos. Criticado por uma multidão e amado por outra, seu nome é Paulo Coelho.

Desde que se tornou um fenômeno editorial e ganhou fama internacional, no início dos anos 1990, Paulo Coelho teve de aprender a conviver com a glória das vendas e a rejeição de boa parte da crítica especializada, que o taxa de superficial e classifica seus livros como autoajuda. Ele não nega que escreve para ser lido e que, após terminar uma obra, começa a cortar excessos, o que não apenas torna o livro menor e mais acessível, mas também mais fluente e direto – "superficial", diriam seus detratores.

Porém, antes dos críticos, Paulo Coelho teve de enfrentar outros inimigos. Em sua adolescência, o literato precisou conviver com os já citados eletrochoques do médico contratado por seus pais e, na vida adulta, teve de enfrentar as torturas sofridas nos porões da ditadura militar.

Após uma juventude vigiada de perto pela família, Paulo Coelho entrou na fase adulta e começou a escrever para revistas e jornais. Queria praticar a escrita. Em uma dessas coincidências que definem a vida, um de seus artigos publicados na revista *A Pomba,* especializada em ufologia (estudo de objetos não identificados, como extraterrestres), foi lido por Raul Seixas, na época um jovem músico sem muito sucesso, que ficou com vontade de conhecê-lo melhor e debater suas ideias. Os dois se encontraram e, em pouco tempo, viraram amigos. Juntos, deram os primeiros passos de suas carreiras. Nos anos seguintes, escreveram músicas, lançaram um disco, ficaram famosos. Com a fama, o sentimento de inadequação social e a vontade de viver em um mundo paralelo, criaram a Sociedade Alternativa. Durante o governo militar, tiveram de, em diversos momentos, prestar depoimentos à polícia, incomodada com as contestações nas letras de suas canções.

Segundo relatórios da Comissão Nacional da Verdade, um dos episódios mais dramáticos de Raul e Paulo diante dos militares foi em 27 de maio de 1974. Após serem intimados, "eles se apresentaram sem advogado, pois acreditavam que essa seria mais uma intimação para discutir a liberação de canções censuradas, fato já ocorrido anteriormente". Os interrogadores pediam explicações sobre o álbum *Krig-ha, Bandolo!*, lançado no ano anterior por Raul e que continha letras e desenhos de Paulo.

O músico foi liberado em poucos minutos após esclarecer o conteúdo das canções, mas o escritor teve de permanecer para explicar o folheto que vinha junto com o disco e continha uma história do personagem Tarzan. O escritor deu detalhes sobre os desenhos e contou que a obra foi produzida a quatro mãos com a sua namorada Adalgisa. As perguntas cessaram e um camburão foi à casa da ilustradora buscá-la para também prestar depoimento. Em uma sala separada, ela explicou "que o nome do folheto [o mesmo da capa do disco] surgiu num momento de euforia de Paulo Coelho, que, lendo a revista *Tarzan*, subiu numa mesa imitando-o e proferiu 'Krig-ha, Bandolo!', nome imediatamente aceito pelos demais presentes". Após horas sendo interrogado, o casal foi liberado. Mal sabiam eles, no entanto, que o pior ainda estava por vir.

Na volta para casa, quando tudo estava bem e Paulo e Adalgisa seguiam em um táxi, quatro carros da polícia teriam os cercado. Os dois foram algemados, suas cabeças cobertas por capuzes e cada um levado para um carro, separadamente. O barulho do motor anunciou a ida rumo ao desconhecido, aos infernos da ditadura. As torturas que se seguiram não foram registradas pelos documentos da época, mas por anos assombraram a cabeça de Paulo Coelho e Adalgisa. Conta-se que ele teria ficado na "geladeira", uma cela mantida em baixa temperatura onde foi torturado nu, tendo que suportar a dor física das agressões e o frio.

O trauma provocou uma série de brigas entre os namorados, que acabaram se separando. Após o incidente, o escritor também decidiu se afastar da carreira de compositor e ter uma vida mais comum, longe dos holofotes e da sociedade alternativa. Não queria ser torturado outra vez. Trocou as drogas e composições ao lado de Raul Seixas por um cotidiano com menos emoções em uma gravadora e um casamento. Em 1977, Paulo se mudou para Londres com a esposa para recomeçar a vida e fugir do fantasma da tortura que ainda o assombrava. Buscava a paz de uma vida pacata.

Nessa época, Paulo Coelho já escrevia romances, mas seus textos não faziam sucesso. Dois anos depois, em uma viagem a um campo de concentração em Dachau, na Alemanha, o escritor teria passado por uma experiência transformadora, um momento que o fizera sair do fundo do poço em que a tortura militar o enfiara. O escritor teria visto um homem. Dois meses depois, esse mesmo homem teria ressurgido em outra visão, quando Coelho estava de passagem por Amsterdã.

Segundo Paulo, o homem sugeriu que ele se reencontrasse com o catolicismo, religião que lhe fora ensinada pelos pais, e fizesse o Caminho de Santiago de Compostela, famosa rota de peregrinação na Espanha. Ele não apenas atendeu ao chamado e se transformou em um peregrino como, a partir daí, mergulhou no estudo dos símbolos de religiões ocidentais e orientais, em pesquisas sobre dom e vocação.

Nos anos 1980, baseado em tudo o que aprendeu estudando o que o homem da visão teria lhe sugerido, Paulo Coelho escreveu *O diário de um mago, O Alquimista* e *Brida.* Novamente, fracassos editoriais. Na década de 1990, porém, quando relançadas por uma grande editora, as obras foram parar entre as mais vendidas do ano no Brasil. De forma direta e com uma linguagem acessível, os textos narravam o caminho de personagens em busca de seus sonhos, da descoberta de seus dons e de um encontro com o desconhecido.

As narrativas tratavam das angústias, das descobertas e dos conhecimentos que um homem adquiriu entre o momento em que foi destruído e o período em que conseguiu se reconstruir; da descida aos infernos da ditadura e da busca pela ressignificação da própria existência. Nascia um *best-seller*.

Leitura sugerida

Coelho P. *O Alquimista*. Rio de Janeiro: Sextante, 2015.

Epílogo

A morte não perdoa os imortais

"Se você me ama, não deixa fazerem nada comigo. Me deixe ir em paz. Eu quero ir em paz", pediu Ferreira Gullar à sua companheira Claudia, a mulher que esteve ao seu lado por 22 anos.* Durante 25 dias, o poeta ficou internado no Hospital Copa D'Or, no Rio de Janeiro, desde que sofrera de uma falta de ar e fora diagnosticado com pneumotórax, uma doença que nada mais é do que a entrada de ar na pleura, fina camada que recobre os pulmões. Quando cheia de ar, a pleura comprime o pulmão e dificulta a respiração. O quadro se agravou e, no dia 4 de dezembro de 2016, o escritor faleceu, aos 86 anos de idade. Foi velado na Biblioteca Nacional e na sede da Academia Brasileira de Letras (ABL), de onde partiu para o cemitério São João Batista, no Rio de Janeiro, onde fica o Mausoléu da ABL, para onde os imortais vão ao sucumbirem à morte.

---

* Clarissa Thomé. "Ferreira Gullar: 'Se você me ama, me deixa ir em paz'." *O Estado de S.Paulo*, 4 de dezembro de 2016.

Gullar foi um dos expoentes da poesia brasileira do século XX. Nascido em São Luís, no Maranhão, apenas na adolescência descobriu que poetas existiam e só aos 19 anos teve contato com textos de Carlos Drummond de Andrade e Manuel Bandeira. Decidiu que queria escrever poemas, mas uns que não fossem nada parecidos com aqueles. Começou a estudar tendências de poesia que circulavam mundo afora. "Quando eu aprender a pintar com a mão direita, passarei a pintar com a esquerda, e quando aprender a pintar com a esquerda passarei a pintar com os pés." A frase do pintor francês Paul Gauguin era o lema do poeta.*

Nos anos 1950, começou a escrever textos seguindo os princípios da poesia concreta, um estilo que potencializava a distribuição espacial das palavras, brincava com os ritmos dos versos, dançava com os jogos visuais das estrofes. Não contente, Gullar criou a poesia neoconcreta, uma série de experiências sonoras, espaciais e estéticas com o texto. Dessa fase, destaca-se o *Poema enterrado,* uma instalação em uma sala no subsolo: ao descer pelos degraus e acessar o ambiente, que era o próprio poema, o visitante se deparava com um cubo vermelho; ao levantá-lo, descobria outro cubo, verde, e ao erguer esse último cubo, se deparava com um último cubo, branco. Por fim, quando levantava o cubo branco, encontrava uma palavra surpresa, que não será revelada aqui. A experiência fazia com que o leitor participasse ativamente do poema e o desafiava a pensar como a mensagem escrita dentro do último cubo se relacionava com a instalação. Palavras, leitores e ambientes ao redor se integravam.

---

* Conforme informações da biografia de Ferreira Gullar disponíveis no site da ABL.

Em 2014, Ferreira Gullar foi eleito membro da ABL, aos 84 anos, com 36 dos 37 votos possíveis. Um votante se absteve. Como as cédulas são queimadas após a votação, nunca se saberá quem, diante dos três concorrentes, votou pela abstenção. Gullar ocupava a cadeira número 37, que tinha como patrono inspirador o poeta árcade Tomás Antônio Gonzaga e já fora de Silva Ramos, Alcântara Machado, Getúlio Vargas, Assis Chateaubriand, João Cabral de Melo Neto e do ensaísta e curador Ivan Junqueira.

A quase unanimidade entre os votantes significava o reconhecimento a um dos poetas mais sensíveis da literatura brasileira das últimas décadas, autor de poemas como *Traduzir-se*.

A ABL foi fundada em 1897 pelos escritores Machado de Assis e Lúcio de Mendonça, com inspiração na Academia Francesa de Letras. Nasceu com o intuito de valorizar a língua portuguesa e a cultura brasileira. Desde o princípio, teve 40 cadeiras, que podem ser preenchidas tanto por escritores quanto por personalidades notáveis, ou seja, políticos, jornalistas, economistas de significativo valor para o desenvolvimento do país. Quando um imortal morre, sua vaga fica em aberto e qualquer pessoa com produção intelectual pode se candidatar a ocupá-la. Para se tornar membro, é preciso ser eleito pelos demais, que votam secretamente.

As vantagens do cargo vão muito além do *status* (que não é nada pequeno). Semanalmente, desde a fundação da Academia, os membros se reúnem para discutir temas atuais relacionados ao universo das artes, da política e da economia. Não é obrigatório participar (há quem diga que Paulo Coelho passou poucas vezes pela reunião), mas quem vai aos encontros recebe um salário pela presença. Todos também têm direito a um plano de saúde, um assunto que já deu pano para manga.

Isso porque os imortais estavam descontentes com determinada seguradora que prestava o serviço. Resolveram cotar outra. As outras empresas informaram não ter "produtos para uma instituição formada por usuários cuja idade ultrapassa qualquer perspectiva dos seguros de saúde". Sem uma alternativa melhor, continuaram com o mesmo plano.*

Ao ser eleito, o novo membro também ganha um espaço para descansar quando sua condição de mortal falar mais alto. Quando conquistou uma cadeira na ABL, Ferreira Gullar adquiriu também o direito de ser enterrado ao lado de grandes escritores nacionais, como Machado de Assis, Guimarães Rosa, Rachel de Queiroz e João Cabral de Melo Neto. A ABL tem um grande mausoléu onde são enterrados seus membros. O espaço fica no Cemitério São João Batista, no Rio de Janeiro, e já recebeu mais de 70 membros.

A construção, aberta ao público apenas no Dia de Finados, é uma grande casa circundada por uma parede com um jardim vertical. Em sua fachada, pedras formam uma espécie de mosaico e palavras em bronze denunciam, acima dos portões, que ali é o "Mausoléu da Academia Brasileira de Letras". Ao entrar, o visitante se depara com um túmulo de mármore. É onde estão guardados os restos mortais do fundador da ABL, Machado de Assis, e os de sua esposa, Carolina Novais. Atrás do túmulo, está estampado o poema "A Carolina", último escrito do autor, após a morte de sua amada em 1904. O poema, no entanto, seria publicado somente em 1906, na obra *Relíquias de casa velha*.

---

* As informações sobre a questão do plano de saúde dos imortais foi abordada na reportagem "A imortalidade rodeada pela fortuna", d'*O Estado de S.Paulo*.

Querida, ao pé do leito derradeiro
Em que descansas dessa longa vida,
Aqui venho e virei, pobre querida,
Trazer-te o coração do companheiro.

Pulsa-lhe aquele afeto verdadeiro
Que, a despeito de toda a humana lida,
Fez a nossa existência apetecida
E num recanto pôs um mundo inteiro.

Trago-te flores, – restos arrancados
Da terra que nos viu passar unidos
E ora mortos nos deixa e separados.

Que eu, se tenho nos olhos malferidos
Pensamentos de vida formulados,
São pensamentos idos e vividos.

O lugar onde estão enterrados os demais imortais é uma grande sala em que túmulos rompem do chão. São fileiras e fileiras de túmulos de pedra, todos acinzentados, sem cores, nem imagens, nem fotografias. Acima de cada sepultura, o nome do imortal, suas datas de nascimento e de morte e o número da cadeira que ocupava. Uma parede ao fundo é composta por gavetas onde são dispostos os ossos de imortais já exumados, como Manuel Bandeira, Darcy Ribeiro, Antônio Callado e Otto Lara Resende. O ambiente é frio, falta vibração, céu, cor, vida. Ali, não há a beleza da prosa nem a emoção da poesia. Há apenas a morte.

O homem do túmulo de mármore, enterrado ao lado de sua amada, narrou o fim do Brasil Império, deixou registrados na história os primeiros anos de nossa República e criou personagens ainda atuais e humanos, como o irônico Brás Cubas e a misteriosa Capitu. O homem cujos ossos estão guardados na gaveta de número 61, na parede ao fundo, promoveu uma semana de eventos artísticos que mudaria os rumos da arte no Brasil, teve um poema vaiado nesse evento, foi embora para Pasárgada e, se posicionando contra a poesia regrada, declarou que queria o lirismo dos loucos, o lirismo difícil e pungente dos bêbedos, o lirismo dos *clowns* de Shakespeare. Já não queria mais o lirismo que não fosse libertação.

Talvez o interior do mausoléu da ABL faça algum desavisado pensar que o fim de todos os seres humanos é o mesmo: cinza, triste e melancólico. No entanto, as emoções que transbordam de cada nome impresso naqueles túmulos são a prova de que o fim não é determinado apenas pelo final da existência física, mas pelo legado de cada um.

Todos os membros da ABL que hoje se encontram naquele mausoléu narraram, de uma maneira ou de outra, a história do nosso país. O fim dos seres humanos não é o mesmo. Há quem termine na morte, e há quem permaneça vivo por meio de sua obra.

Machado de Assis, Manuel Bandeira, Guimarães Rosa, Ferreira Gullar e tantos outros escritores, enterrados naqueles túmulos e em outros cemitérios Brasil afora, eleitos ou não pela ABL, mortos ou ainda vivos, que apareceram ou não neste livro que você tem em mãos, construíram e constroem seu legado usando como matéria-prima a palavra. Há mais de 500 anos, criam personagens, enredos e histórias que nos surpreendem, nos informam, nos emocionam, nos fazem rir e nos enriquem com conhecimento. Imprimiram seus nomes na História da Literatura Brasileira e provaram que é possível, juntando letras, superar a morte e se manter presente para além dos limites da própria existência.

Agradecimentos

Agradeço ao Otávio, ao Marcos e ao André, por abrirem as portas da Editora Planeta e acreditarem neste trabalho.

A quem me ajudou sobretudo no momento da concepção do projeto, da escrita e da revisão, à minha mãe (minha primeira leitora). A Nádia, Agnes, Vanessa, Simões, Nati e Allexsander, que contribuíram com sugestões e acréscimos ao longo destas páginas.

Aos meus professores de português, por despertarem em mim a paixão pela escrita e pela literatura. Da pré-escola à universidade, agradeço a Rosana (minha mãe, a professora que me alfabetizou), Sônia, Eva, Vera, Ana Cláudia, Carla, Ana Marta, Luciana, Rogéria, Rosi, Márcia, Tadeu, Bulhões, Matheus, Cláudia, Chamadoira e Adenil. Se eu não tivesse tido bons professores, estas linhas não teriam sido escritas. A educação muda vidas. Obrigado por terem mudado a minha.

À minha família e aos meus amigos, por fazerem a mágica acontecer.

BIBLIOGRAFIA

Abreu M. Cordel português/folhetos nordestinos: confrontos: um estudo histórico-comparativo. Tese de doutorado apresentada na Universidade Estadual de Campinas (Unicamp). Campinas, 1993.

Abreu M. Da fé em Deus à brasilidade: uma história do livro e da leitura em duas viagens ao Brasil, de Hans Staden. In: Mari H, Walty I, Versiani Z (orgs.). *Ensaios sobre leitura*. v. 1. Belo Horizonte: Editora Puc-Minas, 2005. p. 206.

Alencar J. *Cartas a favor da escravidão*. Org. de Tâmis Parron. São Paulo: *Hedra*, 2008.

Alves C. *O belo e o disforme: Álvares de Azevedo e a ironia romântica.* São Paulo: Edusp, 1998.

Antunes FMRF. *Com brasileiros, não há quem possa! Futebol e identidade nacional em José Lins do Rego, Mário Filho e Nelson Rodrigues*. São Paulo: Editora Unesp, 2004.

Araújo AC. *O terramoto de 1755: Lisboa e a Europa*. Lisboa: Clube do Coleccionador dos Correios, 2005.

Autor desconhecido. *Relação do piloto anônimo*. 1500.

Azevedo JL. *História de Antônio Vieira*. 2. ed. v. 1. Lisboa: Livraria Clássica Editora, 1931.

Balieiro FF. A pedagogia do sexo em "O Ateneu": o dispositivo de sexualidade no internato da fina flor da mocidade brasileira. Dissertação de Mestrado defendida na Universidade Federal de São Carlos (UFSCar). São Carlos, 2009.

Baquaqua MG. A interesting narrative: biography of Mahommah G. Baquaqua. Disponível em http://docsouth.unc.edu/neh/baquaqua/baquaqua.html.

Barros J. *Décadas da Ásia de João de Barros: dos feitos que os portugueses fizeram no descobrimento dos mares e terras do Oriente*. Lisboa: Na Régia Officina Typografica, 1777-1788.

Bender FC, Laurito IB. *Crônica: história, teoria e prática*. São Paulo: Scipione, 1993.

Broca B. *A vida literária no Brasil – 1900*. 3. ed. Rio de Janeiro: José Olympio, 1975. (Documentos brasileiros, v. 108.)

Broca B. *Horas de leitura*. Rio de Janeiro: Ministério da Educação e Cultura/Instituto Nacional do livro, 1957.

Broca B. *Teatro das letras*. Campinas: Unicamp, 1993.

Bueno E. *A viagem do descobrimento: a verdadeira história da expedição de Cabral*. 2. ed. Rio de Janeiro: Objetiva, 2006.

Bulhões M. *Jornalismo e literatura em convergência*. São Paulo: Ática, 2007.

Calmon P. *A vida espantosa de Gregório de Matos*. Rio de Janeiro: José Olympio, 1983.

Caminha A. *Cartas literárias*. 2. ed. Fortaleza: UFC Edições, 1999.

Caminha PV. *Carta de Pero Vaz de Caminha*. 1500.

Candido A, et al. *A crônica: o gênero, sua fixação e suas transformações no Brasil*. Campinas: Unicamp, 1995.

Castro R. *O anjo pornográfico: a vida de Nelson Rodrigues*. São Paulo: Companhia das Letras, 1992.

Cleland J. *Fanny Hill*. Publicações Europa-América, 1995.

Cohen AA. *Ouvidor, a rua do Rio*. Rio de Janeiro: AA Cohen, 2001.

Coração CR. Repórter-cronista em confronto João Antônio na trilha de Lima Barreto. Dissertação de Mestrado apresentada na Universidade Estadual Paulista (Unesp). Bauru, 2008.

Costa C. *Pena de aluguel: escritores jornalistas no Brasil 1904-2004*. São Paulo: Companhia das Letras, 2005.

Cunha MMC. *História dos índios no Brasil*. São Paulo: Fapesp e Companhia das Letras, 1992.

Danazio S. *Retrato social do Rio de Janeiro na virada do século*. Rio de Janeiro: Ed. UERJ, 1996.

Del Priore M. *Matar para não morrer: a morte de Euclides da Cunha e a noite sem fim de Dilermando de Assis*. São Paulo: Objetiva, 2009.

Dill AC. *Os livros não se despedem... aguardam um novo leitor*. Porto Alegre: EDIPUCRS, 2014.

D'Onofrio S. *Teoria do texto 1: Prolegômenos e teoria da narrativa*. São Paulo: Ática, 1995.

Duarte CL. *Nísia Floresta: a primeira feminista do Brasil*. São Paulo: Editora Mulheres, 2005.

Edmundo L. *O Rio de Janeiro do meu tempo*. Brasília: Senado Federal, 2003.

El Far A. *Páginas de sensação: literatura popular e pornográfica no Rio de Janeiro (1870-1924)*. São Paulo: Companhia das Letras, 2004.

Fanchin L. As representações ideológicas nas vozes polifônicas das personagens de "Incidente em Antares", de Erico Verissimo. Dissertação de mestrado apresentada na Universidade de Caixas do Sul (UCS). Caxias do Sul, 2009.

Ferreira MLP. O erotismo nos poemas inéditos de Carlos Drummond de Andrade. Tese de doutorado apresentada na Universidade Federal do Rio de Janeiro (UFRJ). Rio de Janeiro, 1992.

Furlan OA. *Estética e crítica social em "Incidente em Antares".* Florianópolis: UFSC, 1977.

Galvão WN. *Crônica de uma tragédia inesquecível: autos do processo de Dilermando Dias, que matou Euclides da Cunha.* São Paulo: Albatroz, 2007.

Genette G. *Discurso da narrativa.* Lisboa: Vega, 1979.

Ginway ME. *Ficção científica brasileira: mitos culturais e nacionalidade no país do futuro.* São Paulo: Devir, 2005.

Godin E. *Vida e obra de Paula Brito: "Iniciador do movimento editorial no Rio de Janeiro" (1809-1861).* Rio de Janeiro: Livraria Brasiliana Editora, 1965.

Godoi RC. *Um editor no Império: Francisco de Paula Brito (1809--1861).* São Paulo: Edusp, 2016.

Gomes L. *1808: como uma rainha louca, um príncipe medroso e uma corte corrupta enganaram Napoleão e mudaram a história de Portugal e do Brasil.* São Paulo: Planeta, 2007.

Gomes L. *1889: Como um imperador cansado, um marechal vaidoso e um professor injustiçado contribuíram para o fim da Monarquia e a Proclamação da República no Brasil.* São Paulo: Globo Livros, 2013.

Gonçalves MA. *1922: a semana que não terminou.* São Paulo: Companhia das Letras, 2012.

Hidalgo L. *Literatura da urgência: Lima Barreto no domínio da loucura.* São Paulo: Annablume, 2008.

Jardim ACM. O mito de Marília de Dirceu – 1792 a 1889: aspectos da construção e da apropriação de heróis românticos e o processo de formação da Nação Brasileira. Dissertação de mestrado apresentada na Universidade Federal de Ouro Preto. Ouro Preto, 2014.

Koshiyama AM. *Monteiro Lobato: intelectual, empresário e editor*. São Paulo: Edusp, 2006.

Lima e Silva MI. *A gênese de "Incidente em Antares"*. Porto Alegre: EDIPUCRS, 2000.

Lima Jr. A. *O amor infeliz de Marília e Dirceu*. Belo Horizonte: Editora Itatiaia, 1998.

Lima SAO. Gregório de Matos: do barroco à antropofagia. Tese de doutorado apresentada na Universidade Federal do Rio Grande do Norte. Natal, 2013.

Linspector C. *De corpo interiro*. Rio de Janeiro: Rocco, 1999.

Lucas F. O romance de Erico Verissimo e o mundo oferecido. In: Chaves FL (Org.). *O contador de histórias: 40 anos de vida literária de Erico Verissimo*. Porto Alegre: Globo, 1972. p. 144-57.

Macedo JM. *Memórias da rua do Ouvidor*. Rio de Janeiro: Ediouro, 1966.

Magalhães Jr. R. *Poesia e vida de Álvares de Azevedo*. São Paulo: América, 1962.

Mello e Souza L. *Cláudio Manuel da Costa*. São Paulo: Companhia das Letras, 2011.

Mendonça JJM. *História universal dos terramotos*. Lisboa: Na offic. de A.V. da Silva, 1758.

Menezes R. *Aconteceu no Velho São Paulo*. São Paulo: Saraiva, 1954.

Meyer M. *Folhetim: uma história*. São Paulo: Companhia das Letras, 1996.

Miceli S. *Intelectuais à brasileira*. São Paulo: Companhia das Letras, 2001.

Miranda A. *Musa praguejadora: a vida de Gregório de Matos*. Rio de Janeiro: Record, 2014.

Moisés M. *Criação literária*. São Paulo: Brasiliense, 1979.

Morais F. *O mago*. São Paulo: Planeta, 2008.

Moser B. *Clarice,*. São Paulo: Cosac Naify, 2011.

Moser B. *Clarice - uma biografia*. São Paulo: Companhia das Letras, 2017

Nozes J. *The Lisbon earthquake of 1755: some British eye-witness accounts*. Londres: British Historical Society of Portugal, 1987.

Peixoto A. *Panorama da literatura brasileira*. São Paulo: Companhia Editora Nacional, 1940.

Proença Filho D. *A poesia dos inconfidentes: poesia completa de Claudio Manuel da Costa*. Rio de Janeiro: Nova Aguilar, 1996.

Reis C, Lopes ACM. *Dicionário de narratologia*. 7. ed. Lisboa: Almeida, 2000.

Rio J. *A alma encantadora das ruas*. São Paulo: Companhia de Bolso, 2008.

Rossi VHS. Diálogos possíveis com Clarice Lispector: as entrevistas de uma escritora jornalista. Dissertação apresentada na Pontifícia Universitária Católica (PUC-SP). São Paulo, 2006.

Sevcenko N. *Literatura como missão*. São Paulo: Companhia das Letras, 2003.

Shartz S. *Segredos internos: engenhos e escravos na sociedade colonial.* São Paulo: Companhia das Letras, 1995.

Silva VMA. *Teoria da literatura*. 8. ed. Coimbra: Almedina, 1998.

Silva VMA. *Teoria da literatura*. São Paulo: Martins Fontes, 1976.

Souza WM. Literatura homoerótica: o homoerotismo em seis narrativas brasileiras. Dissertação apresentada na Universidade Federal de Minas Gerais (UFMG). Belo Horizonte, 2010.

Staden H. *Duas viagens ao Brasil*. São Paulo: Edusp, 1974.

Tavares R. *O pequeno livro do grande terremoto*. Lisboa: Edições Tinta da China, 2005.

Trindade JNS. *José de Alencar e a escravidão: necessidade nacional e benfeitoria senhorial*. Dissertação apresentada na Universidade Federal de São Paulo (Unifesp). Guarulhos, 2014.

Vainfas R. *Antônio Vieira: jesuíta do rei*. São Paulo: Companhia das Letras, 2011.

Vasconcelos S. *Vida do venerável Padre José de Anchieta*. Rio de Janeiro: Imprensa Nacional, 1943.

Ventura Z. *Minha história dos outros*. São Paulo: Planeta, 2005.

Vieira ACC. Por terras de Vera Cruz: os olhares do experienciado: Caminha, Mestre João e piloto anônimo. Dissertação de mestrado apresentada na Universidade Aberta. Lisboa, 2013.

Este livro foi composto em Adobe Garamond Pro e impresso pela Intergraf para a Editora Planeta do Brasil em abril de 2017.